弘 教 系 列 教 材

中学化学教学设计
——方法与实践

高兆芬　张小兰　计从斌　**编 著**

复旦大学 出版社

"弘教系列教材"编委会

主　任　詹世友

副主任　郑大贵　徐惠平

委　员（按姓氏笔画排列）

　　　　马江山　叶　青　吴红涛　吴　波

　　　　何丰妍　余龙生　张志荣　项建民

　　　　袁　平　贾凌昌　徐卫红　徐和清

　　　　盛世明　喻　晓　赖文斌　赖声利

顾　问　刘子馨

前言

　　化学教学设计是高等师范院校化学专业本科生的专业基础课,也是一门具有鲜明的师范性和实践性的教育专业课程,它是连接教育教学理论与化学教学实践的纽带。通过教学设计,教师可以整体把握教学活动的基本思路与框架,系统地规划与安排教学的基本活动,做到心中有数、有的放矢,使教学活动得以顺利开展。

　　化学专业师范生要想当好一名教师,首先要学会上好一堂化学课,而要上好课就必须学会教学设计。有效、实用的教学设计既是减少教学的随意性和盲目性以达到有效教学过程的前提,又是教学理念转向实际操作的关键。它要求教师理性地、多角度地思考和把握教学,包括教学目标确定、学生学习状况分析、教材知识体系分析、重点难点把握、教学方法和策略选择、资源利用、时间有效分配等内容,这是一个具有系统性的交叉网状的立体思考。

　　目前,由于实践不足,高校化学专业的师范生在课堂教学技能方面存在明显的欠缺。为了弥补这个欠缺,我们要大力提倡师范类教学课程的改革,在中学化学教学设计课程中,关注实践教学,注重理论联系实际,在理论的教学中突显案例的运用,同时关注理论对实践的指导作用。

　　本书重点涉及3部分内容:内容一为化学教学设计的原理与技术,旨在帮助学生从整体上认识化学教学设计的基本理论,通过典型案例分析,让学生学会分析教学目标、教材的内容及重点难点,掌握教学各个环节,如新课的导入、问题的创设、化学实验、结课等教学的设计;内容二则站在整堂课的设计角度上,引导学生学习新授课、复习课和习题课3种不同课型的教学设计,进一步深入理解化学教学设计的方法与措施,认识化学教学设计的类型,使学生具备完整教学设计的基本能力;内容三为说课和评课。在掌握教学设计的基础上,引领学生站在更高的角度认识化学教学。让学生学会分析怎样运用先进的教学理念、教学方法和策略去处理教材,设计出合理的教学思路并明确教学设计意图,同时能评析他人的教学。

全书由高兆芬确定内容框架体系,撰写分工是:高兆芬编写 1～6 章,张小兰编写 7～11 章,计从斌编写习题,3 人共同修改定稿。

书中引用、参考了许多专家学者的研究成果,在此表示衷心的感谢!

由于作者水平有限,书中存在诸多问题和不足,真诚地希望读者提出宝贵意见!

高兆芬

2017 年 9 月

目录

第一章
化学教学设计概述

一、化学教学设计的含义

　　有教学就有教学设计。教学设计是有效教学的前提,就像建筑房屋要设计图纸一样,是教师对教学过程中要"教什么"和"怎么教"进行有计划安排,作出教学的整体规划,形成教学思路,且形成有培养目标的、可操作性的教学方案。

　　所谓教学设计,就是运用系统的科学方法,以现代教育学理论(学习理论、教学理论、教学系统理论和传播理论)为基础,依据教学内容的特征、教学对象的特点和教师的教学理念、教学风格规划和安排教学活动的一种操作过程。

　　从某种意义上说,教学设计是分析教学问题、设计解决问题方法并加以实施,直到问题得到解决的过程。教学设计又可认为是在系统科学方法论的指导下,依据现代教育理论和化学教学原理,分析教学问题、教学目标、教学对象和教学内容,对整个化学教学活动进行规划和安排的一种操作过程。不同的教学内容,教学设计的思路和方法不相同;同样的内容,不同的教师的教学设计思路也不可能完全相同;同样,即使教师和教学内容相同,不同的教学对象,所选择的教学方法思路也有可能不同。因此,教学设计是一项具有创造性的工作,它充满着教师的智慧。教师在教学设计时,要综合考虑这些因素,选择最适合于本节课的教学方法。

　　案例1-1　　首都师范大学的梁青梅《新手型初中化学教师学科教学知识的调查研究》中提到新手型教师和经验型教师对教材的处理:

　　许多新手型教师几乎照搬课本内容上课,对教材的挖掘深度不够,只是简单地把教材的内容按顺序讲给学生。这样处理,看起来是遵循教学任务的本意,但实际是异化教学任务。实施教学的具体过程更多的是简单的验证,导致一些高认知水平的教学任务变成了记忆型的较低水平的认知任务。经验型教师由于教学经验相对更加丰富,能将知识纳入具体的事实情境中,引导学生从关注生活的高度认识学习的意义,并通过层层质疑创设问题情境,使学生产生认知冲突,调动他们的求知欲。并且,能够将实验技能的传授完美地融合到实验探究过程中,来引导学生将实验、观察和思维等有机地结合起来,促使学生知识的理解和技能的形成。

新手教师要想取得较好的教学效果,除了要调动学生的积极性外,理应向有经验的教师学习,不断提高教学业务水平。

二、化学教学设计的作用

1. 教学设计是开展教学活动的前提和基础

每节课都离不开教学设计(也就是我们熟知的备课)。老教师要备课,新教师就更要备课。只有通过教学设计,教师才能熟悉教材的基本内容,才能把握知识的结构体系,明确教材的重难点和教学目标,才能选择恰当的教学方法和教学手段,合理安排教学过程以保证教学活动的正常进行。

2. 教学设计有利于全面落实课标提出的教学目标

教学设计首先要求深入钻研课程标准,充分领会教材的编写意图,明确教材中培养学生的能力因素,并依此制定出合理可行的教学方案,从知识与技能、过程与方法、情感态度与价值观 3 个维度全面落实教学目标。

3. 教学设计能提高教学效率和教学效果

教学设计要分析教学内容、教学对象等,在分析的基础上制定出教学思路和策略。教师不仅将教学内容熟记于心,而且能灵活地运用教学方法与策略,针对性地教学,最大限度地调动学生的学习积极性,使课堂教学效率和教学效果都能得到提升。

三、化学教学设计的理论基础

从系统论的观点出发,化学教学可以看作若干个要素有机结合起来的,具有一定教学功能的系统。这些要素包括教师、学生、教学内容、教学媒体、教学策略、教学方法等。教学设计的理论基础涉及教学理论、学习理论、系统理论和传播理论。教学理论能指导教学设计的具体操作,学习理论使教学设计符合学习规律,系统理论为教学设计提供整体优化理论指导,传播理论为教学设计提供、选用有效的媒体通道,把知识、技能、思想、观点等传递给特定的教育对象。

1. 教学理论

侧重从"教"的层面研究化学教育教学规律及其运用。典型教学理论有布鲁纳教学理论、赞科夫的教学理论、根舍因的范例教学理论等。教学理论是在教育发展的过程中形成的,从孔子的"因材施教""不愤不启,不悱不发"和"温故而知新",到夸美纽斯对教育的论述,都是涉及研究教学现象、教学问题、揭示教学一般规律的教学理论。化学教学设计除了要遵循传统的教学理论之外,还要结合现代的教育理念。将传统的教学理论与现代的教学理念融合形成当代的教学理论。

(1)化学教学要面向全体学生,要以提高学生的科学素养为重点,促进学生全面发展。以培养学生科学素养为宗旨,就是要引导教师和学生改变传统课程过于注重知识技能传授的倾向,强调科学过程与方法,重视情感态度与价值观的教育,使学生获得化学知识和技能的过程成为理解化学、科学探究、联系社会生活实际和形成科学价值观的过程。

(2)化学教学要贴近生活、贴近社会、注意跟其他学科相联系。从学生已有的经验和将要经历的社会生活实际出发,帮助学生认识化学与人类生活的密切关系,让他们在熟悉的生活情境和社会实践中感受化学的重要性,关注人类面临的与化学相关的社会问题,培养学生的社会责任感、参与意识和决策能力,并注意与其他学科的相互关系。

(3)化学教学要把转变学习方式放在重要位置,既要重视学习结果,也要重视学习过程,倡导建构主义教学理念和探究式学习方式。通过以化学实验为主的多种探究活动,让学生有更多的机会体验科学研究的过程,激发学习化学的兴趣,强化科学探究的意识,教师努力创设教学情境,让学生自主建构知识,促进学习方式的转变,培养学生的创新精神和实践能力。

(4)化学教学要努力培养学生终生学习的愿望和能力,让学生乐于学习,学会学习,提高发展潜能。使每个学生以愉快的心情去学习生动有趣的化学,为每个学生提供平等的学习机会,激励学生积极探究化学变化的奥秘,增强学生学习化学兴趣和学好化学的信心,让学生乐于学习、学会学习,培养学生终身学习的意识和能力。

2. 学习理论

化学学习理论侧重从"学"的层面研究化学教学,运用教育心理学理论来研究中学生学习化学的心理特征,构建中学生学习化学的策略与方法。有代表性的学习理论有认知学习理论、建构主义理论等。

认知学习理论是研究人的认知过程来探索学习规律的学习理论。认知学习理论对教学设计的影响体现在学习者和学习任务分析、教学策略的制订以及教学评价的设计等方面。首先,认知主义学习理论认为学习离不开学生已有的知识基础和心理基础,应该充分分析学习者,以保证教学方案真正适合学生。其次,认知主义理论基于对学习的分析提出了许多有意义的教学策略,如激发学生学习动机的策略、先行组织者策略等。

建构主义理论认为,知识不是通过教师传授得到,而是学习者在一定的情境即社会文化背景下,利用必要的学习资料,通过意义建构的方式而获得。在建构主义学习理论的指导下,学生和教师的角色发生了历史性的转变。学生由外部信息的被动接受者和知识的灌输对象变成了知识意义的主动建构者;教师由文化的传承的执行者变成了学生知识意义建构的帮助者、协作者和促进者。因而,教学设计不仅要考虑教学目标分析,还要考虑有利于学生建构教学情境,把要提供给学生的知识用丰富真实的情境素材包装起来,根据学生的不同特点和已有的知识经验背景,设计不同的素材,把情境创设看作教学设计的最重要内容之一。

3. 教学系统理论

教学系统理论认为教学是由多种要素构成的复杂系统,是为实现某种教学目的,由各教学要素有机结合而成的具有一定教学功能的整体。动态要素是教师、学生及心理环境,人的要素(教师和学生)是控制和制约教学系统的关键因素;相对静止的要素是教学媒体和物理环境,是物的要素,是师生互动交流的载体,而心理环境是使教学系统中人和物的要素得以有机运作的文化与情感支撑。因此,教学设计要将教学系统中各要素有机地结合起来,发挥其整体的功能。

4. 传播理论

传播理论认为教学是由教育者按照一定的目的要求,选定合适的信息内容,通过有效的媒体通道,把知识、技能、思想、观念传送给特定的教育对象的活动。从传播的角度,教学也是一个系统,是一个传递教育信息,实现一定教育目的,由教育者、学习者、教学信息、媒体等要素构成的具有教育功能的综合系统。

四、化学教学设计的基本要素

从传播论的角度出发,化学教学可以看成是一个系统。这个系统的构成要素包括有4个方面,一是信息的传播者——教师,二是信息接收者——学生,三是媒体(信息传播的方法)——教学手段(教学方式和方法),四是教学信息(来源)——教学内容(化学课程与教材)。这些基本要素构成了完整的教学系统。

1. 教师

教师是教学的主导者,是教学系统中最关键的要素之一。要开展有效的教学,教师就必须分析教材内容、教学目标、教学对象等,制定出切实可行的教学方法和策略。

2. 教学对象

施教对象的初始状态(包括知识基础起点和能力起点等)直接影响着教学的成效。在教材分析时不仅要了解学生具备的起点知识,还要清楚学生的起点能力。初中的学生观察分析能力较差,则教学中要教师加以引导,才能帮助学生达成目标。高一的学生已具备一定观察分析能力,教师可以创设情境,让学生自己提出问题并解决一些简单问题;高一的学生已逐步由具体的形象思维过渡到抽象思维,但思考时仍需借助感性材料来辅助。初中的学生实验操作技能较弱,他们还停留在模仿阶段,不具备设计实验的能力;高中学生已经不同程度地受过研究物质的实验方法和科学探究的基本步骤的训练,他们已有了设计简单实验和科学探究的能力。那么,在教学中就可以让高中的学生参与设计实验,对初中的学生则主要训练他们的实际操作能力。

根据"教为主导"和"学为主体"相合教学原则,教学的主体是学生,教学系统的服务对象是学生,为了搞好教学工作,必须认真分析、了解教学对象——学生的初始情况(学生的基础知识、初始能力以及学习态度等),在了解学生的基础上,教学设计才能做到有的放矢。

案例 1-2　高一化学在讲"化学平衡"前的学生情况诊断

学生在初中已涉及过溶解平衡,对于这个概念的了解,可以编制以下诊断题:

① 一提到"平衡",你的第一反应是什么?(用该问题能诊断出学生对平衡概念的认知层次)

② 你知道溶解平衡的特点吗?(该问题能够诊断出学生对平衡概念的理解程度)

③ 你知道物质溶解时与达到溶解平衡后有什么区别吗？（该问题能诊断出学生能不能从整体上把握溶解平衡的特征）

④ 你能把化学平衡与溶解平衡联系起来吗？（该问题能诊断出学生能否进行知识的迁移）

从上述问题，教师能知道学生对于"平衡"概念的理解程度，尤其是对"平衡的特点"的了解，因为"平衡的特点"是化学平衡的精髓。教师在掌握了学生的情况之后，相应地处理教材，进行有针对性的教学。

3. 教学手段

教学手段是为实现教学任务而采用的教与学的方法、策略，例如，一堂课主要安排什么教学活动，设计何种教与学的方法，选择什么教学媒体，怎样利用现有的教学资源，设计怎样的教学环节等。

4. 教学内容

不同的教学内容所采用的方法和策略是不相同的。新课内容设计要以建立知识点为主线；复习课教学设计以构建知识点的逻辑关系、加深对知识的理解与应用为主要目标。元素化合物知识的教学设计，主要以结构—性质—用途关系展开；化学概念、原理的教学设计以解析概念原理为主题。

五、化学教学设计的一般过程

就单元教学和课时教学设计而言，其过程大致可分为设计准备、构思设计和评估优化 3 个主要阶段，每个阶段又可分为不同的过程。

（1）设计准备阶段　分析课程标准，分析学生情况，分析教材，分析教学资源。

（2）构思设计阶段　设计教学目标，将课程目标与具体的课时教学目标衔接；分析知识间相互关系，设计教学思路、教学情境、设计多媒体等，设计教学巩固、应用和反馈环节等。

（3）评估优化阶段　教学效果的预测，教学方案评估与选择，教学方案的调整与优化。

六、化学教学设计的类型和层次

1. 化学教学设计的类型

中学化学教学的课型有两种分类方式：一种是按上课的形式分为新课、复习课、习题课、化学实验课;另一种是按课的内容分为化学概念原理课、元素化合物知识课、化学计算讲解课、化学实验课、有机化学课等。化学教学设计方式与课的形式与内容是分不开的,不同的课型,教学的方式不一样,如新课与复习课不同,化学概念原理与元素化合物知识课也不相同。

(1) 化学新课　以传授新知识、新技能、新方法为主要教学内容的课,最大的特征在于"新",体现新知识、新技能、新体验、新方法、新观念,总之要让学生有新问题、新挑战、新收获、新进步。其中最重要的是教学内容的"新",教学内容的"新"是相对的,针对不同的学生、不同阶段的新课,其"新"的内涵是不一样的,所以要在"新"中突出重点、突破难点。

概念原理新课侧重于使学生把握概念原理的要点,明确概念原理的实质,能灵活运用概念、原理解决一些实际问题。元素化合物新课侧重于使学生掌握一些重要的元素形成的单质和化合物的组成、结构、性质、制法和用途等。化学计算讲解课侧重于从"量"的角度反映物质及其变化规律,将化学知识与数学运算紧密结合在一起,帮助学生掌握化学计算方法,了解化学计算在生活、生产中的运用。化学实验新课侧重于帮助学生形成概念,理解巩固化学知识,培养学生观察、分析和解决问题的能力,掌握化学实验操作技能,培养学生严谨求实的科学态度和探索自然的科学方法。有机化学新课侧重于使学生通过探究活动认识有机化合物的组成、结构、性质和应用,认识研究有机化学的一般方法,体验有机化学的作用与价值。不同的课型,教学的侧重点不同。

(2) 化学复习课　以知识再现、构建网络、提升能力、形成方法为主要的教学内容的课,是在教师指导下充分发挥学生的主体性,使复习过程成为学生温故知识、深化理解、掌握学习方法、不断提升的过程。化学课最大的特征是"温故而知新"。"温故"是引导学生回顾知识、查漏补缺、落实双基(基本知识和基本技能),达到对所学化学知识的准确理解和再现。"知新"则是引导学生对比知识、归纳构建知识网络,系统把握所学化学知识,整体提升化学思维水平和问题解决能力,逐步形成稳固的化学观点和方法。化学复习课"温故"应落点于"知新",一方面是将以往碎片化的知识重新整合,形成结构化的知识体系,使学生深刻领会所学知识的功能和价值,丰富对物质的认识;另一方面则在于灵活、自主、综合地运用知识,复习课的最大价值在于培养学生的能力,而运用知识则是学生最重要的能力。因此,复习课教师应创设真实的问题情境,让学生调用所学知识去解决问题,在问题解决的过程中感悟已有的知识有什么用,应该如何用,从而形成解决问题的方式方法,提高解决问题的能力。

根据复习进程,化学复习课可分为单元复习课、期中期末复习、总复习课以及专题复习课等。依据复习的内容可分为概念原理复习课、元素化合物复习课、化学实验复习课、有机化学复习课等。不同类型的复习课侧重点是不一样的,概念原理复习课侧重明晰概念之间的关系,厘清概念的内涵与外延,完善研究物质及其变化视角和方法,形成稳固的化学观念。元素化合物复习课侧重在概念原理指导下再认识物质的组成、结构、性质、制法、用途以及物质转化的关系。化学实验复习课侧重提升学生实验技能以及用实验的方法探究物质性质及其变化规律的能力。有机化学复习课侧重认识物质结构与性质之间的联系。不同类型的复习课教学任务不同,但都有共同的特点,就是通过复习将知识转化为学生的能力。

化学复习课一般教学基本环节是:知识回顾—构建网络—问题解决—巩固提升。

化学复习课基本的教学程序是:引入复习主题—构建知识体系—问题展示分析—形成解题思路—变式训练—总结概括提升。

(3)习题课 新授课的补充和延伸,主要任务是巩固与提升化学概念原理、元素化合物、化学实验等知识。它是化学教学重要的补偿手段,一般是在某一个新知识或一个小单元教完后进行,是学科教学的重要环节。

(4)实验课 激发学生的学习兴趣,为学生提供感性认知材料和教学情境,让学生经历过程和体验方法,形成理性认知的意义建构。实验课侧重于帮助学生形成概念、理解巩固知识;培养学生观察、分析和解决问题的能力;掌握化学实验操作技能,培养学生严谨求实的科学态度和探索自然的科学方法。

中学化学实验教学的内容是以演示实验、随堂实验、学生实验3种形式,结合化学知识的讲授,分散穿插在各年级的教学中。此类教学法具有以下优点:

① 教学过程直观、明了、生动,易引起学生兴趣。

② 便于加深学生对有关学习内容的理解,加强学生对相关知识的记忆。

③ 可以充分调动学生的积极性,使学生主动地参与到学习过程中去。

虽然实验课优点众多,但具体实施时要注意与板书、口头说明相结合,以免实验课过于冗长和乏味,影响教学效果。

2. 化学教学设计的层次

化学教学设计可以分为不同的层次,中学化学教学设计的基本层次如下。

（1）课程教学设计　主要解决课堂教学的总体规划,制定课程教学的蓝图和宏观方法。它通常包括下列内容:

① 课程标准确定课程教学的任务、目的和要求。

② 根据课程教学的教学总策略和方法系统。

③ 构思课程教学评价的目的、标准、模式和方法等。

④ 在上述工作的基础下,制订课程教学大纲或课程教学计划。

（2）学段(或学期、学年)教学设计　学段(或学期、学年)教学计划是对一段(学期或学年)教学工作的阶段性规划。它是在完成课程教学计划设计后,在了解学校的学年(或学期)教育教学计划,通读和初步研究教材,了解学生上段的整体学习状况及学校教学资源和物质条件的基础上,对本学段(或学期、学年)的学科教学所作的计划和安排,例如表1-1。主要的工作有:

① 考虑本学段教学工作与前、后期教学工作的衔接与联系。

② 根据课程教学设计的总体规划,进一步确定本学段教学工作的任务、内容、教学进度、基本工作方针和措施以及教学评价工作的要求。

③ 制订本学段化学实验和实践活动等计划。

表 1-1　学期教学设计方案的格式

学年第学期
××中学化学教学设计方案

班级:　　　　周学时:　　　上课周数:　　　总学时:

教材版本:　　制定者:　　　制定日期:

1. 基本情况和工作方针
① 学生情况简单分析:
② 本学期主要教学任务:
③ 教学内容简单分析:
④ 教师施教的基本工作方针和主要措施:

2. 教学进度设计

周次	章、节	教学时数	备注	执行情况

3. 学生实验设计
4. 化学活动设计
5. 测验、考试安排

（3）单元教学设计　单元教学设计是对一个单元教学工作进行的局部规划，以课程教学设计和学段（学期或学年）教学工作设计为依据，对一单元教学活动的系统设计，其主要内容有：

① 确定单元内容和知识体系。

② 确定单元重难点。

③ 确定单元教学的教学目标。

④ 确定单元的教学策略和主要措施等，具体格式详见表1-2。

表1-2　单元教学设计方案的格式

第×单元《×××××》教学设计方案

班级：　　　　时间：　　　　课时数：

1. 单元内容和知识体系分析
2. 本单元的地位与作用
3. 学生的学习基础分析
4. 本单元的教学重点、难点
5. 本单元的教学策略和主要措施
6. 课时分配与活动安排

课序	教学内容	教学措施	教学活动	备注

制订者：

（4）课时教学设计　课时教学设计是在上述工作的基础上，以课时为单位的教学设计。在各层次的教学设计中，它比较具体和深入，也是教师的日常工作。课程教学计划和学段（学期或学年）工作计划可以由教研组成员共同商定，但单元教学设计和课时教学计划则必须由教师自己确定，尤其是课时教学计划一定要教师认真仔细推敲，找到适合与教材内容、教学对象（学生）实际情况、教学条件及自身条件相符的教学方法，提出行之有效的教学思路，提高课堂教学的效果。具体内容有：

① 确定本课时的教学目标。

② 确定本课时教学重难点。

③ 构思本课时的教学过程、教学策略和教学方法。

④ 选择和设计教学媒体。

⑤ 准备课时教学评价和调控方案。

在上述工作的基础上,编制课时教学教学计划(教案),一般格式见表1-3。

表1-3 课时教学计划(教案)的格式

1. 教学目标(知识技能、过程与方法、情感态度与价值观)
2. 教学重点、教学难点
3. 教学方法
4. 教学过程:(教学环节、教师活动、学生活动、设计意图、板书设计等)

教学环节	教师活动	学生活动	设计意图
环节一 创设情境 ……			

5. 板书设计

七、化学教学设计案例

案例1-3 "物质的量"教学设计(嵩城第九中学 姜冰娟)

教学目标

1. 知识与技能

① 认识物质的量的含义。

② 知道摩尔是物质的量的基本单位。

③ 了解阿伏加德罗常数。

2. 过程与方法

引导学生分析自己熟悉的问题,让他们从中得到启发,利用认知类比、迁移的方法解决新问题。

3. 情感态度与价值观

通过解决实际问题的探究活动,激发学生探索未知科学领域的兴趣,让学生感受到化学与我们的生活息息相关。

教学重点难点　物质的量的含义和应用

以生活经验为起点,激发学生的兴趣,让学生建立起宏观物质中质量和个数之间的关系。

任务一:不用数数的方法,如何确定一堆大头针的个数?

任务二:如何求一定质量($m = 54\,g$)水中含有多少个水分子?

引出物质的量的概念,利用集合比,讨论1 mol的标准。认识 N_A 的含义,了解摩尔质量的含义。

解决问题

如何知道一定质量的水($m = 54\,g$)中含有多少个水分子?

归纳 m、n、N 的关系,总结物质的量的含义,并与其他物理量进行类比,通过练习分析使用摩尔的注意事项。

巩固练习

任务三:利用 H_2 和 O_2 制取 3 mol H_2O,需要 H_2 和 O_2 的物质的量各是多少?

小结

师生共同小结本节课的知识点,形成知识体系。

教学思路

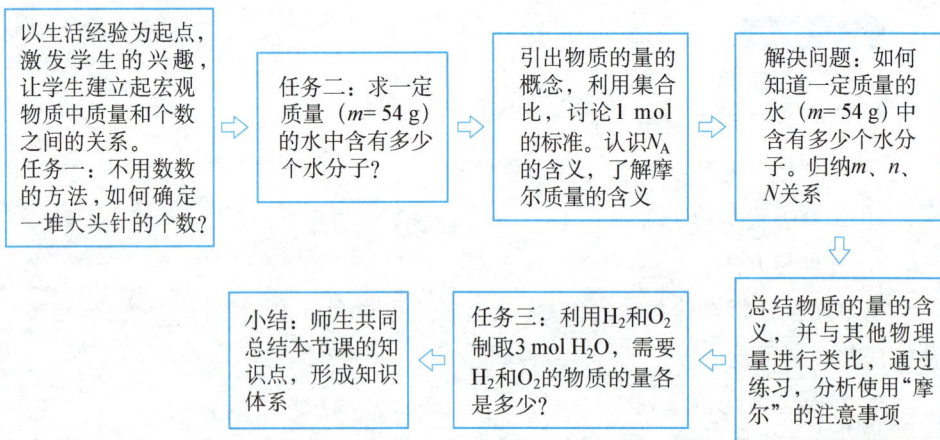

教学过程

教学环节	教师活动	学生活动	设计意图
创设生活情景（引入堆量的思想）	任务一：现有一堆大头针,不用数数的方法,如何确定它的枚数? 方案一：1 个的质量为 m_0, $N = m_总/m_0$ → N 方案二：10 个的质量为 m_1, $n = m_总/m_1$ → $N = 10n$	思考并发表自己的意见。	以学生熟知的生活经验情景,激发兴趣,建立起宏观物质的质量与组成它的个体之间关系的观念。
	师过渡：上述两个方案,理论上都是可行,但不知可操作性如何,让我们亲自体验。分别为学生准备了两组托盘天平,一堆大头针。	请两名学生实验,分别汇报实验体会。 学生肯定实验二合理。	利用实物释疑体会"分堆"的好处。
	师讲解：方案二利用分组的思想,将一定数量个体作为一个集合体。在此将 10 个大头针作为一个集体也叫堆量,它包含的数目多少是由人为规定的,也受研究的颗粒大小所限。更小的颗粒,如米粒,可能设 100 个,甚至更多为一堆。n 就是堆数,为质量 m 和个数 N 之间的桥梁。	观看、聆听、思考、接受。	感受"堆量大小是以人的习惯及物质颗粒大小而定"。
	其实,我们在生活中经常用到"堆量"的概念,大家能否举例子? 一箱啤酒、一盒粉笔、一包香烟……师板书,按颗粒由大到小的顺序书写,强调运用"堆量",可以达到化繁为简的目的;并且研究的颗粒越小,"堆量"设置所含的微粒数应越大。	思考举例子。	使学生感受到化学与我们的生活息息相关,为学生建构微观粒子的集合作铺垫。

教学环节	教师活动	学生活动	设计意图
	任务二：怎样知道一定量（$m = 54\,g$）的水中含有多少个水分子呢？ 老师对学生的回答加以肯定，大家的想法很接近科学家们当时的想法。	思考讨论： 由于分子很小，肉眼看不见，一个个地数是不可能的，可以像方案二一样设置一个"堆量"。但不知设置多少粒子数为一堆量合适。	借助问题的同化与类比，建构新概念。
新课讲解（引出物质的量及其单位）	到底多少粒子为一个微粒集体合适呢？ 由于一个微粒的质量很小，设置微粒集体的数量就应该庞大。为了方便统一计量，国际上规定以 $0.012\,kg\ ^{12}C$ 中所含的碳原子数为一个微粒集体。实验表明 $0.012\,kg\ ^{12}C$ 中所含的碳原子数约为 $6.02×10^{23}$。以 $0.012\,kg\ ^{12}C$ 中所含的碳原子数为标准还有一个好处，就是一个微粒集体的质量与该物质的式量密切相关。 （板书）一、微观粒子的集合体：$0.012\,kg\ ^{12}C$ 中所含的碳原子数（$6.02×10^{23}$）——N_A（阿伏加德罗常数）阿伏加德罗是一位意大利化学家。	倾听。	
	解决问题：如何知道一定量（$m = 54\,g$）的水中含有多少个水分子呢？	倾听思考理解。	
	科学家们为更好地表达微粒集体中所含微粒数而建立了一个新的物理量叫物质的量，其基本单位为摩尔，符号为 mol，希腊语为"堆量"的意思。 （板书）二、物质的量（n）：研究微观粒子的物理量 单位：摩尔 mol $1\,mol = 0.012\,kg\ ^{12}C$ 中所含的碳原子数（$6.02×10^{23}$）。 人们为了纪念为此做了大量工作的伟大的科学家，将 $6.02×10^{23}$ 称为阿伏加德罗常数，符号 N_A，单位 mol^{-1}。引出摩尔质量的概念。 （板书）三、摩尔质量：1 mol 物质的质量（M） 单位：g/mol。	倾听思考理解。	

教学环节	教师活动	学生活动	设计意图
	鼓励学生列出 m、n、N 三者关系的数学表达式（板书）四、m、n、N 三者关系：$n = N/N_A$ $n = m/M$	理解。	培养学生简单计算能力。
概念的应用	本节我们学习了一个新的基本物理量——物质的量，它将物质质量与其微观粒子数联系起来，是 7 个基本物理量之一，4 个字是一个整体，不可拆分，表示的是一定数目粒子的集体，强调粒子的种类。接着设计一组正误判断题。 ① 物质的量既表示一定物质的质量，又表示一定微粒的数量。 ② 1 mol 的回形针的说法是真的吗？ ③ 1 mol 氧中一定含有 6.02×10^{23} 个 O_2 分子。 ④ 1 mol 氧中含有 6.02×10^{23} 个氧原子。 ⑤ 0.5 mol NH_3 中含有 1.5 mol 氢原子。 ⑥ 1.204×10^{23} H_2 中的氢原子物质的量为 0.4 mol。	理解深化判断辨析。	总结物质的量的含义及应用要点，熟悉物质的量与微粒数之间的转换关系，达到概念升华的目的。
巩固练习	任务三：利用 H_2 和 O_2 制取 3 mol H_2O，需要 H_2 和 O_2 的物质的量各是多少？ $$2H_2 + O_2 === 2H_2O$$ 质量比：　　　 4 g　 32 g　 36 g 分子数比：　　 2　　 1　　 2 物质的量之比：2 mol　1 mol　2 mol 师讲解：气态物质与固、液态物质特性有较大差异，其体积与物质的量。	思考讨论。	突出引入物质的量的意义。

板书设计

物质的量及其单位——摩尔

一、微观粒子的集合体：0.012 kg ^{12}C 中所含的碳原子数（6.02×10^{23}）——N_A（阿伏加德罗常数）

二、物质的量(n)：研究微观粒子的物理量
单位：摩尔 mol
1 mol = 0.012 kg ^{12}C 中所含的碳原子数（6.02×10^{23}）
三、摩尔质量：1 mol 物质的质量（M）   单位：g/mol
四、m、n、N 三者关系 $n = N/N_A$ $n = m/M$

案例 1-4 "氧化剂和还原剂"教学设计

教学目标（基本目标）

1. 知识目标

对于简单的氧化还原反应,能够找出氧化剂和还原剂;能列举中学阶段常见的氧化剂和还原剂。

2. 能力目标

学会用化合价来判断物质可能具有的氧化性和还原性;体会验证物质氧化性和还原性的实验设计思路。

3. 情感目标

通过有关化学实验,初步学会运用以实验为基础的实证研究方法。激发探究欲望,体验科学探究过程。

教学目标（开放性目标）

1. 知识目标

能从原子结构、已知的化学反应、化合价等多角度判断物质的氧化还原性;初步学会从氧化还原反应的视角研究物质的化学性质;能运用分类法将常见的氧化剂和还原剂分类。

2. 能力目标

在验证物质的氧化性和还原性实验中,能优化实验方案,选择可能出现鲜明实验现象的药品组合,并从中提升实验技巧和反思不足。

3. 情感目标

体验实验过程中挑战的刺激与成功的喜悦。

教学重点的分析与确定

由于在今后的元素化合物知识学习中,运用氧化还原观来分析物质的性质和变化会贯穿始终,因此本节课的重点确定为:学生通过理论探究及实验探究,

列举出常见的氧化剂和还原剂,并学会从多角度判断物质的氧化性和还原性,尤其是借助化合价的手段来判断的方法。

教学难点的分析与确定

学生过去接触实验探究的机会毕竟有限,也很少一次用多种药品来实验,而且有一些药品是第一次接触。开放性和自主性如此大的课可能是第一次接触,所以难度较大。本节课的难点确定为"研究所给物质的氧化性和还原性的实验探究"。

教学方法与手段

实验探究法、讨论法。

教学思路

寻找规律→设计验证氧化剂、还原剂的实验方案→借助点滴板和滴管完成简单的验证实验→依据实验结论提升知识。

教学过程

教学环节	教师活动	学生活动	教学意图
课堂引入	(课的引入)英语中有一句俗语"one apple a day, keep the doctor away" 我请一位同学来说说这句话的含义。 (讲解提问)可见苹果中含有很多对人体健康有益的成分,请同学们结合自己已学过的知识,从化学的角度谈一谈苹果中都含有哪些对人体有益的物质。 (提问)在生活中,我们还有一个常识,瓜果蔬菜应该吃新鲜的,请同学们预测一下,在长期放置的过程中,果蔬中的这些营养成分可能发生哪些变化呢?	思考、回答: 学生1:一天一苹果,医生远离我。 思考、多位学生回答:维生素C、水、糖类、无机物矿物质、亚铁离子等。 思考、回答: 学生2:可能会发生氧化还原反应。例如,苹果中的二价铁离子具有还原性,它在空气中与氧气发生氧化还原反应,被氧化为三价铁离子。 学生3:还会失水、维生素C可能会减少。	从生活中的情景引入,学生对发生在身边的事情既不陌生又很好奇,引导学生对生活中常见的现象提出问题、思考。

教学环节	教师活动	学生活动	教学意图
实验方法准备	(演示实验)很好,那老师就用实验来验证一下同学2的想法。分别在新鲜和久置的果蔬汁中滴加硫氰化钾试剂,请同学们观察溶液颜色的变化。(实验前给信息:硫氰化钾溶液遇到 Fe^{3+} 变为血红色,遇到 Fe^{2+} 不变色) (演示实验)我们经常听电视里说维生素C可以延缓衰老,是什么原理呢?请看老师下面的实验。在变红了的果蔬汁溶液中加入维生素C粉末,请同学们观察溶液颜色的变化。 (引导提问)在刚才的实验过程中,哪些物质具有氧化性,充当氧化剂?哪些物质具有还原性,充当还原剂?	观察:发现久置的果蔬汁滴加硫氰化钾试剂之后溶液变红。 分析:证明其中的二价铁离子确实在氧气和水的作用下转化为了三价铁离子,同学的预测是正确的。观察到刚才变红了的果蔬汁加入维生素C之后,其溶液的颜色又变了回去。 思考,小组讨论,回答。 学生4:在氧气将二价铁转化为三价铁的过程中,O_2 是氧化剂,Fe^{2+} 是还原剂;在维生素C与 Fe^{3+} 的反应中,Fe^{3+} 是氧化剂,维生素C是还原剂。	老师的演示实验,一方面对前面学生对生活中现象的解释加以验证,另一方面为后面学生的自主探究打下基础,并提供实验的知识支持。
实验物质准备	(板书)一、还原剂:Fe^{2+}、维生素C;氧化剂:Fe^{3+}、氧气。 (提问)请同学们结合所学的知识和生活中的现象,想一想还有哪些物质具有氧化性,哪些物质具有还原性?尽可能多地列举出来,并说明理论依据。 (板书)板书总结,将学生提到的具有氧化性和还原性的物质分类写在黑板上。 一、还原剂:Fe^{2+}、维生素C、H_2、C、CO 氧化剂:Fe^{3+}、O_2、$KMnO_4$、$KClO_3$、H_2O_2、Cl_2、浓 H_2SO_4、HNO_3 等。	思考和小组讨论,回答。 学生5:Cl_2 具有氧化性,可以作氧化剂。其理论依据有:第一,从化学反应的角度来说,Cl_2 能与还原剂金属钠反应生成氯化钠,说明 Cl_2 具有氧化性;第二,从化合价的角度来说,氯元素从能零价降低到一1价,所以具有氧化性;第三,从原子结构的角度来说,氯原子的最外层电子数为7,很容易得到1个电子达到8电子的稳定结构,所以 Cl_2 具有氧化性。 学生6:金属具有还原性,可以作还原剂。在置换反应中一些金属阳离子和酸中的 H^+ 作氧化剂,体现氧化性。	通过对已学的常见氧化剂和还原剂的分类和总结,让学生在实验探究之前初步了解和掌握所要研究物质的种类和性质。为实验探究打下基础并提供思路。

续　表

教学环节	教师活动	学生活动	教学意图
		学生 7：一些分解反应，如 $KMnO_4$、$KClO_3$、H_2O_2 分解制 O_2，说明它们具有氧化性，可作氧化剂。 学生 8：还可以从化合价上判断，有些物质中含有高价态元素，例如，高锰酸钾中的锰元素其化合价为 +7 价，氯酸钾中的氯元素其化合价为 +5 价，都有降低的趋势所以具有氧化性。 学生 9：硫具有多种价态，硫酸中的硫元素为 +6 价，应该具有氧化性。初中学过浓硫酸和硝酸具有氧化性。 学生 10：一些非金属单质具有还原性，例如氢气、碳等。初中学过氢气还原氧化铜，碳还原氧化铜。 学生 11：还有一些非金属化合物也具有还原性，例如初中学过的一氧化碳，它也能在高温下还原氧化铜，工业炼铁也是用它还原三氧化二铁的。	
实验探究的方案设计与活动开展	(布置任务) 我们可以从化合价、原子结构、已知的化学性质和反应 3 个维度来考虑物质可能具有的氧化还原性。下面进行今天的实验探究活动。验证托盘里的物质哪些具有氧化性，哪些具有还原性？在实验之前，请同学们两人一组，讨论实验设计思路和实验探究方案。 (引导提问) 刚才同学的思路非常好，请同学们再思考一	各小组讨论，汇报实验设计思路。 学生 12：先假设，预测托盘中的物质，哪些具有氧化性，哪些具有还原性，将物质分类。再从中选出一种具有氧化性的物质和一种具有还原性的物质，看看他们能不能反应，反应结果怎样，从而验证这两种物质是否具有氧化性和还原性。 讨论，汇报具体实验方案。 学生 13：先分类，预测其中的氯	通过前面知识与方法的准备，让学生自行思考，设计出实验探究的思路与方案。通过对实验方案和思路的汇报总结，能更好指导学生的实验探究活动。

教学环节	教师活动	学生活动	教学意图
	下具体的实验方案,怎样才能在较短的时间完成更多的性质实验? (实验要求)两人为一组,在点滴板中实验。只有用到铜片的实验在带胶塞的小试管中进行。注意:实验之前,先预测实验结果。	水、高锰酸钾、浓硝酸、三氯化铁溶液是氧化剂;而铜片、氯化亚铁、碘化钾是还原剂。在实验操作时先确定一种还原剂,让它与所有的氧化剂反应,观察现象,得出结论。再选出另一种还原剂,让他再与所有的氧化剂反应。这样依次类推,既不会落下任何一个实验,又能提高实验速度。 学生实验,教师巡视。有的组实验非常有序,有的组没有优化试剂滴加的顺序,速度较慢。	
实验探究的总结与反思	(组织汇报)下面我请几个小组来汇报一下实验情况。 (板书)每一组同学汇报的结果,分类。 氧化剂: $KMnO_4$　氯水　硝酸 $KMnO_4$　$FeCl_3$ 还原剂: KI　KI　$FeSO_4$　$FeSO_4$　KI 产物: I_2　I_2　Fe^{3+}　Fe^{3+}　I_2 …… 通过学生间的相互补充,归类总结出以下实验方案。碘化钾与高锰酸钾、浓硝酸、氯水的反应;硫酸亚铁与高锰酸钾、浓硝酸、氯水的反应;铜与浓硝酸的反应。 (引导提问)除了以上实验方案,同学们还有没有其他的方案? (展示)在浓 $FeCl_3$ 溶液中插入铜丝(放置约半小时),请同	各小组同学派代表汇报。学生 14: ① $KMnO_4$ 与 KI 反应,现象是溶液由紫红色变为黄色,滴加淀粉溶液后变蓝。结论是有 I_2 生成,说明 KI 是还原剂,$KMnO_4$ 是氧化剂。 ② 氯水与 KI 反应,现象是滴加淀粉溶液后变蓝。结论是有 I_2 生成,说明 KI 是还原剂,氯水是氧化剂。 ③ $FeSO_4$ 和硝酸,现象是滴加硫氰化钾后溶液变为血红色。得出的结论是有 Fe^{3+} 生成,说明 $FeSO_4$ 是还原剂,硝酸是氧化剂。 学生 15:$FeSO_4$ 和 $KMnO_4$ 反应,溶液由紫红色变为黄色,滴加硫氰化钾后溶液变为血红色。结论是有 Fe^{3+} 生成,说明反应中 $FeSO_4$ 是还原剂,$KMnO_4$ 是氧化剂。 学生 16:$FeCl_3$ 与 KI 反应,溶	实验探究的总结分为多个层次: 一级总结让学生直接由实验过程、实验现象中得出结论,例如试剂颜色的变化等。 二级总结让学生从实验现象判断有什么物质生成,从而判断该反应是不是氧化还原反应,谁是氧化剂,谁是还原剂。 三级总结让学生跳出固定的化学反应,从更高层次分析和总结、判断物质具有氧化性和还原性的方法。

教学环节	教师活动	学生活动	教学意图
	学们仔细观察试管中溶液的变化,说说发生了怎样的反应。 (点评)可见氧化还原反应的发生与反应物的浓度有一定的关系。	液的黄色无特别明显变化,但滴加淀粉溶液后变为蓝色,说明反应后的黄色是碘水的颜色。结论是有 I_2 生成,KI 是还原剂,$FeCl_3$ 是氧化剂。 学生 17:铜片与硝酸的反应,现象是液体上方出现棕黄色气体,液体变为蓝绿色。棕黄色气体是二氧化氮,蓝绿色溶液是硝酸铜。结论是铜被硝酸氧化了,铜具有还原性,硝酸具有氧化性。 学生 18:氯水与 $FeSO_4$ 的反应,现象是滴加硫氰化钾溶液后溶液变为血红色。得出的结论是有 Fe^{3+} 生成,说明反应中 $FeSO_4$ 是还原剂,氯水是氧化剂。 思考。 学生 19:提出还可以做铜与 $FeCl_3$ 反应的实验。 思考、回答。 学生 20:$FeCl_3$ 溶液将铜单质氧化成了氯化铜。铜具有还原性,$FeCl_3$ 溶液具有氧化性	
	(反思与总结)请同学们反思整个实验探究过程。	各小组讨论、汇报。 学生 21:实验前一定要有计划,将实验的流程与步骤讨论清楚后再具体操作。实验过程中一定要注重小组合作,分工明确能提高小组实验的效率。实验过程中应该合理安排时间,在有限的时间中多尝试不同的实验方案。 学生 22:实验时应该注意试剂的滴加顺序。例如,在验证二价铁的还原性时,硫氰化钾试剂应在反应前滴加。因为,这样可以检验原来的试剂中二价铁有没有变成三价铁,从而证明三价铁是反应后生成的。如果后滴加就不能说明三价铁是反应得到的。 学生 23:实验前的小组讨论和预测很重要,能使自己的实验更有针对性,做实验时不盲目,目的性更强。	通过学生自我反思,总结出实验探究的方法和过程中的不足。

教学环节	教师活动	学生活动	教学意图
实验探究结论的提升	（深入总结）结合实验的结论和物质分类的知识，总结出哪些类物质常作氧化剂，哪些类物质常作还原剂。 （引导提问）进一步引发学生思考，亚铁离子只能作还原剂吗，从而找出判断氧化剂和还原剂的规律。	小组同学进行讨论、汇报。 学生24：一部分非金属单质可以作氧化剂，如氧气、氯气；一部分非金属单质可以作还原剂，如碳单质、氢气；金属单质作还原剂。 学生25：物质中含有高价元素的盐常作氧化剂；含有高价元素的酸常作氧化剂；某些含低价元素的非金属氧化物作还原剂，如 CO；某些含低价元素的盐常作还原剂。 各小组学生讨论并逐步深入总结出结论。 学生26：Fe^{2+} 不仅仅作还原剂，还可以作氧化剂。例如，在化学反应中，$FeCl_2$ 可以与镁反应，生成铁和氯化镁。铁元素从 $+2$ 价降低到 0 价，发生还原反应，作氧化剂。 学生27：如果元素的化合价处于中间价态，既可以升高又可以降低，则它既表现出氧化性又表现出还原性。	
实验探究结论的拓展	（拓展延伸）是的，从化合价的角度思考更便捷。从以上总结出的规律，你来分析一下亚硫酸钠可能具有的性质。 （引导提问）结合这节课的实验和所学的知识，请同学们设计实验，验证刚才的预测。	思考、回答。 学生28：既具有氧化性又具有还原性。其中的 S 为 $+4$ 价，是中间价态，既可升高，又可降低，所以它既具有氧化性，又具有还原性。如果 Na_2SO_3 表现出还原性，硫的化合价就应该升高到 $+6$ 价，产物可能有 SO_4^{2-} 生成；如果 Na_2SO_3 表现出氧化性，硫的化合价就应该降低到 0 价或更低价态，产物可能有硫单质。	

续　表

教学环节	教师活动	学生活动	教学意图
	(演示实验)在 Na_2SO_3 溶液中滴加 $KMnO_4$ 溶液,请学生仔细观察实验现象与结果。	讨论、回答。 学生29:要验证 Na_2SO_3 具有氧化性,就应该找一种具有还原性的物质与其反应,观察实验现象,检验产物。要验证 Na_2SO_3 具有还原性,就该找一种具有氧化性的物质与其反应,如 $KMnO_4$。	
	(演示实验)在亚硫酸钠溶液中,加入硫化钠,再滴加几滴酸。请学生仔细观察实验现象并思考归纳出氧化剂、还原剂的概念。 (板书)三、氧化剂:具有氧化性,在反应中所含元素的化合价降低,得电子(或电子对偏向)的物质,被还原。 还原剂:具有还原性,在反应中所含元素的化合价升高,失电子(或电子对偏离)的物质,被氧化。	观察、回答。 学生30:溶液由紫红色变为了无色,通过信息提示:锰元素从+7价变为+2价。那么,硫元素就应该失电子化合价升高,所以亚硫酸钠具有还原性。观察到浅黄色沉淀生成,经确认是硫单质。 该反应中 Na_2SO_3 硫元素从+4价变为0价,硫化钠中的硫元素从−2价变为0价。Na_2SO_3 表现出氧化性,是氧化剂。	将所学的知识迁移,让学生更快地掌握并利用所学知识解决实际问题。
课后思考	(小结)非常好,不管是预测、设计实验证物质的氧化还原性,化合价都发挥了重要的作用。 最后请总结本节课的收获和体会,写在学案上。	学生认真填写学案。	进一步巩固学习内容。

板书设计

氧化剂和还原剂

一、还原剂:Fe^{2+}、维生素 C、H_2、C、CO

氧化剂:Fe^{3+}、O_2、$KMnO_4$、$KClO_3$、H_2O_2、Cl_2、浓 H_2SO_4、HNO_3 等。

二、氧化剂：$KMnO_4$　氯水　硝酸　$KMnO_4$　$FeCl_3$

还原剂：KI　　　KI　　FeSO₄　FeSO₄　　KI

产　物：I_2　　　I_2　　Fe^{3+}　Fe^{3+}　　I_2

三、氧化剂：具有氧化性,在反应中所含元素的化合价降低,得电子(或电子对偏向)的物质,被还原。

还原剂：具有还原性,在反应中所含元素的化合价升高,失电子(或电子对偏离)的物质,被氧化。

实践训练

选择一个课时的内容进行教学设计

1. 氧气(第一课时)
2. 质量守恒定律(第一课时)
3. 物质的量的单位——摩尔
4. 化学键(第一课时)
5. 离子反应(第二课时)
6. 化学能与热能(第二课时)
7. 化学反应速率和限度(第一课时)
8. 元素周期律(第一课时)

思考题

1. 什么是化学课堂教学设计?
2. 化学教学设计的一般过程和基本要求是什么?
3. 化学教学系统设计的层次有哪些?
4. 化学教学目标设计的步骤有哪些?
5. 化学课堂教学的基本结构是什么?
6. 化学活动课设计的基本要求是什么?
7. 化学教学系统的设计和化学课堂教学是什么关系?

第二章
教学设计的入门与体验

一、教学设计入门

教学设计是在教学之前对教学过程中的一切预先筹划,安排教学环节和教学情境,以期达到教学目标的系统性设计。单元教学设计和课时教学设计过程大致可分为教学设计的准备、构思设计阶段和评估优化3个主要阶段。

(一)教学设计的准备

在教学设计前,教师要明确化学课堂教学的意义。化学教学目标的制定就是化学教学设计一项最重要的核心内容,因而,在教学设计前必须首先分析课程标准,以确定教学目标。

1. 分析课程标准　化学教学目标一般包括3个维度,即知识与技能、过程与方法、情感态度与价值观。在三维目标下,又可分为认知性目标、技能性目标和体验性目标。认知性目标和技能性目标多侧重于学习结果,目标制定要内容明确、具体易操作;体验性目标侧重于过程,目标制定要紧密结合教学和生活实际,易于体验和评价。教学目标是教师教学理念和学生发展要求的集中体现,要制定出切实可行的化学课堂教学目标,首先要着重分析课程标准中的内容标准,把握内容标准的真正内涵。

内容标准是对某一主题下所列内容应达到的最基本的学习要求的一种描述,它着眼于学习的过程和学习的结果,除知识和技能目标外,还涉及方法、观念、态度等方面的目标。在教学中要认真解析内容标准,领会其真正含义。只有这样,才能真正把握教材的教学目标。下面以义务教育化学课程标准"质量守恒定律"为例解析,见表2-1。

表2-1　义务教育化学课程标准(2011年版)中"质量守恒定律"的课标内容

标　准	活动与探究建议
认识质量守恒定律,能说明化学反应中的质量关系 能正确书写简单的化学方程式 能根据化学反应方程式进行简单的计算 认识定量研究对于化学科学发展的重大作用	① 实验探究化学反应前后的质量关系; ② 用微粒的观点解释质量守恒定律

解读标准,从整体上认识到:第一,"质量守恒定律"是在一级主题"物质的化学变化"下的二级主题,"质量守恒定律"是初中课程中的一个重要内容,它从两个视角认识物质:守恒视角和定量视角;第二,化学方程式的正确书写是基于质量守恒定律得出的;第三,质量守恒定律是人类定量研究物质变化的基础,对化学科学发展起着重大的作用。

对质量守恒定律的核心概念再作进一步的解读,不仅可以把目标分解得更为具体,而且还可以挖掘出其中蕴含的目标,见表2-2。

表2-2　人教版义务教育九年级化学教材"质量守恒定律"教学目标分析

内容标准	解读目标	蕴含目标
认识质量守恒定律,能说明化学反应中的质量关系	① 记住质量守恒定律的内容,能理解质量守恒定律的涵义和化学变化质量守恒的原因; ② 会运用质量守恒定律解释一些化学现象和问题	以质量守恒定律为理论基础,引导学生将所学的化学知识从定性分析向"定量分析"转换; 通过在大量的实验基础上科学的推理总结得出质量守恒定律,体验科学家发现真理的途径和方法

通过对质量守恒定律内容目标的解读,明确了这部分内容的教学目标。在教材的分析处理中就要考虑一方面要使学生掌握质量守恒定律的涵义和实质,从定量角度分析化学问题;另一方面又要让学生体验从实验探究的过程,学会从实验结论中归纳出化学原理,从而提高学生实验探究的能力

2. 分析学生

教育的主体是学生,"一切为了学生"是教育的终极目标,而学生的基本情况和发展规律制约着教学的开展和深入,影响着教学目标的达成。因此,要重视对学生的情况分析,依据学生原有的知识状况制定教学目标。只有在学生原有的认知结构中认识新知识、同化新知识,才能将新知识纳入学习者原有的认知结构中,内化为自己的知识。也只有在研究学生的认知水平、认知能力的基础之上进行的教材分析才是有效的,才能因材施教。

建构主义者认为,学生是带着一定的知识和概念开始学习的。学生已有的化学知识基础是学习起点的最重要的组成部分。师范生要注意从学生的已知、未知、能知和怎知等方面了解学生情况,以便在学习新知识时,确保教学建立在学生的认知水平上,确保教学的有效性。在教材处理之前,要对学生已有知识作一个诊断。

案例 2-1 高一化学在讲氧化还原反应前学生情况诊断

① 讲到氧化还原反应,你首先想到的化学反应有哪些(用化学反应方程式表示)?(该问题能诊断学生对氧化还原反应的认知水平)

② 能从上面的例子中,判断出什么是还原反应,什么是氧化反应吗?(该问题能识别学生对这两个概念的理解程度)

③ 你知道还原反应与氧化反应的关系吗?(该问题能辨别学生能否真正理解二概念之间的关系)

④ 氧化还原反应有何共同的特征?(该问题能诊断学生能否从本质上认识概念)

通过以上问题,教师便可以清楚地了解学生关于氧化还原反应中概念的了解程度以及存在的错误观念,及时作出分析,结合教材制定出相应的教学策略,在学生已有知识基础上呈现新概念并纠正其错误概念,学生的学习效果会大大提高。

案例 2-2 高一化学在讲化学平衡前学生情况诊断

学生在初中已涉及过溶解平衡,对于这个概念的了解,我们可以编制以下诊断题:

① 一提到"平衡",你的第一反应是什么?(该问题能诊断学生对平衡概念的认知层次)

② 你知道溶解平衡的特点吗?(该问题能够诊断学生对平衡概念的理解程度)

③ 你知道物质溶解时与达到溶解平衡后有什么区别吗？（该问题能诊断学生能不能从整体上把握溶解平衡的特征）

④ 你能把化学平衡与溶解平衡联系起来吗？（该问题能诊断学生能否进行知识的迁移）

从上述问题中，教师可以知道学生对于"平衡"概念的理解程度，尤其是对"平衡的特点"的了解，因为"平衡的特点"是化学平衡的精髓。教师在掌握了学生的情况之后，对教材作出相应的处理，进行有针对性的教学。

（1）重视学生起点知识的分析　教学的对象是学生，只有了解学生，才能有的放矢。教材的处理是个动态的过程，学生的不同起点影响着教材的处理方式和策略，师范生应充分认识到这一点，在教学设计时，应根据不同年级学生的特点恰当地处理教材。

（2）重视对施教对象起点能力分析　对象的起点能力（包括技能起点和思维起点等）直接影响着教学的成效。分析教材时不仅要了解学生具备的起点知识，还要清楚学生的起点能力。初中的学生观察分析能力较差，则教学中要加以引导，才能帮助学生达成目标。高一的学生已具备一定观察分析能力，教师可以创设情境让学生自己提出问题并解决一些简单问题；高一的学生已逐步由具体的形象思维过渡到抽象思维，但思考时仍需借助感性材料，这就决定了高一的学生学习元素化合物知识时，仍是以"结构—性质—用途"的思维主线和思维起点作为这部分内容的学习起点。初中学生的实验操作技能较弱，还停留在模仿阶段，不具备设计实验的能力；高中的学生已经不同程度地受过研究物质的实验方法和科学探究的基本步骤的训练，已有了设计简单实验和科学探究的能力，那么，在教学中就可以让高中的学生参与设计实验，对初中的学生则主要训练他们的实际操作能力。

教师只有对学生学习化学起点有较全面的、系统的了解与分析，才能找到课堂预设的出发点，才能将教材与学生有机地结合在一起，让学生的能力得到全面提高。

3. 分析教材

教材是课程标准的具体体现，是中学化学教学内容的直接载体，是教师和学生开展教学活动的直接依据。教师在教学设计时，必须认真分析和研究教材，充分领会教材的编写意图和编写特点，把握教材的知识体系，选择恰当的教学方法和教学手段，提高教学质量。

（1）分析教材知识体系　教材分析的第一步是梳理学习内容的知识点，在明确知识点后,分析知识点之间的关系,以建立起知识体系。

化学概念的知识点要按照知识的逻辑顺序一一列出,这种排列既符合知识点之间生成与被生成、创造与被创造的先后顺序,也符合学生心理认知顺序。

案例 2-3　人教版化学必修 1 第二章第三节　氧化还原反应

梳理出下列知识点,如图 2-1 所示。

从得氧、失氧的角度定义氧化、还原反应 → 从化合价的角度定义氧化反应、还原反应、氧化还原反应 → 从电子转移(或偏移)的角度定义氧化反应、还原反应、氧化还原反应 → 氧化剂、还原剂的概念

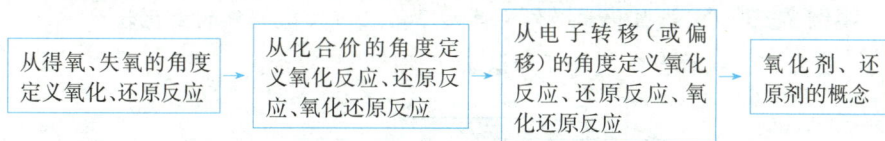

图 2-1　氧化-还原反应知识梳理

在上述知识点的基础上,再进一步分析其中的核心概念的知识点,进而构建氧化还原反应的知识体系,如图 2-2 所示。

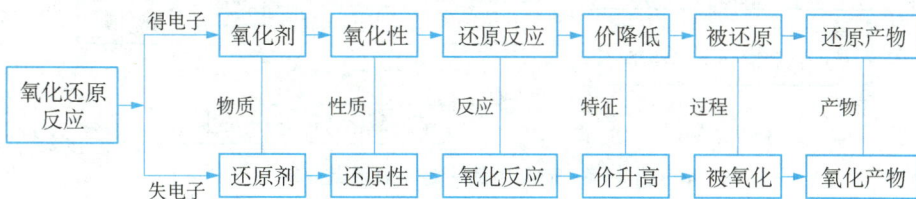

氧化还原反应

得电子 → 氧化剂 → 氧化性 → 还原反应 → 价降低 → 被还原 → 还原产物

（物质　性质　反应　特征　过程　产物）

失电子 → 还原剂 → 还原性 → 氧化反应 → 价升高 → 被氧化 → 氧化产物

图 2-2　氧化还原反应知识体系

案例 2-4　人教版化学必修 2 第二章第二节　化学能与电能

按照概念的认识顺序整理知识点,如图 2-3 所示。

化学能转变成电能的途径

燃烧(氧化还原反应) → 电子转移引起化学键新组合 → 化学键断裂与形式产生热能 → 由热能转变为机械能,再由机械能转变成电能

由原电池转变成电能 → 原电池的定义 → 原电池正、负极反应 → 原电池反应的本质:氧化还原反应 → 原电池的形成条件 → 原电池的组成

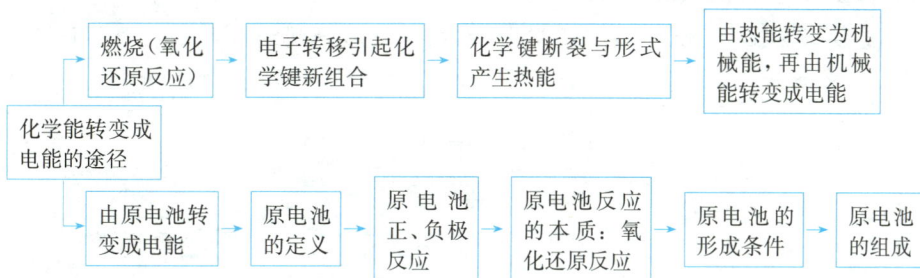

图 2-3　化学能与电能的知识点

然后,针对原电池核心要点,即原电池的工作原理、构成原电池的条件,梳理其关系,如图 2-4 所示。

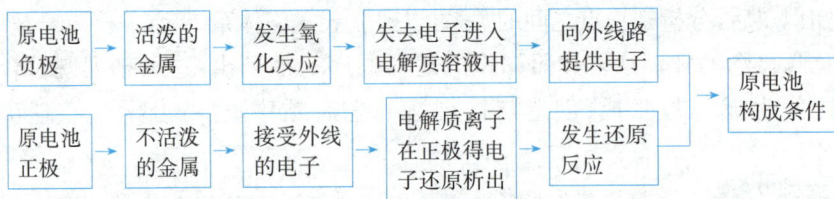

图 2-4　原电池知识体系

案例 2-5　人教版化学必修 1 第四章第三节　硫和氮的氧化物

从自然、化学、社会角度整理知识点,如图 2-5 所示。

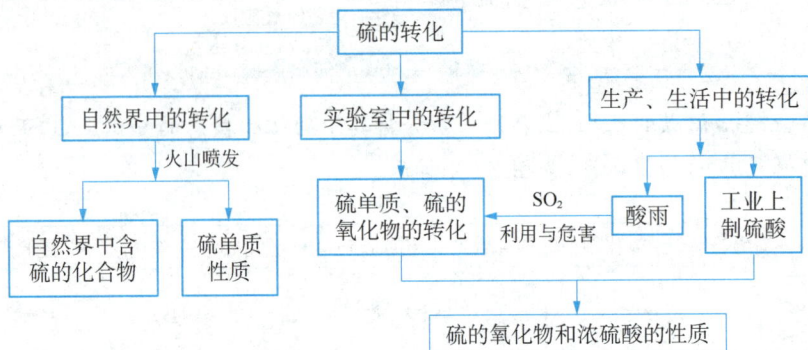

图 2-5　硫和硫的化合物知识点分析

经过这样的整理,教师在教学设计时就能很好地把握教学的知识体系,教学思路清晰,能抓住知识的关键点。

可以从结构、性质、制法、用途的角度分析元素化合物知识,亦可从自然、化学和社会的视角的框架下分析。

案例 2-6　选修教材中"乙醇"从结构→性质→用途→制法整理知识点,如图 2-6 所示。

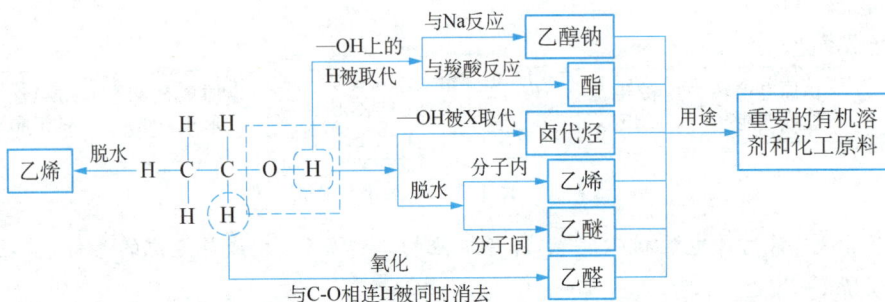

图 2-6　乙醇知识点分析图

（2）分析重点内容和难点内容　重点内容是教材中最重要、最基本的中心内容,是知识的网络中的联结点。每本教材都有重点章,每章有重点节,每节、每课时有重点内容。重点内容是一节课的核心和基础,是教师组织教学的主线,如概括性和理论性比较强的知识、应用广泛的知识、重要的事实、共性的知识等。判别重点内容可以从下列两个方面来确定:

第一,在教学目标分析的基础上来确定教学重点。例如,课程标准内容标准明确规定"认识质量守恒定律,能说明化学反应中质量关系",这说明质量守恒定律是初中学生学习的一个目标,贯穿整个中学化学阶段,为从定量角度研究化学反应提供了重要依据,因而它是初中化学中的一个重点内容。

第二,要认清哪些是最基本、最基础的而且应用广泛的内容。如在分析人教版化学必修1"化学计量在实验中的应用"这部分内容时,"物质的量的单位——摩尔"是重点内容,因为只有掌握了对"物质的量"的理解和应用,才就能进行物质的质量、物质的量浓度、气体的体积等之间的换算,"物质的量"是这部分知识的网络中的联结点,如图2-7所示。

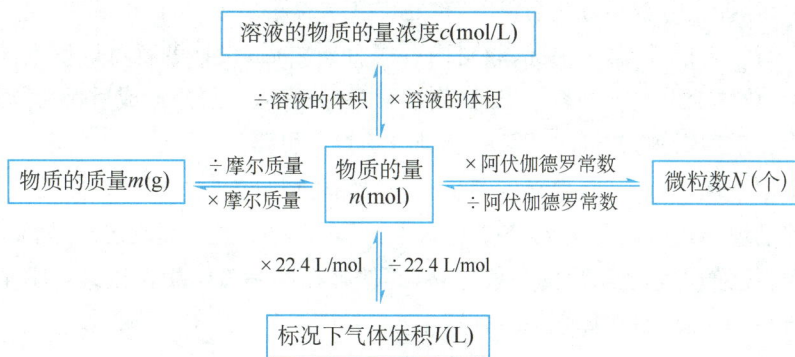

图2-7　有关"物质的量"的关系

在元素化合物知识中,性质决定其存在形式和用途,"性质"是这部分内容的联结点,所以物质的性质是教学的重点。相对于物理性质,化学性质应用更加广泛,所以化学性质是重点的重点。

难点内容是教材中比较抽象、容易混淆的内容或是学生感到难以理解的内容。对难点内容要根据具体内容特点和学生的知识基础来分析。对于难点内容有下列两种情况:

第一,教材比较抽象,理论性强且涉及的知识点较多内容。比如,人教版化学必修1"氧化还原反应"中涉及的概念(知识点:氧化反应、还原反应、被氧化、被还原、氧化剂、还原剂等)比较多,而且氧化还原反应原理的应用比较复杂,学生不易掌握。再如,人教版化学必修2"化学能与电能"这部分内容比较抽象,理论性强且涉及的知识点较多(知识点有:原电池的原理、构成、正负电极反应及电极反应方程式的书写等),学生理解起来比较困难,因而成为教学的难点内容。

第二,易混淆的内容。在人教版化学必修1"化学计量在实验中的应用"中,由于学生很容易将标准状况与非标准状况时气体的体积与物质的量的关系混淆,涉及气体体积的计算成为教学的难点。再如,原电池正、负极反应与电解池阴极、阳极电极反应容易混淆,原电池、电解池的工作原理以及电极反应书写是难点。

(二) 构思设计阶段

通过前期的准备之后,教师对本节教材内容和教学对象有了比较详细、深入的了解。一方面能把握课程标准,领会教材的编写意图,熟悉教材的知识体系,清楚教材的特点、教学的重难点和关键点;另一方面了解学生的学习起点。在此基础上,选择适合教学方法与策略,构建出教学思路。

在对教学任务、学生情况、教材内容等分析之后,设计者就可以依据某种教学理论,总体上形成某种教学思想(教学策略)。在教学思想形成后,设计以重点内容为教学逻辑主线,同时顾及教学难点的教学思路。

根据呈现特点不同,教材内容呈现的思路可以分为归纳式、演绎式、直线式。这3种呈现形式可以有交叉,各有优缺点,见表2-3。这种呈现思路是教材编写者按照自己的理解所给出的一般思路,而教师在实际教学中可以结合学生的特点及自身的情况,有选择性地调整运用。

表2-3 教材内容的呈现方式

呈现方式	特　　点	对学生发展的影响
直线式	教材内容处于平等地位,直线推进:内容1→内容2→内容3	使学生在有限的时间内掌握尽可能多的知识;但容易遗忘
演绎式	由抽象到具体,抽象的理论到具体事实	更好地促进学生抽象思维能力的发展,提高学生掌握知识的水平
归纳式	由低级到高级的顺序排列组合,从简单到复杂,从特殊到一般逐级递进,使教材内容具有内在的序列组织结构	符合学生认知规律的特点,有利于学生系统地掌握化学知识

案例2-7 人教版高中化学必修1　氧化还原反应

教学呈现思路如图2-8所示。

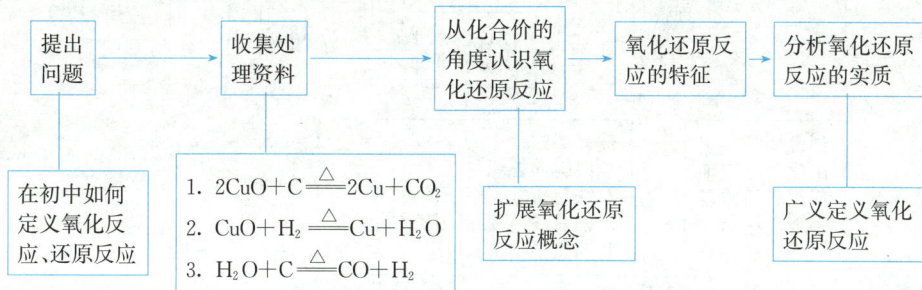

| 提出问题 | → | 收集处理资料 | → | 从化合价的角度认识氧化还原反应 | → | 氧化还原反应的特征 | → | 分析氧化还原反应的实质 |

在初中如何定义氧化反应、还原反应

1. $2CuO+C \xrightarrow{\triangle} 2Cu+CO_2$
2. $CuO+H_2 \xrightarrow{\triangle} Cu+H_2O$
3. $H_2O+C \xrightarrow{\triangle} CO+H_2$

扩展氧化还原反应概念

广义定义氧化还原反应

图2-8 "氧化还原反应"教学呈现思路

可以看出,这主要是一种归纳式的思路。通过初中学过的得氧失氧的反应认识氧化反应和还原反应,而后分析元素化合价的变化,从而得出凡是有得氧失氧的反应都有化合价的变化,进而得出氧化还原反应的基本特征是有化合价的变化,再找到化合价变化的实质也就是氧化还原反应的实质(有电子的转移或偏移)。

案例2-8 人教版九年级上册　质量守恒定律

教学呈现的思路如图2-9所示。

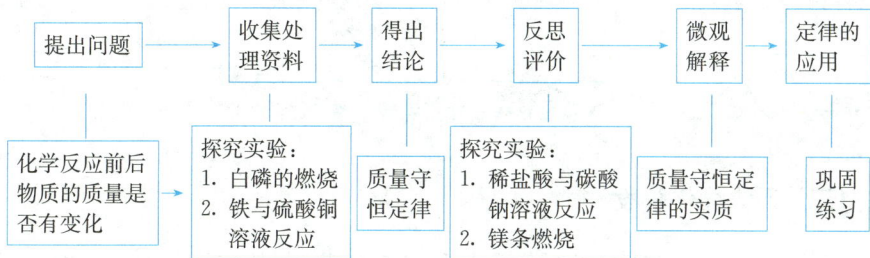

| 提出问题 | → | 收集处理资料 | → | 得出结论 | → | 反思评价 | → | 微观解释 | → | 定律的应用 |

化学反应前后物质的质量是否有变化

探究实验:
1. 白磷的燃烧
2. 铁与硫酸铜溶液反应

质量守恒定律

探究实验:
1. 稀盐酸与碳酸钠溶液反应
2. 镁条燃烧

质量守恒定律的实质

巩固练习

图2-9 "质量守恒定律"教学呈现思路

案例2-8通过两个学生熟悉的实验,归纳出化学反应前后反应物和生成物总质量不变,进而得出质量守恒定律,再通过两个看似不守恒的实验,来分析和理解化学反应前后为什么会出现"不守恒"的现象,加深对化学反应质量守恒前提条件的认识,最后通过微观解释和实践练习来升华对质量守恒定律的理解。

在实际教学中,教师可以根据自己的教学经验和学生的知识水平,灵活地调整教材呈现的思路。关于质量守恒定律另一种改进的教学思路,是一种演绎式的教学思路,如图2-10所示。

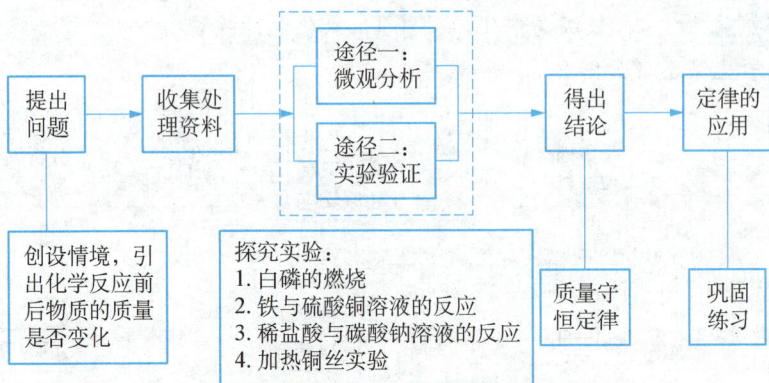

图 2-10　演绎式教学思路

在人教版"硫和硫的氧化物"的教学中,采用演绎式的教学思路,教学过程如图 2-11 所示。

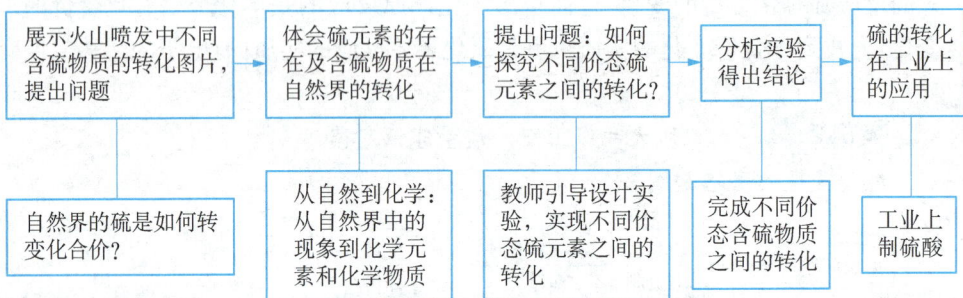

图 2-11　演绎式教学思路

(三)评估优化阶段

教学设计后,一定要预测教学设计的各个环节,调整与优化教学方案,如教学内容和教学情境设计是否真正做到了基于学生的经验,具有基础性;教学活动的设计是否具有驱动性,是否能吸引学生参与,等等。

二、教学设计体验

1. 学生体验教学过程

每个学生自选一个中学化学的教学内容,模拟教学设计和模拟课堂教学(3分钟),要求脱稿讲述并板书。

2. 教师给予教学基本功指导

（1）教态　教师的仪表、仪态和姿态。教态是一种无声的语言，是通过教师的表情、手势、眼神等不同变化来表情达意。优美的教态是一种高超的教学技巧，是教师得心应手地组织课堂教学、实施教学设计、提高教学效率的保证。同时，它也是激发学生学习情趣、获得美感熏陶的必要手段。培养教态美，运用教态美，对学生的学习和教师的自身形象都有重要的影响。教学中教态要自然，正确站位，目光要与学生有交流，教学中也要有一定的肢体语言（手势、脸部表情等）。

（2）语言表达　语言表达要清楚（口齿清楚，音量适中，语速和节奏适中），准确（准确表达概念，准确描述实验现象，准确表述化学用语，等等），精练（表述简洁、有序），生动（口语有变化性、趣味性，运用充沛的情感，采用贴切的比喻等）。

（3）板书与PPT　板书设计要呈现高度概括的条理化、结构化的知识内容；用简洁的文字、符号表达教学重点。版面的设计安排要合理，板书与PPT上的内容不能重复，但要协调。板书设计要考虑的要素有：

① 书写和绘图要正确、工整、清晰、大小适当。

② 内容编排一是要呈现高度概括的条理化、结构化的知识内容；二是要用简洁的文字、符号表达教学重点。

③ 板面的布局要分主、副板书，一般主板书偏左或在中间，副板书在右边且随时可以擦去。

④ 时间的掌握：

书写时间：与讲解、其他教学活动协调一致。

保留时间：正板书保留到结束；副板书保留到补充说明问题结束。

板书速度：适中（尽可能快）。

案例 2-9　"物质的量"（第一课时）的板书设计（提纲式）

一、物质的量（n）

1. 定义：表示含有一定数目粒子集体的物理量。

2. 单位：摩尔（mol）。

   基准：$0.012\,\mathrm{kg}\,^{12}C$ 中所含的 C 原子数。

3. 阿伏加德罗常数（N_A）：

   定义：1 mol 任何粒子的粒子数。

   精确值：$0.012\,\mathrm{kg}\,^{12}C$ 中所含的 C 原子数。

   近似值：$6.02\times10^{23}\,(\mathrm{mol}^{-1})$。

4. 物质的量与阿伏加德罗常数、粒子数之间的关系:

$$n \times N_A = N_{\circ}$$

5. 使用摩尔表示物质的量时应注意:
   ① 明确粒子种类(用化学式表示)。
   ② 只适用于微观粒子。

这样设计的板书,条理清晰,呈现了一节的重点内容,便于学生记录与复习。

案例 2-10 "质量守恒定律"(第一课时)的板书设计(框架式)

课题 1 质量守恒定律

这种板书设计突显了定律的逻辑关系,便于学生理解质量守恒定律,并且很好地呈现了板书与讲授的高度统一。

案例 2-11 "化学键"第二课时的板书设计(表格式)

	离子键	共价键
成键微粒	阴、阳离子	原子
成键本质	静电作用	共用电子对

续　表

	离子键	共价键
表示方法	Na⁺ [:Cl:]⁻	H×Cl:
成键元素	典型的金属元素、典型的非金属元素之间	非金属元素之间

　　在讲完离子键后,用上述表格式的板书设计,既复习了上节讲的离子键内容,又梳理了新讲的共价键主要内容,并将二者加以对比,加深学生对概念的理解。

案例 2 – 12　"氧气"的板书设计

氧气的性质板书设计
一、物理性质

颜色	状态	气味	溶解性	密度
无色	气态	无味	难溶于水	1.429 g/L

气态的氧(无色)→液态的氧(蓝色)→固态的氧(蓝色雪花状)。
二、化学性质
1. 助燃性:氧气能支持燃烧,能使带火星的木条复燃。
2. 氧气与硫的反应实验现象

硫在空气里燃烧的现象	硫在氧气里燃烧的现象
淡蓝色火焰,有刺激性气味气体产生	明亮蓝紫色火焰,有刺激性气味气体产生,集气瓶中有白雾

$$硫 + 氧气 \xrightarrow{\text{加热}} 二氧化硫$$

　　元素化合物知识的板书设计,可以采用多种形式。因为元素化合物知识内容多,有些甚至比较零散。板书设计没有统一的格式,不同的教师对教材的理解与处理不同,板书的格式也是不相同的。上述案例采用的是提纲和表格结合的方式,这样设计有利于学生对知识的梳理。

案例 2–13 "化学计算"的板书设计

在密闭的容器中(可大可小)加入 1 mol 的 N_2 和 2 mol H_2,在一定的压强、温度下,当有 0.45 mol H_2 反应生成氨气时,容器的体积为原来的百分之几?

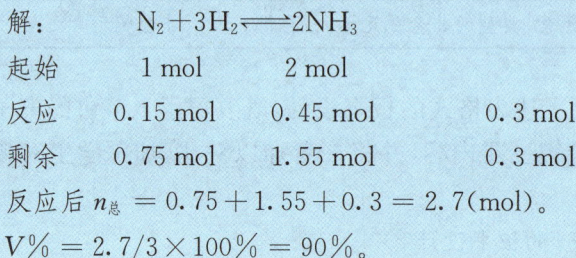

解: $N_2 + 3H_2 \rightleftharpoons 2NH_3$

起始   1 mol   2 mol

反应   0.15 mol   0.45 mol   0.3 mol

剩余   0.75 mol   1.55 mol   0.3 mol

反应后 $n_{总} = 0.75 + 1.55 + 0.3 = 2.7(mol)$。

$V\% = 2.7/3 \times 100\% = 90\%$。

化学计算的板书设计强调的是呈现解题的步骤和原理,并将解题书写格式示范给学生。

(4) 课堂组织调控　为了达到预期的教学目标,教师在教学的全过程中,需要不断对其进行积极、主动地组织、监控和调节。教师的组织、监控能力是课堂教学质量的决定因素,也是决定教师教学行为和教学效果的关键因素。

首先,教师要善于从多渠道获取反馈信息。教学过程的可控程度,常取决于信息的交流畅通程度,特别是取决于反馈作用。教师要善于充分利用各种反馈方法,随时收集从各个渠道来的反馈信息,才能针对信息,有效地调控。

其次,要及时从多方面调控课堂教学。教师从反馈的信息中,发现教学现状与教学目标之间的差距,从多方面及时、全面、有效地调控。主要从以下 3 个方面进行控制:

① 控制环境:控制课堂纪律,其主要控制师生双方情绪。

② 控制知识:教师传递知识信息要注意知识的数量、难度及传输速度是否符合学生的知识水平与接受能力。

③ 控制思维:思维调控的目的在于让学生的思维处于最佳状态,保持连续性与及时性。

第三,要通过多种途径培养学生的自控能力。

教学中教师应引导学生不断解剖自己,及时找出知识与学习方法上的缺陷,及时修正自己,使自我组织活动有效展开,自我适应能力增强,自我调控能力增强。师范生要初步学会管理课堂纪律、调节学生学习情绪的技能。

实践训练

1. 以讲解空气的组成为例,训练教学基本功。
2. 以讲解氧气的物理性质为例,训练教学基本技能。

思考题

1. 化学教学设计前要做哪些准备工作?
2. 在教学设计准备阶段,分析教材应注意哪些事项?
3. 教学基本功包含哪些内容? 结合教学基本功,谈谈作为一名教师上课时应注意哪些问题。

第三章

导课教学技能与实践

一、导课的概念

作为一节课的起始环节，导课承担着吸引学生注意力、激发学生学习兴趣的作用。好的开头是教师与学生建立感情的第一座桥梁，虽然只有短短的几分钟，却能承上启下，它是整个课堂教学的有机组成部分，可以为一堂课的教学定下基调。

导课是将学生的思维引入特定教学情境之中的教学行为方式。它常用于上课开始，也用于新问题、新知识过渡之初。通过巧妙、别致、恰到好处的新课引入，引起学生的兴趣，激发学生的求知欲，诱导学生进入教师预先精心设计的情境之中，为整节课的学习打下良好的基础，使整个教学活动生动、活泼、自然。

二、导课的作用

由于中学生的心理特征，他们注意力在课的开始不容易集中。为了让学生尽快进入到教学中，许多有丰富经验的化学教师都非常重视教学中的导课环节，希望课的开始就像磁铁一样，把学生牢牢地吸引住。要起到如此的功效，教师的导课一定要发挥下列 4 个作用。

1. 引起注意

从心理学上讲，"注意"有两种状态，一种是无意注意，另一种是有意注意。有意注意是指预先有一定目的，需要意志努力才能达成的，学生在学习化学原理时，需要在理解的基础上记忆，就需要有意注意。无意注意是不需要个人意志努力的注意,如镁条的燃烧发出耀眼的白光就能引起学生的注意。在教学中,教师要充分调动学生的有意注意,使学生在上课时能把自己的心理活动始终指向学习目标。在教学初始阶段,学生的注意往往是分散的。有些学生的兴奋点停留在课间活动上,有些还在休息,缺乏精神准备。这时教师用新奇的实验或实物或故事巧妙地导入新课,可以使学生的注意力能较快地转移到课堂上来,转移到学习的新知识内容上来,生动的教学氛围使学生有意注意与无意注意巧妙地结合起来,让学生进入最佳学习状态。

神经心理学的研究表明,通过一定手段刺激大脑皮层导致"觉醒"状态,是产生注意力集中和其他意识活动的基础。教师通过新异的信息和事物,往往能立即刺激学生的大脑皮层,从而引起学生的注意。

引起注意常采用的方法有:

① 发挥化学学科的特点,以新奇的实验导课。

② 用情绪感染,如丰富的表情、生动的语言(讲故事、猜谜语等)导课。

③ 用问题导课,设计与本课有关的、学生比较感兴趣的问题导课等。

案例 3-1　"化学键"的导入——引起注意

(1)展示沙雕图片。问:散沙是怎样做成沙雕的?(加入的水起到黏合剂的作用,使沙粒结合到一起)

(2)原子是构成物质的一种微粒,从周期表中可以看出,到目前为止,已经发现的元素只有 100 多种。然而,这 100 多种元素的原子却组成了 3 000 多万种的物质。那么,元素的原子是通过什么作用形成如此丰富多彩的物质的呢?这就是我们今天要研究的问题。(原子之间存在一种相互作用将它们结合到一起,引出"化学键"课题)

通过创设疑问,激起学生的好奇心,从而引起学生的注意,促使学生关注课堂教学的内容。

2. 激发动机

学习动机是学生学习化学的内在动力,是学生学习的愿望、意愿。激发学生学习的动机,是导课的重要功能,导课是否成功,就在于是否真正调动了学生的学习积极性。孔子说"不愤不启,不悱不发",也就是说,当把学生引入"愤"的状态时,教师才开始"启"。

心理学研究告诉我们:认知驱动力既与学习的目的性有关,也与认知兴趣有关。因此,导课中激发动机就应着重从学习内容的目的性与认知兴趣着手。

(1)明确学习的目的性　首先要让学生明确教学目标,目标明确学习就有了方向;其次,要让学生明确学习的意义,帮助学生了解化学知识在生产、科研及日常生活中的重要作用,使学生切身体会到学以致用,从而产生学习兴趣。

（2）激发认知兴趣　兴趣是最好的老师,激发认知兴趣的办法就是创设问题情境。

案例3-2　"盐的水解"概念的引入——激发动机

教学中先设计这样一问题:"把 $FeCl_3$ 溶液蒸干灼烧,最后能得到什么物质?"学生根据已有的知识判断:"把 $FeCl_3$ 溶液蒸干灼烧就应该是 $FeCl_3$ 固体呀!""难道还能得到别的物质吗?""教师为什么会提出这个问题?""应该生成什么呢?"学生的兴趣油然而生,由此激发起学生学习新知识的强烈欲望。

3. 建立联系

建立联系是指教师在新课导入的过程中,采取有效的方式和手段,帮助学生建立新知识与旧知识之间的联系,在原有知识结构的基础上学习新知识,引导学生将新的知识纳入到原有的知识结构中,使学生能顺利进入到新知识的学习之中。建立联系关键有两点。

（1）明确新知识的基础　学生已有的知识、技能和经验是学习新知识的基础,教师在新课导入时,要明确学生的学习基础,明确教材的重难点和知识结构体系,结合学生的学习心理和认知规律,将学生自然而然地引入新的知识学习之中。

（2）设计有效联系的桥梁　通过复习旧知识,找到与新知识的切合点;创设问题情境,切实、有效地建立起新旧知识之间的联系。这样建立联系,一方面为新知识做好铺垫,另一方面降低了新知识的难度,使学生能较轻松地学习新知识。

案例3-3　建立与"电离平衡"概念（新课知识）的联系

先复习化学平衡再引入电离平衡的概念。设计教学程序为:①引导学生回忆"化学平衡"的概念;②列举实例归纳"化学平衡"的特点;③通过"化学平衡"建立"平衡"模型;④对比"化学平衡"建立"电离平衡"的概念;⑤对比"化学平衡"的特点归纳出"电离平衡"的特点。

这样的导课设计,提供了新旧知识联系的支点与桥梁,使学生感到新知识并不陌生,降低了学习的难度,较轻松地进入到新知识的学习之中。

4. 指引方向

指引方向就是要让学生明确学习的目标、任务与方法。明确学习目标就是让学生明确学习的内容、任务和要达到的目标要求。具体而明确的教学目标,能够引导学生围绕该目标有效地开展学习活动,在心理上帮助学生形成学习期待,使学生的学习活动始终处于目的明确、运转高效的状态。指引方向往往是在引起学生注意,激发学生求知欲的基础上,建立新旧知识联系之后,将目标提出来。

案例 3-4 "电离平衡"导课——方向指引

在建立联系化学平衡后,设问:"对于可逆反应,在一定的条件下,正逆反应会达到平衡,那么弱电解质在水溶液中的电离是否也能达到平衡呢?"进而点题,"这就是今天我们要学习的新课题——电离平衡"板书课题,接着运用对比法进入新知识的学习。

三、化学导课设计的原则

1. 目标性原则

目标性原则是指教师无论采用什么形式的导课方式,都要根据教学目标,针对教学内容的特点,围绕教学重点、难点,结合学生的学习基础和心理特征进行导课设计。使导课有利于学习目标的达成,切记游离于教学目标、教学内容之外。

2. 相关性原则

相关性原则是指导入所用的方法和材料,与所学知识内容密切关联,要针对具体的教学和学生实际,不能牵强附会,更不能信口开河。

以旧引新时,要选择与新知识密切相关的内容,只有这样才能承上启下,才能温故而知新,才能够揭示新旧知识本质的联系,让导课成为新旧知识联系的纽带。

针对教学内容的特点与学生实际,因材施教,不能追求形式花俏,所运用的教学信息资源或相关信息资源,如提出问题、演示实验、引用的材料,与所学知识内容要密切相关,既要有趣味性,又要有明确的目的性、针对性和可操作性。

3. 启发性原则

导入的启发性是指导入要有利于引起学生的注意,要尽可能以生动、具体、真实的事例或化学实验为基础,激发动机,启迪智慧。启发性原则要求教师给学生留有充分的思考和想象的空间,引导学生学会思维的基本方法。

4. 趣味性原则

导入的趣味性原则是指导入要具有趣味性,有一定艺术魅力,能引人注目,余味无穷。心理学研究表明,如果学生对所学内容感兴趣,就会积极、主动和自觉地学,学习也会轻松愉快,学习效率就高。教师要选用寓趣味、情节、知识于一体的信息资源,充分体现现代化教学艺术,为学生创设良好的学习氛围。

5. 适度性原则

适度性原则是指教师在引入新课时应简洁明了,过程紧凑,安排合理,使学生尽快进入学习情境。作为课堂教学的前奏,一般控制在 5 min 之内,以免影响新课的顺利完成。

以上 5 个原则是相对独立的,又是相互联系的,教师应根据具体的情况综合考虑。课堂是个动态的过程,要根据教学内容以及学生的状况,适时选择不同的导课策略。

四、导课设计方法

1. 温故知新导入法

温故知新导入法是教师利用新旧知识的内在联系和学生的认知心理特点,通过复习,寻找新旧知识的链接,引导学生学习新知识。具体操作方法有:

① 找到新旧知识之间的逻辑关系连接点。

② 复习与新知识有逻辑关系的旧知识。

③ 从旧知识的复习中,自然引申到与新知识的学习相关的结合点,引导学生进入新知识的学习。

案例 3-5 "一定物质的量浓度溶液配制"的引入

请同学回忆一下,初三时是怎样配制一定溶质质量分数的溶液的? 请以配制 100 g 5%的氢氧化钠溶液为例,列出具体步骤。在完成质量分数的溶液配制后提出:如何配制物质的量浓度的溶液呢?

复习质量分数溶液的配制,能促使学生从质量分数溶液配制步骤中,找寻出配制物质的量溶液的思路,还能让学生明确两种溶液在配制过程中最大的区别在于溶液的量前者是以质量计量,后者是以体积计量,有利于提高学生的学习效率。

案例 3-6 "原电池"的引入

在前面的学习中,我们知道碳和氧气反应能够放出热量,这是化学能转化为热能;点燃镁条,我们能够看到耀眼的白光,这是由于化学能转化为光能;同样,化学能可以转化为电能。不过,要通过一种特殊的装置,这种装置就是我们今天要学习的原电池。

上述导入,能帮学生建立化学能与热能、化学能与光能、化学能与电能等之间的联系。

2. 实验导入法

化学是一门以实验为基础的学科,以实验为基础是化学教学的基本特征,化学实验以其鲜明独特的实验现象,为学生学习化学提供了生动的感性材料。教师在导课中要充分利用实验来吸引学生注意力,激发学生的学习动机,开启学生学习新知识的思维。实验导课要注意以下 3 点:

① 实验紧扣新知识内容。

② 实验要趣味性、启发性。

③ 实验简单易做、现象清晰。

案例 3-7 "钠"一节课以实验导入——"滴水点灯"

(实验演示)趣味实验——滴水点灯。在酒精灯灯芯中间事先藏好放一小块钠,然后滴入几滴水。

(实验现象)滴水后,酒精灯立即被点着。

(设疑激思)水常常用来灭火,现在却能点火,为什么?

(引入新课)同学们想知道其中的奥秘吗?要想揭开谜底,请跟随老师学习今天内容——金属钠。

案例 3-8 "过氧化钠"的实验导入——"吹气点火"

根据生活中的常识我们知道,要用打火机或火柴点燃可燃物。今天我们来做一个实验,不用打火机就可以将物质点燃。

(实验)

1. 把少量(事先不告诉学生是过氧化钠)粉末平铺在一薄层脱脂棉上,用玻璃棒轻轻压拨,使粉末进入脱脂棉中。

2. 用镊子将脱脂棉轻轻卷好,放入蒸发皿中。

3. 用细长玻璃管向脱脂棉缓缓吹气。观察现象。

[生]发现脱脂棉燃烧起来。

[师]脱脂棉为什么会燃烧起来? 在脱脂棉上加的淡黄色粉末是什么物质呢? 这就是我们今天要讲的课题——过氧化钠。

"滴水点灯""吹气点火"这些打破日常生活常规的实验本身对学生就有吸引力,再加上教师有趣的演示,这样的导课能有效地调动学生的学习积极性。

3. 悬念导入法

化学教学中的悬念是指教师结合教学内容和学生的认知特点,以一定的教学素材为载体,有意识、有针对性地创设和提出一些意料之外或认知冲突的问题,使学生在心理上产生探求问题的奥秘、渴求问题解决的强烈愿望与期待。创设的悬念能强烈吸引学生的注意力,激发学生好奇心,使他们面对问题时有欲罢不能、跃跃欲试的积极探索的态度。

案例 3-9 "物质的量"教学引入

上课前可准备一杯水,上课后教师可提问:"谁能数清楚这杯水有多少个水分子?"学生肯定既惊讶又好奇,会产生许多疑问:水分子既看不见又摸不着,怎么数呢? 难道有什么技巧和方法数清楚? 然后教师告诉学生,现在你们通过这一节课的学习,就可以做到这一点。

案例 3-10 "原电池"的引入

同学们,我们在初中的时候已经知道,铁能与稀硫酸反应放出氢气,而铜不能与稀硫酸反应。

(实验)在稀硫酸中分别加入铁片和铜片,观察现象。

[生]铁片上气泡产生,铜片上没有气泡产生。

(实验)用导线把铁片和铜片连起来,再插入到溶液中,观察现象。

[生]铁片上气泡产生(比前面要少),但铜片上也有气泡产生。

[师]铜不与稀硫酸反应,为什么有气泡产生? 铁片上的气泡为什么会减少呢? 今天我们学习了原电池后,就可以解释此现象了。接下来,我们学习原电池……

案例 3-11 "铁盐、亚铁盐"的导入

通过小魔术引入课堂教学:用一根玻璃棒在一杯茶水中轻轻搅拌,茶水立即变黑(玻璃棒上醮铁盐)。将变黑的茶水倒入另一只杯子中,茶水立即变回原来的颜色(杯子中有维生素C)。接着提出问题:你们想知道这个魔术的玄机吗? 今天就来探究这个魔术的奥秘。

要让学生真正进入课堂,就需要激发学生的学习兴趣。设置悬念,充分调动学生的学习积极性,打开学生的学习思路,提高了课堂教学的有效性。

4. 联系生活实际导入法

联系生活实际导入法是以学生已有的生活经验、已知素材为出发点,结合学生生活中熟悉或关心的事例进行的导课。由于其素材来源于日常生活,能大大地激发学生求知欲,对所学课题产生极大的兴趣。

案例 3-12 "金属铝的性质"导课

同学们都知道美国的"9·11"事件吧? 有谁知道,那样的高楼经飞机撞击后为什么会倒塌呢? 据美国《大众科学》网站2011年9月21日报道,有新理论认

为美国世贸中心倒塌源于爆炸性化学反应。飞机撞击世贸大厦之后,大量熔化的铝液流入建筑受撞击部分下方的楼层,与大厦的自动喷水灭火设备喷出的数百公升水混合。铝与水相遇会引起化学反应,不但提高温度,反应过程中还会产生大量可燃性氢气。骤然升高的温度削弱了钢结构的支撑力,氢气爆炸异常强烈,足够炸毁部分建筑物。下面我们就学习金属铝,请同学根据上面的描述写出铝和水的化学方程式。

新闻事件作为课堂引入,不只是简单地介绍信息,而应该成为学生思考问题的出发点。美国"9·11"事件的细节蕴含化学原理,且与本节内容关系密切。通过这样的新闻事例来导入新课,不仅能够提升学生的学习兴趣,而且可以拓展学生的思维。

案例 3-13　"硫的氧化物"导课

多媒体展示乐山大佛被腐烛前后的对比图,指出是风化和酸雨侵烛所致。提问:什么是酸雨?酸雨是怎么形成的?有什么危害?通过今天的学习,我们即将解开这个迷。

案例 3-14　"富集在海水中的元素——氯"第二课时的导课

多媒体展示氯气泄漏事件给人们带来伤害的新闻报道及图片。设问:消防员为什么可以用水处理和稀释泄漏空气中的氯气?今天我们来学习设计实验探究氯气与水之间的反应。

通过发生在学生身边与教学内容相关的事例来导课,将学习的内容置于真实的事件或情景中,情由景生,能够调动学生的学习积极性,增加新知识的学习趣味,培养学生将化学知识应用于生产、生活实践的意识,引导学生自觉关注与化学有关的社会问题,提高学生的科学素养。

5. 类比导入法

类比导入法就是选择与本课相关的对象进行比较分析,找出它们之间的相似之处,把对象的有关知识或结论推移到新知识中去。应用这种方法导入新课,既有利于增强对新知识的理解和掌握,又能培养学生的发散性思维,拓展知识的横向比较,避免同类概念的混淆。

案例 3-15　"氢键"的导课

请问同学们:前面我们学习了哪些化学键?水分子中存在什么键?水分子中除了存在 O—H 共价键外还存在一种氢键,那么氢键是怎么形成的呢?它与共价键有何区别呢?通过今天的学习我们将会解答这些问题。

案例 3-16　"电解"的导课

请问同学们回忆,什么是电离? 电解与电离是否相同? 如果不同,它们又有何区别与联系? 当我们学了电解的知识后,就能解决这些问题。

通过导课将要讲授的新概念与容易混淆的概念建立联系,让学生在学习之初就有意识地加以区别,有利于学生对新概念的理解与记忆。

6. 史料导入法

史料导入法就根据教材内容的特点和需要,选择与本课有关的化学发展史中的事例导课。化学作为一门自然科学,经历了漫长的发展过程。化学的发展史充满了妙趣横生的经典史料。导课中渗透化学史教育,一方面可以拓展学生的眼界;另一方面也可以培养学生思维,引起学生的兴趣。这也是化学导课常用的一种方法。

案例 3-17 "苯"导课(无锡市第一中学 朱鹏飞)

(引入)"有人说我笨,其实并不笨,脱去竹笠换草帽,化工生产逞英豪",猜一字。(苯)在上节课的学习中,我们已经知道,从煤中可以提取出苯,它是一种重要的化工原料,其产品在今天的生活中无处不在,应用广泛。

(化学史料)19世纪初,英国和其他欧洲国家一样,城市已普遍使用煤气照明。从生产煤气的原料中制备出煤气之后,剩下一种油状的液体长期无人问津。法拉第是第一位对这种油状液体感兴趣的科学家。他花了5年的时间将剩余的油状液体蒸馏,最后在80℃左右时分离得到了一种新的液体物质。1825年6月1日,他向伦敦皇家学会报告,发现一种新的碳氢化合物。当时,法拉第将这种无色的液体称为氢的重碳化合物。

(教师)展示一瓶苯。这就是法拉第千辛万苦才分离出的物质,请大家通过观察和实验来推测苯的物理性质……

案例 3-18 "苯分子结构"导课

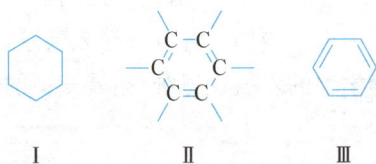

I   II   III

图 3-1 凯库勒提出的苯的结构

苯的分子式为 C_6H_6。对苯的结构,在分析了大量的实验事实之后,凯库勒认为:这是一个很稳定的"核",6个碳原子之间的结合非常牢固,而且排列十分紧凑,该"核"可以和其他碳原子形成一系列化合物。于是,他集中精力研究这6个碳原子的"核"。在提出了多种开链式结构,但又因其与实验结果不符而一一否定。1865年,凯库勒终于悟出闭合链的形式是解决苯分子结构的关键,先以(Ⅰ)式表示苯结构。1866年,凯库勒又提出了(Ⅱ)式,后简化为(Ⅲ)式,也就是凯库勒式。

凯库勒悟出苯分子的环状结构的经过,一直是化学史上的一个趣闻。据他自己说,这来自于一个梦。那是他在比利时的根特大学任教时,一天夜晚,他在书房中打起了瞌睡,眼前又出现了旋转的碳原子。碳原子的长链像蛇一样盘绕卷曲,忽见一蛇抓住了自己的尾巴,并旋转不停。他像触电般地猛醒过来,整理苯环结构的假说,又忙了一夜。对此,凯库勒说:"我们应该会做梦!……那么我们就可以发现真理,……但不要在清醒的理智检验之前,就宣布我们的梦。"其实,关于凯库勒提出苯分子假说的传说有很多版本,但都是来源于梦,只不过是做梦的地点和梦境不太一样。凯库勒能够从梦中得到启发,成功地提出重要的结构学说,并不是偶然的。这是由于他善于独立思考,平时总是冥思苦想有关的原子、分子、结构等问题,才会梦其所思;更重要的是,他懂得化合价的真正意义,善于捕捉直觉形象;加之以事实为依据,以严肃的科学态度多方面地分析和探讨,这一切都为他取得成功奠定了基础。

通过介绍化学史料,强调轶事背后严肃认真的科学态度,对学生进行了情感态度价值观教育,也符合化学课程标准提出的"在人类文化背景下构建高中化学课程体系,充分体现化学课程的人文内涵,发挥化学课程对培养学生人文精神的积极作用"的理念。

7. 故事导入法

化学故事导入法就是根据教材内容的特点和需要,选择联系紧密的故事片断进行导课,避免入味的平铺直叙,使化学课变得生动有趣。

案例 3-19 "乙酸"导课

醋文化在我国源远流长,博大精深。为了让学生了解我国的醋文化,这位化学教师在讲"乙酸"时用了下面一段话:

同学们知道为什么把山西人叫"西"?（学生饶有兴味）这与醋有很大的关系。醋在古代也叫醯(读作 xī),山西又盛产醯,久而久之,"山西老西"成了山西人的谑称了。

醋在我国历史悠久,民间有句传说"杜康造酒儿造醋"杜康是传说中黄帝时期的酿酒高手,他的儿子黑塔跟他学会了酿酒技术。而且,黑塔更具有可持续发展眼光,他觉得把酿酒后的酒糟扔掉可惜,就把它浸泡在水缸里。到了第二十一日酉时,一开缸,一股酸中带甜的浓郁香气扑鼻而来,就是最初的醋(动画展示"二十一日酉"组成"醋",学生脸上荡漾着惊喜的神色)。

我国古籍《周礼》《论语》中都有关于醋的文字记载。两千多年来,作为烹调五味之首,醋将我们的生活调理得有滋有味。如今,醋的品种更是五花八门(幻灯片展示各种醋的图片),丰富着食物的色、香、味,使中华美食享誉世界。

同学们,你们知道食醋中是哪种主要成分将我们的生活调理得有滋有味吗?

这样导课很别出心裁,一下子就把学生吸引住了,而且很有文化味,使学生感受到化学自古以来就在我们生活之中,激发学生学习兴趣,增强民族自豪感。

8. 直接导入法

在化学课堂上,直接导入法是教师最常使用的一种导入方法。直接导入法是教师以简捷、明确的语言向学生提出课题的教学目标、学习内容,让学生在短短几分钟的导入环节,就对接上一堂课的内容。这种导入方法看似没有什么技巧性,但却贵在简单、实用、效率高。该法要求教师开门见山,导语简洁明快,使学生能迅速地进入到新知识的学习之中。

案例3-20 "化学反应速率"导课

我们在物理中学过有关物体运动速度快慢的问题,知道不同的物体的运动速度是不相同的,飞机比火车快,高铁比汽车快。化学反应也有快慢之分,那么化学反应的快慢如何来表示呢?

这样的导入开门见山就将"化学反应速率"这个核心的问题提了出来,并且与物理中的速度类比,既可以让学生对这个新概念有基本的认识,又可以借助比较,让学生分析化学中的反应速率与物理学中的速度之间的异同,利于学生更深刻地理解掌握新概念。

案例3-21 "氧气的制法"导入

大家可能在医院见过装有氧气的钢瓶,同学们可知道医院里用于救人的氧气是怎样制得吗?能否在化学实验室制得氧气?二者有什么区别?

我们这节课就要学习氧气的实验室制法和工业制法。在学习实验室制法时,我们将从反应原理、所用药品、制气仪器装置与操作、气体收集方法及原理几个方面来系统学习。同时也来认识一下实验室制取的氧气与医院急救病人的氧气是否相同。

这样导课既直接又有趣。它与现实生活联系起来了,因为学生对医用氧气的知识产生好奇,也就调动了学生的学习兴趣。

化学导课的方式多种多样,除了上述导课方式以外,还有直接导入、问题导入、游戏导入、实物导入、录像导入等,不管采用什么方式和类型,都要服从于教学任务和教学内容,都要围绕教学重点,切记喧宾夺主,要尽快进入主题。

五、化学导课技能的评价

作为一节课的开始,导课要发挥应尽的功能:紧扣主题,目的性明确;方法新颖,吸引学生的注意力,激发起学生学习兴趣;衔接自然,导课要与内容尽快建立起联系;时间恰当,语言精练,自然入题。化学导课技能的评价量表见表3-1。

表3-1　化学导课技能评价量表

项目	评价内容	分值			权重
		优(90以上)	良(75~89)	差(74以下)	
1	导课方式新颖,符合教学内容需要				0.2
2	引入自然,新旧知识联系紧密				0.2
3	选用方法恰当,引起学生注意和兴趣				0.2
4	明确学习目标,较快进入到学习之中				0.2
5	导课语言精练,感情充沛,富有感染力				0.1
6	时间掌握紧凑、得当				0.1

对导课的总体评价:

实践训练

在掌握上述导课要领基础上,新入职化学教师和师范生要进行导课的教学设计和微格教学训练,以便掌握并运用化学导课技能:

(1)以初中"分子、原子"为例,设计教学导入并进行微格训练。

(2)以初中"原子结构"为例,设计教学导入并进行微格训练。

(3)以高中必修"物质的量的单位——摩尔"为例,设计教学导入并进行微格训练。

(4)以高中必修"硫和氮的氧化物"为例,设计教学导入并进行微格训练。

(5)以高中必修"化学键"为例,设计教学导入并进行微格训练。

思考题

1. 请自选一节中学化学教材内容，结合具体课程分析化学导课设计原则。
2. 请采用悬念导入法分析导课设计具体方法。
3. 化学导课技能的评价内容具体有哪些？
4. 请简要阐述导课技能的概念与作用。

第四章

课堂教学设问技能与实践

一、课堂教学设问技能的概念

教学设问技能是指在教学过程中教师以问题的形式,通过师生的互动,促进学生参与学习,了解学生的学习状况,检查学习,启发思维,巩固知识,运用知识,发展能力,实现教学目的的一种教学行为方式。

课堂教学设问技能是教师的一项基本教学技能,广泛运用于教学的各个环节。良好的设问技能不但可以活跃课堂气氛,激发学生学习兴趣,了解学生掌握知识的情况,且可引发学生思考,调节学生思维的节奏,让学生获得问题解决后的满足感。

二、课堂教学设问技能的作用

思源于疑,没有问题就无以思维。思维总是从解决问题开始。在化学教学中,教师要善于提出启发性问题或质疑性问题,创设新异的教学情境,给学生创造思维的良好环境,让学生经过思考、分析、比较,加深对知识的理解。实践证明,出色的课堂提问能够引导学生去探求达到目的的途径,养成善于思考的习惯。好的设问技能有如下 4 个方面的作用:

(1)有利于集中学生的注意力　良好的设问情境,可以使学生集中注意力,并产生解决问题的自觉意向。

(2)有利于启发学生积极思维　"思维自惊讶和疑问开始。"当问题呈现在学生面前时,就会引发学生的认知冲突,促使学生积极主动地运用已有的知识与经验,来分析当前问题,从而启迪学生思维,促进学生思维能力的发展。

(3)有利于增进师生交流　教学本来就是教与学的双向活动,课堂设问是实现课堂师生交流的重要途径。通过设问可以为学生提供阐述自己观点的机会,提高学生的表达能力;还利于师生交流,学生之间相互启发,取长补短;同时也利于教师了解学生的思维状态,以便教师更好地帮助学生学习。

(4)有利于教师及时了解学生的学习状况　任何教学效果必须是依据学生的学习情况来定的,而要及时了解学生的学习状况,只有通过课堂教学的设问来获得。通过课堂教学的设问,教师可以了解学生对知识的理解程度,明确学生对重点内容的掌握情况,发现学生在哪个知识点出现认识上的错误,探明整个班级大概情况,以及时调整教学策略和教学节奏,使后续的教学活动更富有成效。

三、课堂教学设问技能的特点

(1)目的性　明确目的性,是决定课堂提问成败的先决条件。课堂设问的目的应该服从教学目标。设问要围绕重点、难点和学生容易混淆的内容。在什么时候问,问什么问题,问题提出后要达到什么效果,教师都要有明确的目的性。

(2)趣味性　提问一定能够激发学生的兴趣,提问内容、提问方式等都要力求新颖别致。在教学中创设问题情境,应力求让学生认识到化学与社会、生产和实际生活的联系,让学生感受到化学知识应用的无穷魅力。

(3)科学性　确保问题是合理、真实的、符合逻辑的、有科学依据的。设计的问题不仅要体现化学学科知识的内在逻辑顺序,而且问的方式、角度要适合学生的认识规律和思维规律,问题的范围要合适。

(4)层次性　提问应着眼于教学的重点、难点、关键点。对于一些较复杂的问题,要尽量化难为易,设置一些过渡性问题,逐步推进。随着问题由易到难,由简单到复杂层层推进,学生很容易抓住事物的本质。

(5)全员性　提问应面向全体学生,问题的难度适合绝大多数学生。只有这样才可以吸引所有的学生参与到教学活动中来,促使每一个学生认真听课,积极思考。

四、课堂教学设问类型

1. 根据教学提问的水平分类

（1）回忆水平提问　这种提问要求学生回忆、检索已有知识来回答问题。例如，复述化学基本定义、定律和原理，复述物质的性质与用途，再现化学用语、常用的计量单位及必要的常数，再现化学仪器的名称，使用方法和基本操作要点，复述化学实验现象等。

（2）理解水平提问　这类提问要求学生用自己的语言叙述所学的知识，能对照和比较知识和事件的异同，能把知识由一种形式转变为另一种形式。例如，领会化学基本概念、原理，化学反应规律的涵义、表达方式和适用范围的问题；从物质发生的化学变化解释化学现象的问题等。

根据学生理解程度不同，理解水平提问可分为 3 种类型：

① 用自己的语言，描述所学的知识中的事实、现象，以便了解学生对问题是否理解。

② 用自己的语言表达学习的主要内容，以便了解学生是否抓住了问题的实质。

③ 对比同类事物、现象，归纳出异同点，来判断学生是否达到了深层次的理解。

（3）应用水平提问　要能把先前所学知识迁移到新问题情境之中。要求学生把所学的概念、原理等知识用于解决新问题。例如，运用化学概念、原理解决一些具体化学问题，运用元素化合物及有机化学知识解决物质简单制备、分离、提纯和检验的问题，运用化学计算解决化学中的定量问题等。

案例 4-1 学完酸、碱、盐知识后的运用提问

用来判断学生对酸、碱、盐达到了深层次的理解，请用两种不同的方法而且只用一种溶液鉴别稀硫酸、食盐和石灰水，并试叙述实验步骤，现象和结论。

（4）分析提问　它要求学生运用已学过的知识，分析知识的结构因素，理清事物的关系（现象与本质）及前因后果。例如，对影响反应速率和化学平衡的影响因素的分析，就要理清外界因素对二者影响的实质原因有何不同。

分析提问主要涉及的问题有：

① 分析概念、原理、规律的构成要素。

② 分析物质或事物的共性。

③分析产生复杂化学现象或事实的原因等。

(5)综合水平提问　这类提问要求学生在记忆中检索与问题有关的知识，对知识进行整体性的理解，并将这些知识以新的有创造性的方式结合起来,形成新的联系。

案例4-2　化学平衡的影响因素

学习了温度、压强、浓度、催化剂等因素对化学平衡的影响后,要学生分析、点评工业上合成氨和由二氧化硫转化制三氧化硫的适宜条件。

(6)评价水平提问　这种提问要求学生就给出的材料作出自己的价值判断和选择。评价水平提问是最高水平的提问,它能帮助学生根据一定的标准评判事物的价值,从不同角度认识和分析问题,评价事物。评价提问主要包括观点的评价和方法的评价等。

案例4-3　为了确证试液中有 SO_4^{2-} 离子,3个学生分别设计了不同的实验方案,并都认为如果观察到的现象和自己设计的方案一致,即可确定试液中含 SO_4^{2-}。

方案	第一次加的试剂	第一次滴加试剂后的现象	再加入的试剂	再次加入试剂后的现象
方案甲	$BaCl_2$ 溶液	白色沉淀	足量稀盐酸	白色沉淀不溶解
方案乙	足量稀盐酸	无沉淀	$BaCl_2$ 溶液	白色沉淀
方案丙	足量稀 HNO_3	无沉淀	$Ba(NO_3)_2$ 溶液	白色沉淀

上述方案是否合理、可行?

2. 根据教学设问呈现形式分类

(1)直问　开门见山直截了当提出问题,即"问在此而意在此"。对此类提问学生可以直接回答,而不必拐弯抹角。这类提问适用于记忆水平的检查,其主要目的是检查学生对书本中的基本知识、基本概念的掌握情况。

(2)曲问。迂回的设问方法,即"问在此而意在彼"。为突出某一知识重点,从问题的另一个侧面入手提问,达到讲清概念、明确原理的目的。例如,讲化学平衡概念时,先问学生溶解平衡的概念,由溶液平衡的概念入手弄清化学平衡的概念。

(3)反问　这是一种从相反方向的提问。这种训练方式可以培养学生的逆向思维,起到正面提问达不到的效果。例如,初中讲酸的概念时,可设问:

$NaHSO_4$是酸吗？为什么？通过这问题的判别，学生很容易将酸的概念弄清楚。

（4）引问　一种引导性提问。对学生难以理解的概念或问题，需要疏导或提示，设置问题帮助学生增进对概念的理解或问题的解决。

（5）追问　为了让学生弄清某一概念或某一规律，在某一问题得到肯定或否定的回答之后，更深层次地发问，便于问题的深化。

（6）复问　又称并行提问。在同一时间同时提问几个学生。通过多个学生的回答，集思广益，帮助学生找到答案。它可以充分调动学生的学习积极性，也便于教师了解学生的学习状况。

五、课堂设问的技能与策略

问题要精心设计，要在课堂教学中发挥应有的作用，既要考虑学生既有的知识基础，还要考虑设问的方式和策略。问题设计要符合学生的知识水平，问得恰到好处。问题的设计要考虑的因素如图 4 - 1 所示。

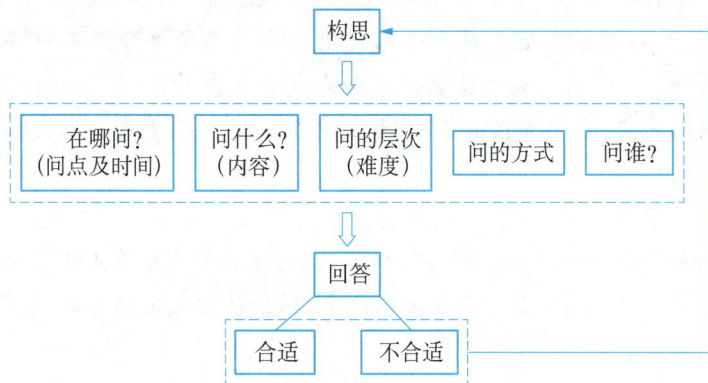

图 4 - 1　课堂设问策略

1. 在哪问

提问时机的选择直接关系到提问的成效。创造并把握设问的有利时机，可收到事半功倍的效果。在化学教学中可以从以下 9 个方面把握设问的时机。

（1）在导入新课时设问　课堂伊始，通过设置问题情境，把学生注意力引向主题，从而使学生产生强烈的求知冲动，使学生渴求知识的心理处于"激发状态"，极大发挥学生的主体作用。

案例 4 - 4　"化学键"的导课

开始时设置这样几个问题：

① 水分解为何要吸收热量(通电或加热到2 000℃以上)？

② 水沸腾为何要吸收热量(加热到100℃)？

③ 这两组数据说明了什么？

这样就很自然地引出了分子间有弱的作用,而分子内的原子间有强的作用,使学生产生了对化学键这一内容的求知欲。

案例4-5 "原子和分子"导课

发问：为什么湿衣服挂在室内可以晾干？为什么教室前面一点点醋酸的气味可以弥散于整个教室？为什么大块的糖可以溶解？为什么气体可以压缩和相互混合？为什么大部分物体受热后体积会膨胀？为什么不同物质的性质都不同？

引导学生解释一些有关的日常现象,引出分子、原子或物质微粒子的概念。

(2) 在新旧知识的连接点设问 既可以复习旧知识,又有利于引发学生思考,加深对新知识的理解与掌握,突出知识整体性。

案例4-6 讲氢键时设置问题

为什么第ⅣA族元素氢化物的沸点逐渐升高？(列出第ⅣA族元素氢化物的沸点)学生从相对分子质量对分子间作用力影响的角度分析不难得出结论。接着教师再设问：第ⅥA族元素氢化物沸点也会逐渐升高吗？(列出第ⅥA族元素氢化物的沸点)水的沸点不是比H_2S的沸点低,反而更高,水的沸点"异常"说明了什么问题？

引导学生思考：可能是分子之间存在一种不同于范德华力的作用力。

通过新知识与旧知识的比较,得出不同主族元素氢化物沸点的变化规律,让学生发现水的沸点异常,从而产生认知冲突,感性认识氢键的存在,激发学生学习新知识的欲望。

(3) 在教学重点、难点处设问 在重点处设问,能使学生集中注意力抓住一堂课的核心,准确掌握知识实质,顺利完成教学任务。在难点处问,可以将难点内容设置成一个个梯度问题,降低教学难度,有利于帮助学生消化难点。

案例4-7 讲"浓硫酸的氧化性"时提问

发问：稀硫酸有没有氧化性呢？如果有,是什么元素表现的氧化性？

这一问题既问到了知识的重点,又问到了易被学生勿略和不解的地方。

(4) 在问题的内容的疑点、模糊点设问 学生在学习过程中,经常会出现思维疑惑或思维受阻的情况。此时,要根据学生实际状况,及时设置一些问题,帮助学生排除困惑,使教学能顺利进行。

案例 4-8　讲"氢氧化铝的两性"时设问

在讲授氢氧化铝的两性知识时,学生对于 $Al(OH)_3$ 书写方式是碱的形式,但又能与强碱反应存在疑问,这时教师不妨设疑:"氢氧化铝究竟是酸还是碱呢?""氢氧化铝为什么能与强碱发生反应呢?"引导学生剖析氢氧化铝在强碱和强酸性环境下的结构,从而帮助学生排除疑惑。

(5) 在兴趣点处设问　在学生感兴趣的地方提问,可以充分调动学生学习热情,提高教学效果。

案例 4-9　讲"氮气的性质"设问

涉及氮气很稳定性可做保护气时,可设置一个有趣的问题:同学们,假如氮分子中不存在三键,其性质比较活泼,将会发生什么情况? 这个问题一经提出,立刻引发学生热议,不仅使课堂气氛活跃,而且使学生对氮稳定性记忆深刻。

(6) 于无疑处设问　在化学教学中,有些地方看似无疑,却蕴涵着智力的因素,教师要从中深入挖掘在学生看来不是问题的问题,设置疑问,调动学生的学习积极性。

案例 4-10　讲"电解质的概念"时设问

对"凡是在水溶液或者熔化状态下能够导电的化合物叫电解质"这一概念的理解,教师可向学生提出问题:若将"或"改为"和","化合物"改为"物质",在意义上有何区别? 学生只要正确回答此题,就对电解质概念的内涵和外延理解透彻了。

(7) 于枯燥无味中设问　在化学教学中,有很多化学概念和化学理论知识,学生学习起来会感到比较枯燥乏味。在此处设问,可以调节学生的学习情绪,使学生疲倦的心理得到缓解,提高学生的学习兴趣。

案例 4-11　讲"电解质的电离"时设问

可向学生提出下列问题,让学生带着问题进行学习:

① 电解质的电离需要通电吗?

② 闪电打雷时,在水田里劳作的人容易被雷电击中是什么原因?

③ 醋酸的电离与盐酸的电离有什么不同吗?

这样一系列的问题会很好地激发学生的学习兴趣,促使其积极思考,认真听课。

(8) 针对典型错误提问　针对学生出现的典型错误,教师要及时提出问题,引起学生注意。使学生能够吸取教训,避免以后犯类似的错误。

案例 4-12　让学生列出用惰性电极电解 Na_2SO_3 溶液的化学方程式,全班同学几乎都不假思索地写出了 $2H_2O \xrightarrow{电解} 2H_2\uparrow + O_2\uparrow$ 这个化学方程式。当即给予否定,使学生都很惊讶,提出问题:为什么? 怎么可能错呢? 因为溶液中有钠离子、亚硫酸根离子、氢氧根离子、氢离子和水分子几种微粒,而氢氧根离子比亚硫酸根离子易失电子,怎么会错呢? 此时教师引导学生回忆、思考 Na_2SO_3 有哪些性质,学生这才恍然大悟,意识到 Na_2SO_3 会被氧气氧化为 Na_2SO_4,因此正确的化学方程式应为

$$Na_2SO_3 + H_2O \xrightarrow{电解} Na_2SO_4 + H_2\uparrow$$

(9) 在结课时设问 新课结课的方式有很多。根据教材内容和学生的学习情况,通过设置问题的方式结课,将一堂课的内容以问题的形式归纳总结,可以有效帮助学生巩固知识。

案例 4-13 人教版九年级上册"质量守恒定律"第一课时以问题结课

① 为什么在工业生产中可以根据产量来预计所用的原料?

② 在实验室中称取了 4 g 的氧化铜,你知道需要加多少克的硫酸才能溶解吗?

③ 为什么物质发生反应后质量会守恒呢?

2. 问什么

"问什么"是指问什么内容的问题。尽管中学化学课程的内容较多,不同的内容设置的问题形式不一样,但问题的内容有其共有的特征。

(1) 提问内容要具有思考价值 要多编拟抓住教学内容的内在矛盾及其变化发展的思考题,为学生提供思考的机会,并在提问中培养学生的思考能力。

案例 4-14 学习硝酸的强氧化性时,已经知道硝酸是一种强酸,可以完全电离,具有酸的通性,由此可以判断硝酸能使紫色的石蕊溶液变红。然后做实验,在浓硝酸中滴入两滴紫色石蕊试液,溶液的确变为红色,说明硝酸具有酸性。但过一会儿颜色变淡,直至由红色逐渐变为无色。这时教师设置问题:"酸能使石蕊试液变红是什么离子的作用?""浓硝酸中滴入两滴紫色的石蕊试液先变红后逐渐褪为无色,使红色褪去的是什么离子的作用?""在浓的硝酸钠溶液中也滴入两滴紫色的石蕊试液又会有什么现象?"等等,进而形成"NO_3^- 的氧化作用和 H^+ 的浓度大小有什么关系"这一科学问题,最终转化为"氧化剂的氧化性与介质的酸碱性有何关系"这一抽象的探究性问题。通过一系列问题的探讨,抓住了硝

酸氧化性的实质,并在此基础上得出结论:介质的酸性越强,氧化剂的浓度越大,物质的氧化性越强的结论。

（2）提问的内容要有趣味性　设计的问题丰富情趣,能够引起学生的兴趣,从而激励他们去探索。教师要着眼于教材的知识体系结构,巧妙地构思设计问题,让学生在有趣、愉快的氛围中答疑解惑。

3. 问的层次

提问的内容要有层次。提问的效果如何,在于是否能帮助教师较好地实现教学目标。一节课能否完成教学任务和目标,则要考虑能否照顾到每一个学生的实际,充分调动全体学生的学习积极性。那么,老师需要设计不同水平的问题,需要向不同学生提问,并通过不同的提问技巧来促进教学目标的实现。

教师在讲一较复杂的问题时,可设置由浅入深、由表及里的阶梯性的同题系列。在课堂上,教师针对问题的难易程度依次提问相应的学生,让学生先完成一些铺垫性的准备题,层层深入地分析较难的问题,使学生的思维由表象到本质、由简单到复杂步步展开,从而掌握知识。

案例 4-15　"离子反应"教学设计(南京市雨花台中学　焦雪红)

首先设计这样一个问题:有两瓶掉了标签的 $NaOH$ 和 $Ba(OH)_2$,因为两瓶溶液均无色,无法分辨,请你选择一种实验室常用的试剂来鉴别它们。一个学生选择用 Na_2SO_4,一个学生选择用 K_2SO_4。通过实验,这两个学生都将无标签的试剂鉴别出来了,这时教师再接着发问:为什么参加反应的物质不同,反应现象相同,而且能得出相同的结论呢?通过创设这样的问题情境,再结合实验现象的观察,为下面引导学生从微观角认识化学反应、建构离子反应的概念做铺垫。而通过这样铺垫,学生很容易理解离子反应的实质。

4. 问的方式

设问是课堂教学的一门艺术。设问的方式要综合考虑其效果的有效性,有的时候可以直问,有的时候需要曲问。对于探究性内容的问题,因其任务主要是引导后续活动向一定方向展开,要求开始的问题具有一定的导向性,所以这时应设计一些导向性问题。例如,在氯水的漂白性课题讲解时,设计这样的问题:在新制的氯水中滴加石蕊试液,溶液会有怎样的变化?这个问题的提出,就是引导学生思考的方向。而教师接着提出的问题:为什么溶液为什么会从红色变成无色?为什么要强调新制的氯水?新制的氯水与久置的氯水有什么区别?为什么溶液最终会变成无色?这些问题是引发学生深化思考而进行的发问、追问,通过变换问题将问题深化,这些问题具有很强的针对性和启发性。由于是由上面的问题引发而来,无疑成为形成性问题。对于氯水的漂白性的鉴定方法有多种方式,对于所采用的方法,教师还可以提出评价性问题(为了检查、评价学习效果而提出的问题)等。

5. 问的范围和频率

问题的范围也称问题的广度,即思考范围或问题空间。广度小可以突出问题的重点,迅速发动学生思维,提高效率,节约时间。问题过小易产生束缚,影响学生思维活跃程度,因而要根据教学内容和学生实际设计问题。

问题的频率也称问题的密度。课堂提问固然重要,但也不是越多越好,一定要根据教学内容和具体情况,设计适量的课堂提问。太少,则难以激发学生的学习兴趣和参与热情,影响教学效果;太多,则必然会降低问题的质量,使课堂提问流于形式,不利于培养学生良好的思维习惯。一堂课最佳提问个数由讲授的教学内容来决定。

6. 问谁

提出了问题,让学生思考之后,接下来教师需要考虑的就是,该请哪个学生回答的问题。问谁,因为学生的个体差异是客观存在的,不同的学生基础不同,理解能力也不相同,思维方法也不相同。请谁回答,通常有如下列几种情形。

(1) 新课 教师主要针对的是课堂内学习的内容设问,功能是检查学生是否接受了教学内容。对于难点内容可以叫好学生回答,如果优等生都无法回答当堂学习的知识内容,那么教师必须反思教学环节,重新调整教学思路;对于比较容易理解的内容,可以考虑让中等生或学困生回答,由他们的回答来评估整体学生的学习情况,为下一步的教学提供参考。有时,为了课堂教学的需要设置一些错误的结论,从错误的结论展开教学时,也可考虑让学困生回答问题,以此错误开展教学活动,来达到教学目的。

(2) 复习巩固旧课 可考虑提问中等生,中等生代表一般学生掌握知识的水平。通过提问中等生,就可以了解大部分学生的学习状况。

六、课堂设问操作步骤

(1) 引入提问 在引入提问时,要注意在宽松愉快的环境中进行,务必使学生主动参与,敢于回答问题。问题的引入要注意时机、设问方法等。

(2) 提出问题 陈述问题要简洁明确,要有提示。

(3) 停顿 面向全体学生,学生思考的时间后,根据题目的难易程度再确定让什么层次的学生回答。

（4）探查指引　当学生思考遇到瓶颈时,可以设置一些辅助性提问,以帮助学生思考问题的答案。

（5）反映评价　学生回答之后,教师要对学生的回答作出正确的评价,学生回答错误之处必须及时给予纠正,并做出肯定的结论。有时还要重复结论,以便学生牢固地掌握知识内容。有些知识点还需要延伸、扩展,以拓展学生的知识面。

七、课堂设问技能评价表

设问技能评价见表4-1。

表4-1　课堂设问技能评价量表

项目	评价内容	分值			权重
		优(90以上)	良(75~89)	差(74以下)	
1	引入提问的目的明确,提问内容符合教学内容				0.2
2	问题表达准确、清晰,不同的问题设计有梯度				0.2
3	设问的时机恰当,停顿把握得当				0.1
4	有探查指引,启发学生思维				0.1
5	问题涉及面广泛,照顾到各类学生				0.1
6	调动全体学生积极参与讨论、回答问题				0.1
7	对学生的回答作出适时、正确的评析				0.2
对设问的总体评价:					

实践训练

1. 以高中必修"离子键"为例,设计有关离子键概念的问题方案。

2. 以"金属活动顺序表"为例，设计一个课堂教学的问题。

3. 以问题链的形式对高中必修"氧化还原反应""硫和氮的氧化物"，高中选修"化学反应速率的影响因素"进行教学设计实践。

思考题

1. 设问技能在课堂教学中有何作用？

2. 在化学教学过程中，如何把握好设问的难度、密度和广度？如何以恰当的方式设问？

3. 设问的过程包括哪几个步骤？

第五章
化学实验教学技能与实践

化学是一门以实验为基础的学科。化学实验教学是指教师将化学实验置于一定的教学情境下,为实现一定的化学教学目的而开展的一系列教学活动。化学实验是化学教学的重要组成部分,它为学生提供感性认知材料,激发学生学习化学的兴趣。作为一个化学教师理应重视化学实验的教学。

一、化学实验教学的作用

1. 激发学生学习化学的兴趣

化学实验能引起学生浓厚的学习兴趣。"兴趣是第一导师",长期的教育经验积累告诉我们,教学效果和学习质量好坏,直接取决于学生在学习过程中的态度和情绪,而良好的学习心态的前提是兴趣。化学实验以其独特的魅力,将具体生动的画面呈现给学生,给学生以直观的感受和印象,从而产生认知的兴趣。

2. 化学实验能够创设生动活泼的化学情境

情境创设是现代化学教学设计的重要内容之一。因为在真实的情境中学习,更容易吸引学生的注意,给学生留下鲜明深刻、难忘的印象,从而强化学生的记忆力,提高学生对相关学习内容的记忆水平,促进学习效率和学习成绩的提高。

3. 培养学生的观察能力、想象能力和创造能力

实验教学突出感性和直观性。它要求学生通过观察把握对象的状态和特征,并进一步领会其含义,在这一过程中,学生的观察能力得到了直接锻炼。同时,通过具体形象的演示,也可以使学生产生相关的联想和想象,刺激学生的形

象思维,激发学生的创造意识,提高想象能力和创造能力。

4. 提供正确规范的操作,提高实验能力

化学实验教学中,教师以规范、准确的操作给学生以示范。学生从教师的示范中,不仅学会实验的规范操作,同时也学会实验的方法,学会用实验研究物质的性质、物质的制备等,从而提升实验能力。

二、化学实验教学遵循的原则

1. 科学性原则

科学性原则是指实验设计(实验原理、实验程序和操作方法)必须与化学理论知识、化学实验方法论相一致。例如,$BaCl_2$ 和 $NaCl$ 两种物质的鉴别,在试剂的选择上就不能用 $AgNO_3$;在操作程序上,应先溶解、取少量,然后再加试剂,而不能不溶解就加试剂。

2. 绿色化原则

绿色化原则就是要在化学实验中尽可能地消除或减小有毒、有害化学物质对环境的影响。也就是说,应从化学反应的原料、化学反应的条件、化学反应的产物、化学实验操作等化学实验全过程贯彻绿色化思想。

3. 可行性原则

可行性是指设计化学实验时所运用的实验原理在实施时切实可行,所选用的化学试剂、实验仪器、设备和方法在中学的条件下能够得到满足。

4. 安全性原则

安全性是指实验设计时应尽量避免使用有毒的化学试剂和具有一定危险性的实验操作。如果必须使用,一定要详细说明注意事项,严格按操作规范操作,以确保师生的绝对安全。

5. 简约性原则

简约性是指要尽可能采用简单的实验装置,用较少的实验步骤和试剂、在较短的时间内完成实验,易操作、用量少。

6. 示范性原则

示范性是指实验效果明显、操作规范。实验效果直接影响到学生对知识的理解,实验效果明显有助于学生获得第一手感性材料,有利于学生掌握概念、理论等知识。正确、规范的实验操作既是演示成功的基础,也是提高演示效率的前提,同时还直接影响学生实验技能的培养。

7. 实事求是原则

在化学实验教学中,出现意外的现象或结果时,要作出科学的分析和解释,一时无法解决的,要根据实际情况,课后再探究,不要轻易作出结论。万一实验失败,有时间就找出原因重做,没时间另找机会补做。总之,必须以实事求是的科学态度对待失败。

三、化学实验教学的要求

化学实验教学是为了完成一定教学任务,由教师精心设计的实验活动。不管化学实验是由老师演示,还是由师生共同完成,都要遵行下列 7 个要求,以确保实验在教学中发挥应有的作用。

1. 目的性

实验的目的性明确,设计的实验必须与讲授内容有密切的联系。不要单纯为了吸引学生的注意而将与教学内容无关的实验引入课堂。

2. 直观性

实验是为帮助学生获得感性材料,所以课堂实验设计一定要现象明显,以便学生观察。另外在实验过程中,教师尽可能设计一些复现率高的实验,使现象反复出现,突出研究的主要内容,便于学生更好观察实验现象,抓住现象的本质。

3. 示范性

教师在实验演示时,要给学生准确、规范的实验操作,就要从仪器、药品的摆放入手,药品的摆放要按照一定的规律,如酸、碱、盐、氧化物、水等的顺序,药品的标签对着学生,让学生清楚教师每一步使用药品的情况,有利于学生紧跟教学步伐;仪器的大小、高低、长短要和谐,布局合理,重心稳重。和谐有序的仪器安装和摆放整齐的药品,不但给学生美的教育,更重要的是形成一种观念和习惯。化学实验是一项严肃认真的工作,来不得半点马虎。

4. 可靠性

教师的每一次实验都尽量做到成功,这就需要教师在课前准备要充足。如果教师演示实验成功率不高,或者有几次失败,都会给学生带来不良的后果,学生对化学实验就会缺乏兴趣进而对学习化学没有兴趣。

5. 安全性

实验要确保是安全的,只有这样才能保证教学顺利进行。

6. 演示与讲解配合

化学实验教学时,实验演示的同时讲解非常重要。实验时,教师要指示学生有重点地观察,并启发他们思考问题,通过分析综合揭示现象背后蕴含的本质内容,做到演示、讲解、思考的和谐统一,启迪思维与培养能力的和谐统一。

7. 时间性

化学教学要注意课堂的节奏,一个实验花费的时间不宜过长。时间太长,会降低学生的兴趣,课堂里就没有了节奏感,学生容易疲倦,不利于课堂教学。

四、化学实验教学的步骤

化学实验教学有多种类型,每种类型的实验教学技能均有其独特特征,也存在在设计上的共同点。一般的实验教学呈现的大致程序:引入实验→板书→介绍媒体→实验假设→操作控制→指引观察与思考→整理与结论,如图 5-1 所示。

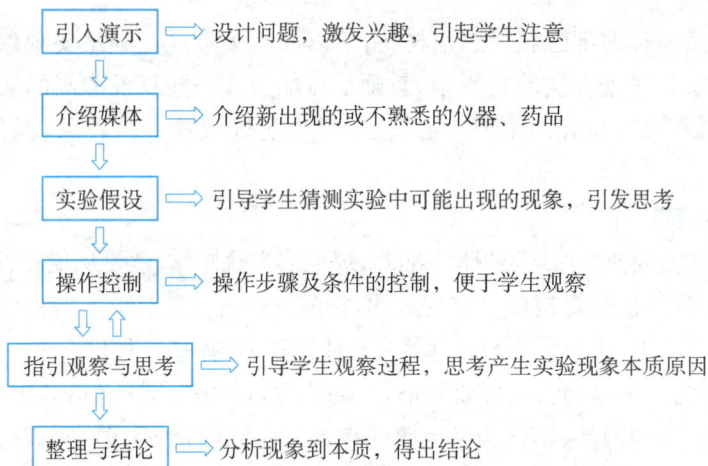

引入演示 ⟹ 设计问题,激发兴趣,引起学生注意

介绍媒体 ⟹ 介绍新出现的或不熟悉的仪器、药品

实验假设 ⟹ 引导学生猜测实验中可能出现的现象,引发思考

操作控制 ⟹ 操作步骤及条件的控制,便于学生观察

指引观察与思考 ⟹ 引导学生观察过程,思考产生实验现象本质原因

整理与结论 ⟹ 分析现象到本质,得出结论

图 5-1 化学实验教学的一般程序

五、化学实验教学的类型

1. 验证式实验

验证式实验是指研究对象形成了一定的认识或结论,为验证这种认识或结

论而做的实验。这种实验在加深学生对相关知识的理解和记忆方面发挥着积极的作用。验证式实验一般采用图 5-1 所示的程序。

案例 5-1 验证物质性质实验盐酸与氢氧化钠反应微格教案

（引入）同学们知道酸和碱能反应，那么我们怎样通过实验来证明呢？

（板书）$HCl + NaOH \rightarrow$

（介绍仪器药品）试管、盐酸、$NaOH$ 溶液、酚酞等。

（操作、观察、思考）取一支试管向其中滴入 $NaOH$ 溶液，然后滴入 1～2 滴酚酞，同学们注意观察溶液颜色的变化（让学生回答），（强调溶液由无色变成红色）为什么？（学生回答）再向变红的溶液中滴加盐酸会有什么变化？（边实验边提醒学生观察并回答提出的问题）溶液又从红色变为无色。

（结论）盐酸与 $NaOH$ 发生了化学反应。

2. 物质制备实验

物质的制备实验是中学阶段的主要实验类型，此类实验的教学设计：一方面要引导学生掌握制取物质的反应原理，根据反应原理、制备物质的性质以及反应原料的状态选择所用的制取装置、收集装置；另一方面要启发学生思考实验中涉及的问题。

案例 5-2 物质制备实验实验室氧气的制备微格教案

（引入）同学们都知道空气中含有氧气，空气中除了氧气之外还有其他气体，如何在实验室制取比较纯的氧气呢？

学生思考讨论。

（讲解）制取比较纯的氧气可以用两种方法，一种是分离液态空气法（可作解释），另一种是利用化学的方法制备。下面我们就探讨氧气在实验室的制备方法。

（板书）课题 3　制取氧气

（讨论）通过查资料回答：实验制取氧气有哪些方法？

（过渡）在实验室制取氧气，常采用加热高锰酸钾、分解过氧化氢或加热氯酸钾的方法，今天我们先介绍用加热氯酸钾的方法制取氧气。

（板书）原理：氯酸钾 $\xrightarrow[\triangle]{\text{二氧化锰}}$ 氯化钾＋氧气

（介绍仪器药品）

① 展示所用药品并设问：氯酸钾、二氧化锰分别是什么状态的？ 颜色如何？

② 反应有什么条件？

③ 可以选用什么装置来制取氧气？（介绍装置的选择原理并介绍所用仪器和装置）

④ 安装制备装置(提醒学生注意装置安装好后一定要检查气密性,而后再装药品),在操作过程中边叙述。

(操作、观察、思考)装置安装完成后可以提出下列问题：

① 为什么要检查装置的气密性？

② 结合氧气的物理性质,分析如何收集瓶氧气？

③ 你有什么方法可以验证氧气是否收集满了？

(结论)在实验室可以通过加热高锰酸钾制取氧气。

3. 探究式实验

探索研究化学物质未知性质、组成或其属性,是在教学中通过问题情境,学生自己提出假设,实验设计,探究,获取信息,最后归纳出结论的一类实验。这类实验让学生体验科学探究的过程,学习科学探究的方法,培养学生的科学素养发挥着重要的作用。

探究式实验的一般程序：提出问题→猜想与假设→设计实验方案→实验探究→收集证据→科学抽象→结论。

案例 5-3 铜与浓硫酸反应微格教案

(问题)Cu 能与稀 H_2SO_4 反应吗? 那么, 它是否可以与浓 H_2SO_4 反应呢? 如果反应需要什么条件?

(板书)$Cu + H_2SO_4(浓) \xrightarrow{加热}$

(学生)Cu 不能与稀 H_2SO_4 反应。

(猜想与假设)如果 Cu 能与浓 H_2SO_4 发生反应,则根据反应物可以推论铜可能变成铜盐,依据氧化还原反应,则有可能会有还原性气体(二氧化硫)产生,由于铜与稀 H_2SO_4 不反应,故不可能是氢气。

(实验探究)

① 在装有铜片(擦亮)的试管中加入一定量的浓硫酸。(提醒学生注意加入浓硫酸后的情况是否有变化)

② 把上述大试管套在铁夹上,用导气管与装有品红溶液的试管连接,试管口用浸有碱液的棉花堵塞,加热大试管。(提醒学生观察实验现象)

(实验现象板书)(由学生叙述)：

实验① 铜片没有变化。

实验②　Cu 与浓 H_2SO_4 反应,有气泡冒出,品红溶液褪色。

实验③　烧杯中的溶液呈蓝色。

(科学抽象)

在加热的条件下 Cu 能与浓 H_2SO_4 发生反应。

蓝色溶液说明有 Cu^{2+};品红溶液褪色说明有 SO_2 生成。

反应物是 Cu 和 H_2SO_4,根据质量守恒定律知道有 H_2O 生成。

(结论板书) $Cu + 2H_2SO_4(浓) \xrightarrow{\triangle} CuSO_4 + SO_2\uparrow + 2H_2O$ (学生自己写)

浓 H_2SO_4 在加热条件下能与不活泼金属 Cu 发生反应。

案例 5-4　氯水的漂白性

在滴有酚酞溶液的 NaOH 中滴加新制的氯水,最终溶液变为无色。

(假设与猜想)

假设一:NaOH 与氯水中 HCl、HClO 发生中和反应,使 c_{OH^-} 减小,酚酞变为无色。

假设二:氯水中 HClO 氧化酚酞使其结构破坏而褪色。

(设计方案)

① 证明酚酞变色与 $[OH^-]$ 浓度的关系。在滴有酚酞的 NaOH 溶液中逐滴滴入 HCl 溶液,后返滴 NaOH 溶液。

② 证明氯水与盐酸的不同。在滴有酚酞的 NaOH 溶液中,逐滴滴入氯水,后再返滴 NaOH 溶液,与前者作比较。

(实验探究)(由学生完成,再由教师引导加以归纳)

① 在 NaOH 溶液中滴加几滴酚酞,变红,逐滴滴入 HCl 溶液,直至溶液褪色,后返滴 NaOH 溶液,发现溶液又呈红色。

② 在 NaOH 溶液中滴加几滴酚酞,变红,逐滴滴入氯水,到溶液褪色,后再滴几滴 NaOH 溶液,发现溶液不变红色。

③ 在②实验的试管中滴入几滴酚酞溶液,溶液又变红。

④ 用久置的氯水来做②的实验,发现溶液仍变红色。

(获得结论)学生讨论、交流基础上获得共识:

① 溶液中 c_{H^+}、c_{OH^-} 的变化等导致酸碱指示剂颜色变化。

② 新制的氯水有很强的氧化、漂白性。

③ 新制的氯水使 NaOH 的酚酞溶液褪色,是由于 HClO 的氧化漂白作用。

④ 久置的氯水无漂白性。

案例5-5 "物质溶解时的吸热和放热现象"教学设计——江苏如皋白蒲中学 杨俊峰

(问题)什么是溶液？溶质、溶剂、溶液三者有什么样的关系？(设计意图：通过复习引入溶液方面的内容)

(演示趣味实验)向烧杯(底部用石蜡黏有一小木块)中注入半杯水，加入 3 匙 NaOH并不断搅拌，如图 5-2 所示。(设计意图：设置悬念，引出课题，激发学生的探究的欲望)

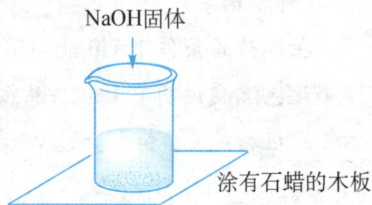

图 5-2 NaOH溶解实验

(现象)当拿起烧杯时烧杯底部黏着的木块掉下来了。

(思考)烧杯底部的小木块脱落，猜想可能的原因是什么。

(回答)可能是 NaOH 加入水中溶解时，水溶液的温度升高，使烧杯底部的石蜡熔化，因而木块掉下来了。

(设问)为什么会有温度的变化？(设计意图：将学生的思绪引入本节课的内容，溶解时的吸热和放热现象)

(实验探究1)仪器：烧杯、玻璃棒、温度计；药品：固态 NaCl、NH_4NO_3、NaOH。

实验步骤：

(1) 取 3 只烧杯，各注入 100 mL 水，用温度计测量水的温度，如图 5-3 所示。

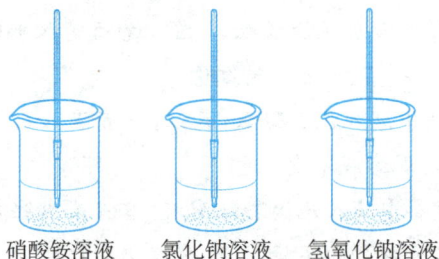

图 5-3 3 种固体溶解温度变化情况

(2) 将温度计插入盛水的烧杯中，观察温度计记录。

(3) 将等质量的 NaCl、NH_4NO_3、NaOH 分别加入上述 3 只烧杯中，用玻璃棒迅速搅拌，读出温度计的刻度并记录。

(4) 把实验后的溶液，倒入指定的容器内。

(5) 计算溶解前后液体温度的变化。该方案所用的水都是 100 mL,3 次所加的溶质的质量也相同。

(实验结论)NaCl 在溶解时溶液温度基本没有变化;NH_4NO_3 在溶解时溶液温度明显下降,溶解时吸收热量;NaOH 在溶解时溶液温度明显升高,溶解时放出大量的热。

六、基于化学实验的课堂教学设计

1. 导课实验教学设计——设疑激趣

以化学实验导入新课,目的在于用化学实验构建教学情境,着眼于调动学生探究新知识的欲望,以激发学生的学习积极性。导课实验教学设计有两种:一种是带有探究性的创设问题情境的设问导课,把学生的兴趣、注意力集中于演示结论的探索上,如案例 5-6;另一种是就是验证性的直接导入,将实验事实告诉学生,学生在心理上得到满足,注意力集中于演示结论的验证上,如案例 5-7。

案例 5-6　"铝和铝的化合物"教学导入

(提问)生活中,有哪些东西是铝制的? 铝的化学性质活泼吗?

(PPT)图片展示铝的用途。

(实验)将一块铝片和一块锌片分别放入 3 mol/L 的盐酸中,观察反应现象。

(现象)锌片表面出现大量的气泡,而铝片表面看不到什么气泡。

(设问)为什么会出现这种现象呢?

(学生)学生讨论、思考。

(引导)铝在金属活动顺序表中,排列在锌前面,应该比锌活泼。从实验情况看,情况却不是这样,那么如何设计实验解释这一现象呢?

案例 5-7　"盐的水解"教学导入

(问题情境)为什么在焊接铁架的过程中通常用 $(NH_4)_2SO_4$ 溶液清洗?

(探究实验)在室温下,将镁条分别放入蒸馏水和 $AlCl_3$ 溶液中。

(提问)为什么镁条放入 $AlCl_3$ 溶液中会出现大量气泡? 引导学生将问题归结为溶液显酸性。

(过渡)盐溶液不一定就是中性,其酸碱性具有什么规律?

(学生实验)用 pH 试纸验证 $(NH_4)_2SO_4$、$AlCl_3$ 溶液的酸碱性。

教师引导学生探讨盐的溶液酸碱性的规律,进入盐的水解的学习。

通过实验设疑,激发学生兴趣,使学生能较快地进入问题情境,这种教学不仅教学气氛活跃,而且行之有效。

2. 新知识讲授的实验设计——以实验启发认知

新知识讲授中涉及的实验必然是验证性实验,在化学教学中验证性实验不仅可以提高学生对知识的认识,也能培养和锻炼学生的创新能力,关键是教师要正确引导。

案例 5-8 "盐酸的性质"微格教学设计(北京市延庆县十一学校　杜娟)

(环节 2)实验探究,学习新知

[师]首先我们来认识一下盐酸的物理性质。

(探究活动 1)盐酸的物理性质

[师]展示一瓶盐酸。

[问]现在有一瓶浓盐酸,通过观察你能说出它的哪些性质?

学生交流,并回答。

[师]打开瓶塞,观察有什么现象?前面的同学小心地闻一下它的气味。(注意闻气味的方法)

[生]出现白雾,有刺鼻的味道。

[师]针对这一现象你能得出什么结论?你还有哪些疑惑?

[生]浓盐酸有挥发性,为什么出现白雾?

[师]那是因为挥发出来的氯化氢气体与空气中的水蒸汽结合形成了盐酸的小液滴。

[问]如果敞口放置浓盐酸,过段时间后,质量有什么变化,质量分数有什么变化?

[生]学生理解交流,并回答,质量及质量分数都会变小。

[师]下面请同学们总结一下盐酸的物理性质。

……

(探究活动 3)盐酸与活泼金属反应

[师]实验台上给大家准备了几种金属:镁、锌、铜、铁。现在把它们分别放入试管中,然后向其中滴加稀盐酸,请同学们观察现象。

学生分组实验,观察现象。

教师巡视并指导个别学生的操作,请同学们说一下你观察出来的现象。

[生]有气泡产生,镁条反应快,锌其次,铁钉最慢,铜和盐酸不反应。

[师]非常好,那么老师告诉大家,生成的气体是氢气,除了氢气以外,还有另外一种物质。好,咱们同学试着写一下方程式,注意根据质量守恒定律,请一个

同学上黑板上板演。

[生]学生在学案书写,并与黑板上的答案订正。

教师点评,并重点强调铁与盐酸反应生成二价铁

3. 相近知识实验设计——以对比实验区分异同

比较法是一种常用的教学法,在实验教学中也常常用到。因为化学物质和化学反应本身就具有很强的相似性和相关性,特别是同族元素性质非常相似,所以在化学实验教学中常常利用物质间的相关性和相似性进行对比教学,便于学生将相似性和相近性的知识内容对比,以实现真正意义上的理解与记忆。

案例 5 - 9 CO_2 与 SO_2 的性质比较

在讲硫的氧化物的性质时,由于 CO_2 与 SO_2 性质相近,学生容易混淆,教师在教学中设计了一组实验,让学生通过实验归纳二者性质的异同。

教师演示实验:

① 分别收集一瓶 CO_2 和 SO_2,打开瓶盖观察并闻其气味。

② 将 CO_2 和 SO_2 分别通入 5 mL 水中,1 min 后用 pH 试纸检测其酸碱性。

③ 将 CO_2 和 SO_2 分别通入澄清的石灰水中直至过量。

④ 将 CO_2 和 SO_2 分别通入品红溶液中,然后加热溶液。

⑤ 将 CO_2 和 SO_2 分别通入 $KMnO_4$ 溶液中。

将 CO_2 和 SO_2 分别通入氢硫酸溶液中。

引导学生归纳:

CO_2 和 SO_2 性质比较

	CO_2	SO_2
相同点	与水反应生成相应的酸(H_2CO_3),酸性氧化物 (水溶液酸性较弱,pH 试纸不变红)	与水反应生成相应的酸(H_2SO_3),酸性氧化物 (水溶液酸性较强,pH 试纸变红)
	可以使澄清的石灰水变浑浊,过量又可变澄清 $CO_2 + Ca(OH)_2 \rightleftharpoons CaCO_3 \downarrow + H_2O$ $CaCO_3 + CO_2 \rightleftharpoons Ca(HCO_3)_2$	可以使澄清的石灰水变浑浊,过量又可变澄清 $SO_2 + Ca(OH)_2 \rightleftharpoons CaSO_3 \downarrow + H_2O$ $CaSO_3 + SO_2 \rightleftharpoons Ca(HSO_3)_2$

续 表

	CO_2	SO_2
不同点	无色无味	无色有刺激性气味
	在空气中不能形成白雾	在空气中能形成白雾(有毒)
	不能使品红褪色(没有漂白性)	能使品红褪色(有漂白性)
	不能与 $KMnO_4$ 反应,也不与氢硫酸反应 只有氧化性(较弱)	既能与 $KMnO_4$ 反应,也能与氢硫酸反应 既有氧化性,又有还原性

案例 5－10 新课讲解中实验设计

(1) 做碳(硫)在氧气中燃烧的实验应用比较。碳(硫)在氧气中燃烧之前,先让学生观察碳(硫)在空气中燃烧的情况,然后再观察碳(硫)在氧气中燃烧的情况。比较碳(硫)在两种不同的环境中燃烧。

(2) 甲苯与苯分别与浓硝酸、酸性高锰酸钾实验的对比,使学生明确甲苯作为苯的同系物,与苯有着相似的性质,但由于二者结构还存在差异,决定了其性质上的差异。

(3) 学习实验室制甲烷时,既可联系无机化学中学过的实验室制氧气和氨气等有关的实验,进行纵向比较,又可与制气体的另外两大类型装置(固体＋液体$\xrightarrow{\text{加热}}$气体,液体＋液体$\xrightarrow{\text{加热}}$气体)进行横向比较。当学生掌握反应原理后,就能全部掌握中学阶段所有的制取气体的实验装置。

通过对比实验,不仅能够使学生掌握各物质的性质,而且还能使他们理解这些变化的本质,学生分析问题、解决问题以及探究知识的能力得到较大程度的提高。

七、化学实验教学操作技能评价

实验教学在化学课程中发挥的作用如何,要从教师个人的实验操作素养和教学效果等多方面评价,表 5－1 适用于一般验证性实验教学,也适用于探究性实验教学。

表 5-1 化学实验操作技能评价量表

项目	评价内容	分值			权重
		优(90以上)	良(75~89)	差(74以下)	
1	化学实验的目的明确,紧密围绕教学内容				0.1
2	实验前仪器、药品摆放好,仪器装置直观协调				0.1
3	实验前对仪器、药品交待清楚				0.1
4	实验过程要有启发性提问,指导学生观察的方向及程序;结合实验启迪学生思维,引导学生透过现象看本质				0.2
5	实验装置、操作简单,安全性高,所需时间少				0.1
6	实验现象明显、直观,对环境污染小				0.2
7	演示步骤清楚,示范性好				0.1
8	实验操作与讲解配合得当,将感知转化为思维				0.1

对化学实验教学的总体评价:

实践训练

1. 设计"氧化铜和盐酸反应"微格教学教案,并结合固体、液体的取用讲解。

2. 设计"配制一定物质的量浓度的溶液"微格教学教案,并演练。

3. 设计用由"氯酸钾制取氧气"微格教学教案,并结合加热方法、气体的收集方法讲解。

4. 设计"质量守恒定律"微格教学教案,并演练。

思考题

1. 实验演示的基本要求是什么?
2. 实验演示在教学中的作用是什么?
3. 请设计两个探究式实验教学的方案。
4. 演示实验技能的评价要项有哪些?
5. 如何在实验教学过程中培养学生的科学态度、科学方法?

第六章

化学结课教学技能与实践

结课是教学过程中的重要环节,它与导课呼应,导入的内容与问题在课堂结束时应该有完善的交待或解答。结课不仅可以使学生及时、系统地巩固和运用所学的知识,还可以为下节课留下悬念,诱发兴趣。所以,结课是一种教学艺术,富有新意、恰到好处的结课,能产生画龙点睛之效果。

一、结课技能的概念

结课技能是教师在一个教学内容结束或一节课的教学任务终了时,有目的、有计划地通过归纳总结的活动,使学生对所学的新知识、新技能及时地巩固、概括、运用,并将其纳入原有的认知结构中,使学生形成新的完整的知识结构,并为以后的教学做好过渡的一种教学行为。也就是说,结课技能就是教师对课堂教学总结归纳,扩展新旧知识之间的联系以形成系统的教学行为。

二、结课技能的作用

(1) 概括作用　强调重要的事实、概念和规律,概括、比较相关的知识,使新知识和学生的认知结构建立联系,形成知识网络。

案例 6-1　讲完了硫及其化合物的转化后,结合酸雨形成原理和治理,在结课时引导学生归纳如图 6-1 所示的知识网络图。

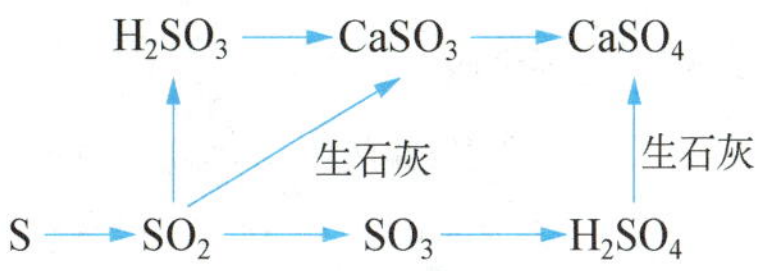

(2) 桥梁作用　小结之后,为下节课提出新课题或新知识点,可建立新旧知识间的

图 6-1　酸雨的危害与治理

联系,承前启后,使本节课与下节课架起知识间的桥梁。

案例 6-2　讲完共价键和离子键后拓展延伸

(1) 在 NaCl 晶体中,如果保持 Na^+ 不变,将 Cl^- 换作半径最小的带负电荷微粒,你认为是什么? 离子键是否会发生变化?(引出电子,引导学生得出金属钠晶体中存在金属键)

(2) NH_3 结合一个 H^+ 形成 NH_4^+,这个新的氮氢键是怎样形成的?(引出配位键)

(3) 引导作用　使学生理论联系实际,将所学知识举一反三,灵活运用。

案例 6-3　讲完共价键和离子键后结课

可以通过解决实际问题的形式结课,将所学知识灵活运用:

(1) 试推测 NH_4Cl 中存在哪几种化学键,它属于离子化合物还是共价化合物?

(2) 运用化学实验如何判断某化合物是离子化合物还是共价化合物。

(3) 讨论:为什么 Na 与 Cl 形成 NaCl 而不是 $NaCl_2$? H 与 O 形成 H_2O 而不是 HO_2?

(4) 训练反馈作用　精心设计练习结课,不仅可以提高学生解决问题的能力,巩固所学知识,而且可以检测学习效果。

案例 6-4　讲完离子键后结课

通过设计与本节课内容有关的习题结课,以巩固所学知识:

(1) 断下列物质中是否存在着离子键,并说明什么微粒子之间存在离子键: $CaCl_2$、Na_2O、H_2SO_4、NH_4Cl、KOH。

(2) 请用电子式表示下列化合物中离子键的形成:$MgCl_2$、Na_2O。

(3) 思考:是否所有的金属与非金属元素之间都存在离子键?

三、结课技能的一般过程

教师的结课方式因上课内容的不同,有不同的处理方法。一般情况下,结课大体需要经过下列 4 个阶段。

(1) 简单回忆　简单回顾整个教学内容,整理认知思路。

(2) 提示要点　指出内容的重点、关键,必要时可做进一步具体说明,巩固和强化。

（3）巩固应用　把所学的知识用到新的情境中去,解决新的问题,在应用中巩固知识。

（4）拓展延伸　把前后的知识联系起来,形成系统,并把课题内容扩展开来。

四、结课技能的注意事项

（1）语言精练　结课紧扣本节课教学重点,切中要害,不能面面俱到,更不简单地重复,语言要精练,不拖泥带水。结课要有利于学生回忆、检索和运用。

（2）首尾呼应　结课时要注意照应开头,对于课前留下的问题,一定要在课的结尾时给予解答,同时把零散的知识串联起来,形成完整的知识结构,做到首尾相连,前后照应。

（3）调动学生　结课是在新学知识基础上对知识巩固应用,所以要充分发挥学生的主体作用,不能包办代替。

（4）控制时间　结课的时间虽然没有标准,所花费的时间也由选定的方法来定。在一般情况下,以下课前 3~5 min 为宜,特别不能占用下课时间结课,那样结课的效果是很不好的,当一切活动有条不紊地完成后,下课铃响,最受学生欢迎。

五、结课技能的设计类型

不同教学内容,可以选择不同类型的结课;不同的教师,处理结课的手段也不相同。与导课一样,结课也没有固定模式。既可以教师为主,也可以师生合作;既可以系统概括,也可以以巩固练习的形式结课;既可以以一两个问题为重点,也可以从全面、系统的角度出发;既可以以本节内容为主,也可以联系以前学习的内容等。将化学课堂教学结课的常见类型如下。

1. 以巩固知识为目标的结课

（1）总结概括法　一堂课结束时,教师要用准确简洁的语言,提纲挈领地归纳本节课的主要内容并使知识系统化,不仅可以促使学生理解和记忆本节课知识,还能培养学生综合概括能力,起到强化知识、巩固知识的作用。

案例6-5 "离子反应"第一课时讲完之后总结性结课

(1) 在水溶液中或熔融状态能导电的化合物叫做电解质。

(2) 大部分酸、碱、盐是电解质。

(3) 电解质在水溶液中受水分子作用而发生电离,产生自由移动的离子。酸都可以电离出 H^+,碱都可以电离出 OH^-。酸性溶液中 $[H^+]>[OH^-]$,碱性溶液中 $[OH^-]>[H^+]$。

(4) 离子反应发生的环境是在水溶液中。

案例6-6 盐的水解

(1) 水解实质:盐类的阴阳离子跟水中电离出来的 H^+ 或 OH^- 结合生成弱电解质的过程。

(2) 水解原因:组成盐类的金属阳离子(含 NH_4^+)或酸根离子与水中的 OH^- 或 H^+ 结合成弱电解质,破坏了水的电离平衡,引起溶液中的 H^+ 和 OH^- 浓度的改变,结果使溶液呈现出酸性或碱性。

(3) 水解规律:盐中阴阳离子所对应的酸碱,谁弱谁水解,双弱双水解,双强不水解。水解后溶液的酸碱性由相对较强的一方决定,即谁强显谁性,双强显中性,双弱不一定。

(2) 自主回忆法 自主回忆法是在学生自主回忆课堂所学知识的基础上,讨论交流,巩固所学知识的方法。

案例6-7 上完一节课内容后小结

按下面几个问题引导学生小结:

(1) 这节课中我们学习了什么内容? 探究到什么规律?

(2) 你认为本节课知识中哪些是最重要、最关键的?

(3) 你还有哪些疑难问题要提出来讨论?

(3) 练习巩固法 练习巩固法是指将主要教学内容体系安排在练习中,促使学生在练习中理解、掌握本节有关基础知识和基本技能,同时检查学生是否掌握知识,教师从中获取反馈信息,以便采取相应的措施的一种方法。

案例6-8 "物质的量及其单位——摩尔"练习加以归纳结课

(1) 下列表示方法,不正确的是(   )。

A. 1 mol Fe   B. 1摩尔氮

C. 1摩尔 H_2O D. 0.5 mol 氨

(2) 下列物质中含氢原子数最多的是(　　　)。

A. 1 mol H_2　　　　　　　B. 0.5 摩尔 NH_3

C. 0.1 摩尔 CH_4　　　　　D. 0.5 mol H_3PO_4

(3) 1 mol H_2SO_4 中含有_____个硫酸分子,_____个氢原子_____个氧原子。

2. 以建立知识联系的方法结课

(1) 首尾呼应法　这里的"首"指的是新课的导入环节,如果导入新课用的是悬念法,那么彼处的"悬"在此处就应得到呼应,这就叫首尾呼应。它是在结课时,用教学内容中的知识来回答导入新课时所设置的悬念、所提出的问题及假设。这种结课的方式既能照顾开头,又能巩固本节课所学到的知识内容,使一节课形成了相对较完整体系。

案例6-9　"盐类水解"教学案例(河北省石家庄市第五中学　樊茹)

导入环节

(创设情境)实验室需要一定浓度的氯化铁溶液,实验员用洁净的仪器、纯净的药品和蒸馏水配制了一瓶。可发现溶液不澄清,透明度不高,略显混浊。于是,他又重新配制了几瓶。可是,每次配完后,结果都一样,他百思不得其解。混浊物是什么呢? 问题究竟出在哪儿了呢?

(教师引导)请同学猜想一下,混浊物可能是什么呢?

结课环节

(引导总结)通过对这些盐的分析,我们知道了在溶液中某些盐电离出的离子,可以与水电离出的 OH^- 或 H^+ 结合生成弱电解质,促使水的电离平衡向电离的方向移动。这样的反应称为盐类的水解。

(巩固练习—学以致用)用所学到的知识,解释实验员配置的氯化铁溶液混浊现象并想办法解决。

(学生讨论发言)氯化铁溶液混浊,是因为 Fe^{3+} 水解造成的,要解决混浊现象就要抑制 Fe^{3+} 的水解,运用勒夏特列原理我们可以增大 $c(H^+)$,加适量的盐酸,使平衡向逆反应方向移动。

学生实验

(教师总结)实验又一次证明了推断的合理性。可以用所学的知识,去解决身边的实际问题。化学源于生产、生活,化学必将服务于生产、生活……

(2) 比较法　比较法是教师采用辨析、比较、讨论等方式,将新学概念与原有认知结构中的类似概念或对立概念分析、比较,认识概念的异同,加深对所学概念的理解。这种结课对照鲜明,类目清楚,便于学生对比记忆。

案例 6 - 10 讲完"晶体"后的结课

常见晶体类型的比较:

晶体类型	组成微粒	微粒间相互作用力	晶体性质特点	实例
离子晶体	阴、阳离子	离子键	硬度较大、熔沸点较高	NaCl
原子晶体	同种原子或不同种原子	共价键	硬度大、熔沸点高	SiO_2
分子晶体	分子	范德华力	硬度小、熔沸点低	干冰
金属晶体	金属离子、自由电子	金属键	导电、导热性强,延展性好	铁、铜

(3) 知识主线法 以知识间的内在联系为脉络,形成知识框架结构,从而建立知识的网络结构。结构化组织材料,往往给人一种形象直观、简明扼要的感觉,有利于一目了然地把握知识之间内在的关系。这种关系有顺序关系、因果关系、种属关系、功能关系等,一般用于元素化合物知识的结课。

案例 6 - 11 讲完"金属钠"因果关系结课

结课方式如图 6 - 2 所示。

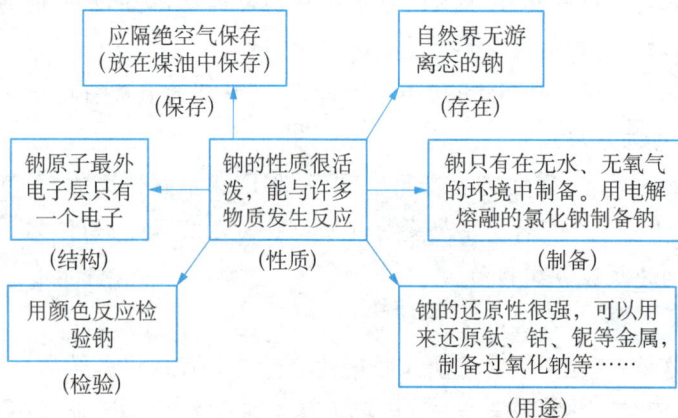

图 6 - 2 钠的知识结构图(因果关系)

案例6-12 "离子键"结课（合肥第十中学　马晓梅）

教学设计如图6-3所示。

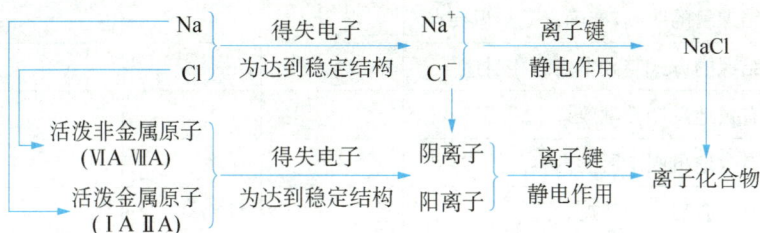

活泼的金属离子与原子团之间也容易形成离子键，从
而形成离子化合物。如Na_2SO_4、KOH、NH_4SO_4等

图6-3　离子键知识结构图

（4）悬念法　在结束课之际，提出后续与本节内容相关的问题，建立与下节课知识内容的联系，设置悬念，留给学生有待探索的未知数，激起学生的求知欲，使此课的"尾"成为彼课的"首"，为下节课做好准备。对于上下节课有联系的，用这种方法结果比较好，使上下节课之间形成知识的逻辑整体。

案例6-13 "离子键"的结课

形成化学键的条件之一是：成键原子达到8电子（只有一层电子的原子达到2电子）的稳定结构。如我们刚学过的氯化钠，其中的钠原子和氯原子通过得失电子使彼此达到了8电子的稳定结构，形成了离子键。请同学们考虑，若换成氢原子与氯原子结合，能否达到稳定结构？它也能形成离子键吗？如果用电子式表示其过程，能和氯化钠的一样吗？对于这些问题，我们在学习了下节课内容就能一一解决。

案例6-14 在讲完电解池原理时，提出"若以铜为阳极，铁为阴极，电解氯化铜，情况又会如何？请同学们课下思考，下节课学习"。学生一定会在课下预习，研究实验，为下节课做好铺垫。

六、结课技能的评价

结课技能评价方法见表6-1。

表 6-1 结课技能评价表

项目	评价内容	分值			权重
		优(90以上)	良(75~89)	差(74以下)	
1	结课目的明确,准确概括知识要点				0.2
2	结课的方式与教学内容相对应				0.2
3	有效地反馈教学效果				0.2
4	有效地巩固了所学内容				0.2
5	学生有启发、有收获				0.1
6	时间掌握恰当,效率高,不拖沓				0.1

对结课的总体评价:

实践训练

结课技能的实践主要从两个方面来理解:其一就是要在多种不同的结课技能中,根据教学内容和自己的操作经验选择最适合的类别;其二,每一种技能怎样操作,如何设计,设计好之后又如何表达,这些都需要操作者认真思考,使结课成为有效课堂教学的点睛之作。

设计下列内容的结课微格教学片段,并模拟训练(配有板书设计):

(1) 人教版九年级上册质量守恒定律第一课时结课。

(2) 人教版化学必修1氧化还原反应第一课时、第二课时结课。

(3) 人教版化学必修1硫和氮的氧化物第一课时结课。

(4) 人教版化学必修1离子反应第二课时结课。

思考题

1. 什么是结课技能?结课技能在教学过程中有什么作用?

2. 结课有哪些类型?请自选中学化学教材(人教版)内容进行结课设计。

3. 课堂教学中"结课"应遵循哪些基本原则及注意哪些事项?

4. 结课技能的一般过程有哪些?

第七章
化学新课的教学设计

教师要上好一节课,先要做好课前的准备工作,其中编写教学设计是非常重要的。根据教学内容的不同,把化学新授课分为元素化合物新授课、概念原理新授课、化学实验新授课、有机化学新授课4种类型。在教学设计中对每个课题或每个课时的教具或现代化教学手段的应用、教学内容、教学步骤的安排、教学方法的选择、板书设计、各个教学环节的时间分配等,都要经过周密考虑、精心设计而确定下来,体现着很强的计划性。

一、元素化合物新授课的教学设计

(一)元素化合物新授课概述

元素化合物新授课是以元素形成的单质和化合物为主要教学内容的一种课型,是中学化学教学的重要课型。在九年级刚学习化学的时候,学生是从空气、氧气、水、二氧化碳等常见的物质入门的,建构起化学学科思想方法,形成化学基本概念,养成严谨求实的态度。可以说,元素化合物知识是学生学习化学的起点,是中学化学学习内容的主干和源泉,是学生后续学习概念原理课、实验课、有机化学课的基础。元素化合物知识贯穿整个化学的学习过程,在中学化学教学中起到非常重要的作用。元素化合物知识主要是无机物知识。

(1)义务教育阶段 了解身边常见的物质如空气等混合物、氧气等非金属单质、水、二氧化碳、一氧化碳等氧化物、铁等金属单质、酸碱盐等化合物的性质和用途等。

(2)高中阶段必修1 钠、铝、铁、铜等金属及其重要化合物的性质和应用,金属材料的应用,卤素、氧族、氮族、碳族等非金属及其重要化合物的性质和应用,及其对生态环境的影响。

(3)高中阶段必修 2 金属矿物的利用和金属的冶炼,海水资源的综合应用。

元素化合物知识是中学化学学习的主要内容之一,它以 65% 左右的比重,占据了现代化学教材的地位。元素化合物知识之所以重要,一方面在于它已构成现代社会普通公民基本素养的要素之一,另一方面它又是学习化学概念、化学原理和化学实验等其他知识以及学习其他自然学科的基础。元素化合物的知识的学习,可以激发学生学习化学的兴趣,掌握学习化学的方法,认识物质的结构、组成、性质和用途,掌握物质的制备方法,具备一定的实验技能,同时将物质的性质和用途的学习融入有关的社会现象和具体社会问题的解决中,能充分体现元素化合物知识为生活实际服务、学以致用的功能,让学生充分感受化学在生活、生产中的作用。

(二)元素化合物新授课教学设计

元素化合物知识学习主要是一种基于化学事实掌握的学习,新授课的教学设计没有固定的模式,元素化合物新授课教学设计大致关注 3 个阶段:联系实际、情境引入,进入元素化合物知识学习,主要性质猜想、实验探究、归纳总结,元素化合物知识迁移应用,提炼概括。基于上述设计理念,在元素化合物新授课教学设计时要考虑下列要素。

1. 以物质性质为主线,建立"结构决定性质、性质决定用途"的学科思想

化学事实性知识涉及的内容庞杂,建立知识间的内在联系,将知识结构化是优化知识结构的重要措施。在教学中以物质的性质为主线,把物质的结构、性质、用途、制法、存在等知识有机串联起来,有利于学生认清物质性质与结构、用途等之间的关系,促进学生对知识的记忆,加深学生对知识的理解。

案例 7-1 九年级上册第六单元课题 1"金刚石、石墨和 C_{60}"

碳最外层 4 个电子(结构),化学性质稳定(性质),在自然界中有碳单质的存在(存在);石墨是层状结构,质地柔软,可以用来作润滑剂(用途);金刚石是正四面体结构,质地坚硬,可以用作玻璃刀(用途);木炭具有疏松多孔的结构,具有吸附能力(性质),活性炭可以用作脱色剂和吸附剂(用途)。

2. 强化直观教学,要多设计实验

心理学实验证明,通过多种感观学习,能充分调动大脑的思维作用,提高学生对事实性知识的深刻记忆。对于元素化合物知识,学生易懂但难记,但通过直观教学手段就能在学生头脑中形成鲜明而具体的印象。在教学设计中要多设计实验,包括演示实验、探究实验、学生实验、家庭小实验等,通过实验可以使学生对知识的理解从感性认识上升到理性认识,为学习概念原理课打下牢固的基础。例如,分组实验探究氧气的性质,学生可以很好地理解氧气的物理性质(无色、无味、气体);通过氧气可以使带火星的小木条复燃,氧气与木炭、硫、铁丝等反应,学生可以更好地理解氧气的化学性质及化合反应的概念。恰当的实验设计与组合能深刻的揭示反应规律,有利于学生掌握基础知识。

案例 7-2　氮的氧化物的性质

二氧化氮与水的反应是教学难点,可以先从氮的化合价引出氮的 5 种价态的氧化物,介绍其颜色后演示实验。

(演示实验)在一瓶无色的一氧化氮上倒放一空瓶,抽走其瓶口玻片,一氧化氮与空气混合,立即出现红棕色,向其中一瓶加入少量水,盖上玻片,稍振荡,瓶内红棕色消失。再抽开玻片,瓶口又出现红棕色。

(实验现象)红棕色气体出现、消失、再出现、再消失。

(分析原因)让学生分析原因并用化学反应方程式表达。

(设计意图)由于实验设计和组合合理,学生大多能自行总结出 NO 和 NO_2 的重要化学性质,而其中的难点内容(NO_2 与水反应产物中还有 NO),也由于实验设计的巧妙而被顺利地突破了。

(应用巩固)接着再进一步,通过实验去深化对反应规律的认识:两瓶无色气体(分别是 NO 和空气),两瓶红棕色气体(分别是 NO_2 和溴蒸气),要求用最简便的方法鉴别。(帮助学生理解和掌握了物质的性质,使学生顺利突破了重点和难点,训练了学生的观察、分析能力)

3. 要紧密联系实际、联系生活,开阔学生的视野,降低学习难度

元素化合物新授课应从生活走进化学,从化学走向社会。教学时应密切联系学生的生活实际,引导学生学习身边常见的化学物质,并将所学知识融入生产和科学研究中,使学生体会到元素化合物知识与自然界、社会的紧密联系,能用综合、辩证、发展的观点认识、灵活应用元素化合物知识。在这样的教学过程中,能逐步培养学生用化学的视角发现、解释和解决身边一些与化学有关的实际问题的能力,能促进学生视野的开阔、理论联系实际水平的提升,有利于学生科学素养的提高、可持续发展思想的建立。

案例 7-3　如在讲 $NaHCO_3$ 受热易分解的性质时,举例 $NaHCO_3$ 可以用来做馒头蛋糕;在讲铝离子水解时,举例明矾可以净水;在讲解铝离子、碳酸根离子双水解时,举例双水解的在生活中的应用泡沫灭火器;在讲解醛的性质时,引申服装及装修材料都含有甲醛,贴身内衣要水洗后再穿,新装修的房子开窗通风一段时间;在学习高一的"氮气"时,学习了 NO 和 NO_2 性质后联系"雷雨与庄稼",联系汽车引擎点火时产生的环境问题,联系酸雨与硝酸的生产。

(三)元素化合物新授课教学设计的内容

一份完整的教学设计主要包括以下内容(主要以九年级化学上册第二单元课题 2 氧气为例):

1. 课题:课题的名称	案例 7 - 4 课题 2 氧气

2. 教学目标
要明确教学目标,首先要了解化学课程目标。化学课程目标是人们赋予化学课程教育功能所规定的最低教育要求,是为实现化学课程一定的教育目的而预设的结果,反映了一定时期的教育价值取向。
义务教育阶段 3 个维度的课程目标:
A. 知识与技能
  a. 认识身边一些常见的物质组成、性质及其在社会和生活中的应用,能用简单的化学语言予以描述。
  b. 形成一些最基本的化学概念,初步认识物质的微观构成,了解化学变化的特征,初步认识物质的性质与用途之间的关系。
  c. 了解化学与社会和技术的相互关系,并能以此分析有关的简单问题。
  d. 初步形成基本的化学实验技能,能设计和完成一些简单的化学实验。
B. 过程与方法
  a. 认识科学探究的意义和基本过程,能提出问题,进行初步的探究活动。
  b. 初步学会运用观察、实验等方法获取信息,能用文字、图表、化学语言表述有关的信息,初步学会运用比较分类、归纳、概括等方法加工信息。
  c. 能用变化和联系的观点分析化学现象,解决一些简单的化学问题。
  d. 能主动与他人交流、讨论,清楚表达自己的观点,逐步形成良好的学习习惯和学习方法。
	知识与技能:
	① 认识氧气的主要物理性质。
	② 掌握氧气的化学性质(碳、硫、铁等物质在氧气里的燃烧中所表现出来的化学性质)。认识硫、碳、铁与氧气反应的现象、文字表达式。
	③ 认识化学反应中的能量变化及一些化学反应现象。
	④ 了解氧气与人类关系密切。
	
	过程与方法:
	① 通过活动与探究,培养学生观察与分析、合作与交流的能力。
	② 通过对实验现象及结论的分析,学习从具体到抽象、从个别到一般的归纳方法。

续 表

C. 情感态度和价值观 　a. 保持和增强对生活和自然界中化学现象的好奇心和探究层次，发展学习化学的兴趣。 　b. 初步建立科学的物质观，增进对"世界是物质的""世界是变化的"等辩证唯物主义观点的认识，逐步树立崇尚科学，反对迷信的观点。 　c. 感受并赞赏化学对改善个人生活和促进社会发展的积极作用，关注与化学有关的社会问题，初步形成主动参与社会决策的意识。 　d. 逐步树立珍惜资源、爱护环境、合理使用化学物质的观念。 　e. 发展善于合作、勤于思考、勇于创新和实践的科学精神。 　f. 增强热爱祖国的情感，树立为民族振兴、为社会进步学习化学的志向。	情感态度和价值观： ① 对学生进行"性质决定用途，用途体现性质"的辩证规律教育。 ② 培养学生通过实验研究物质及其变化规律的科学方法。 ③ 培养学生实事求是、尊重科学、尊重事物发展规律的科学态度；激发学生探索科学的进取精神。
3. 课型明确课题的类型	课题2"氧气"是元素化合物新授课。
4. 课时 明确本课题总共要几个课时，要编写的教学设计是第几课时	课题2"氧气"第一课时。
5. 教学重点 教学重点就是学生必须掌握的基础知识与基本技能，是基本概念、基本规律及由内容所反映的思想方法，也可以称为学科教学的核心知识。	氧气的化学性质。
6. 教学难点 教学的难点是指学生不易理解的知识，或不易掌握的技能技巧。课堂教学要讲究分散重点，突破难点。	掌握各种物质在氧气中燃烧的现象。
7. 教学方法 教学方法要根据学生实际，注重引导学生自学，注重启发学生思维，选择恰当的教学手段和教学方法以实现教学目标。恰当的教学方法符合学生的认知规律，使学生可以接受，最终实现了预期的教学目标并收到好的教学效果。	教学方法：以演示实验为引导，启发学生归纳。
8. 教具准备 写出上课过程中需要用到的教具，上课之前一定要准备好必需的教具，做好充分的准备。	实验仪器：集气瓶、燃烧匙、镊子、盖玻片。 化学药品：木炭、铁丝、硫黄、澄清石灰水、氧气、火柴。 多媒体。

元素化合物新授课教学过程一般包括新课导入、新课讲授、巩固练习、归纳小结等环节。

(1) 环节一：新课导入　新课导入有多种方法，可以联系实际生活事例，也可以以实验导入。选择什么教学情境导入，要依据教学内容和教学条件等多方面的因素决定。

案例7-4　上课前，用多媒体播放一段医院急救病人的视频，并让学生仔细观察医生、护士做了哪些操作，观看完视频后展示具体图片，请学生回答，根据学生的回答引导出课题2氧气。同时抛出一个问题：氧气是人体维持生命活动不可缺少的一种物质，但是健康的人在正常情况下却不需要吸入纯氧，为什么？让学生带着这个问题进入新课的学习之中。

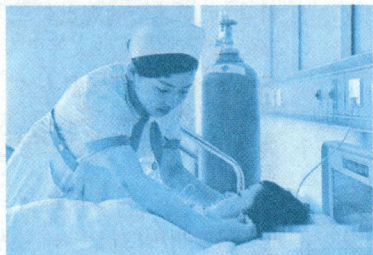

(2) 环节二：新课讲授　在教学过程设计中，新课内容讲授的设计是很重要的，教师要根据教材内容进行情境化处理，使教学内容更加生活化、生动化、人文化、兴趣化；多设计一些教师与学生能充分互动的实验、练习、提问等双边教学活动，多关注学生的学习和思考的过程，发展学生的逻辑思维能力，体现学生是学习的主体这一教学理念，展示学生的学习是在教师的引导下自主学习的过程；合理设计实验探究，培养学生的思考能力、操作能力，加深对知识的理解；设计一些过渡性的问题，增强课堂教学的连贯性。

案例7-5　在新课导入后引导探究氧气的物理性质

(过渡)我们先来看看氧气具有哪些物理性质。(引导学生思考氧气的物理性质)

(设疑)氧气能否溶解在水中？(引导学生关注生活中的化学知识，学生会想到鱼、虾等动物是在水中生存的，肯定需要氧气，自然会想到氧气能溶于水)

(追问)氧气容易溶解于水吗？(可以培养学生的思考能力，学生通过学习地理已经知道，地球表面的大部分是被水覆盖的，如果氧气易溶于水，那么空气中的氧气会很少，引导学生进行知识的迁移并学以致用)

在探究氧气的化学性质时，先可以创设情境、提出问题。

(展示)一瓶装满氧气的集气瓶，如何证明它是氧气？再进行演示实验、探究性质。

(演示)实验2-2　把带火星的木条伸到盛有氧气的集气瓶中，让学生仔细观察实验现象。

(讨论)为什么在空气中只能看到火星,而在氧气中却能燃烧? 培养学生的思考能力。

(补做实验)木炭在空气中和氧气中燃烧。

(板书)实验现象:剧烈燃烧,发出白光,放热,生成一种无色无味气体,该气体能使澄清石灰水变浑浊。

文字表达式:碳(C)+氧气(O_2)$\xrightarrow{点燃}$二氧化碳(CO_2)。

(实验2-3)在燃烧匙里放少量硫,加热,直到发生燃烧,观察硫在空气里燃烧时发生的现象。然后,把盛有燃着的硫的燃烧匙伸进充满氧气的集气瓶中,再观察硫在氧气里燃烧时的现象。比较硫在空气里和在氧气里燃烧有什么不同。

等学生观察到实验现象后,及时取出燃烧匙,并浸没到水中熄灭掉燃烧着的硫,再加入澄清石灰水,增强学生环境保护的意识。

(强调)在演示过程中随时提醒学生注意观察实验前、中、后的现象。

(板书)实验现象:发出明亮的蓝紫色火焰,并产生刺激性气味的气体。

文字表达式:硫(S)+氧气(O_2)$\xrightarrow{点燃}$二氧化硫(SO_2)。

(设问)铁丝在空气中能燃烧吗? 在氧气中呢?

(实验2-4)把光亮的细铁丝盘成螺旋状,下端系一根火柴,点燃火柴,待火柴快燃尽时,插入充满氧气的集气瓶中。(集气瓶底部要先放一些水或细沙)

(思考)

① 实验前为什么在瓶底放一些水或铺一层细沙?

② 火柴起到什么作用?

③ 为什么要等到火柴快要燃烧完全才能伸入集气瓶呢?

④ 铁丝为什么要绕成螺旋状?

(板书)实验现象:剧烈燃烧,火星四射,铁丝熔成小球,生成一种黑色固体。

文字表达式:铁(Fe)+氧气(O_2)$\xrightarrow{点燃}$四氧化三铁(Fe_3O_4)。

(引导分析比较)对比木炭、硫、铁丝在空气和氧气中燃烧的现象,说明了什么?

(得出结论)氧气是一种化学性质比较活泼的物质。

(3) 环节三:巩固练习　巩固练习有两种方式,第一种是采用练习题的方式,第二种是提问的方式。练习题要与教学内容匹配,对于有难度的习题,教师要给予点拨。学生完成之后,教师要及时反馈信息,以起到巩固知识内容的作用。

案例 7-6 练习

1. 判断下列变化是物理变化还是化学变化:

①灯泡发光　②石蜡熔化　③石蜡燃烧　④光合作用　⑤动植物的呼吸

2. 归纳氧气的物理性质:

① 氧气在常温下为_____色,_____态,固态、液态为_____色。

② 氧气的密度比空气_____。

③ 氧气_____溶于水(填"易"或"不易")。

3. 关于氧气性质的叙述正确的是(　　　)。

A. 它是人类生存不可缺少的物质　　B. 它是具有轻微刺激性气味的气体

C. 它可以燃烧　　　　　　　　　　D. 它可以溶于水

4. 下列关于氧气的叙述,正确的是(　　　)。

A. 氧气可以做燃料　　　　　　　　B. 氧气可以使木条复燃

C. 铁丝可以在氧气中燃烧　　　　　D. 氧气极易溶于水

(4) 环节四:结课

案例 7-7 前后照应法

先简单总结氧气的物理性质,氧气支持燃烧,氧气和碳、硫、铁丝反应的实验现象和文字表达的相关知识。接着回顾上课开始的时候:上课刚开始的时候,老师提出了一个问题:氧气是人体维持生命活动不可缺少的一种物质,但是健康的人在正常情况下却不需要吸入纯氧,为什么?先让学生思考、回答,再根据学生的回答总结。拓展学生的知识面,也体现前后照应法的教学教法。

(5) 环节五:布置作业　作业的布置要遵循以下 6 项原则:

针对性原则——针对具体的知识点。

系统性原则——要全面涵盖知识点。

灵活性原则——不一定是课本内的练习题,可以是一些课外的活动。

趣味性原则——要激发学生的学习兴趣。

层次性原则——针对不同层次水平的学生要分不同的层次,作业有易有难。

开放性原则——强调的是结合生活实际脱离课本。

案例 7-8 布置练习

1. 比较 3 个反应,总结出 3 个反应的共同点。

2. 课后查阅资料：气割为什么要让可燃气体在氧气中燃烧,而不是在空气中燃烧?

(6) 环节六:板书设计　板书是上课时要写在黑板上的内容:一是合理规划板书的布局,板书要工整美观、字迹规范;二是安排好板书内容,力求重点突出、简明扼要。为此,可适当利用一些线条、箭头、图表等,对文字作补充说明,使学生加强对教材的印象。

案例 7-9 板书设计

课题 2　氧气

一、氧气的性质

1. 物理性质

(1) 通常状况下,无色、无味的气体。

(2) 密度比空气略大。

(3) 不易溶于水。

(4) 在低温低压下,氧气可以变成淡蓝色的液体和淡蓝色雪花状的固体。

2. 化学性质

(1) 支持燃烧、有助燃性,能使带火星的小木条复燃。

(2) 木炭在氧气中燃烧。

实验现象:①发出白光;②放热;③生成一种能使澄清石灰水变浑浊的气体。

文字表达式:碳(C) + 氧气(O_2) $\xrightarrow{\text{点燃}}$ 二氧化碳(CO_2)。

2. 硫在氧气中燃烧

实验现象:

(1) 在空气中:①淡蓝色火焰;②放热;③有刺激性气味。

(2) 在氧气中:①明亮蓝紫色火焰;②放热;③有刺激性气味。

文字表达式:硫(S) + 氧气(O_2) $\xrightarrow{\text{点燃}}$ 二氧化硫(SO_2)。

3. 铁丝在氧气中燃烧

实验现象:①剧烈燃烧,火星四射;②放出大量的热;③生成黑色固体。

文字表达式:铁(Fe) + 氧气(O_2) $\xrightarrow{\text{点燃}}$ 四氧化三铁(Fe_3O_4)。

案例 7-10　　人教版九年级化学第六单元碳和碳的氧化物课题1金刚石、石墨和C_{60}（第1课时）

课题	第六单元碳和碳的氧化物 课题1金刚石、石墨和C_{60}（第1课时）	课型	元素化合物新授课
教学媒体	多媒体、实验器材		
教学目标	知识与技能	知道不同的元素可以组成不同的单质，同一种元素也可以组成不同的单质；了解金刚石和石墨的物理性质和主要用途；知道木炭和活性炭具有吸附性。	
	过程与方法	通过对金刚石、石墨和C_{60}中碳原子排列方式及空间结构的分析，知道物质结构、性质和用途三者之间的相互关系；通过木炭（或活性炭）吸附作用演示实验的探究，让学生知道对比实验是研究问题的常用方法。	
	情感态度与价值观	通过对碳单质新的形态的发现及其简单介绍，学生能以发展的观点看待碳的单质，认识科学的发展具有阶段性和局限性。	
教学重点	物质的结构、性质和用途之间的相互关系。		
教学难点	理解碳单质的微观结构与它们物理性质之间的关系。		

教学过程	学生活动	设计意图
（直入主题）碳元素在自然界里形成物质的种类是很多的。我们今天开始学习第六单元"碳和碳的氧化物"。 （提出问题）我们已经知道，物质由元素组成，由同种元素组成的纯净物叫做什么？ （追问）由不同种元素可以组成不同种单质，同一种元素可以组成不同的单质吗？大家讨论。能举例说明吗？	倾听，明确学习方向。 回答：单质。 思考讨论，说出见解：可以。举例：氧元素就能组成氧气和臭氧两种单质。磷元素可以组成白磷和红磷。	从理论上明确同种元素可以组成不同的单质。

续　表

教学过程	学生活动	设计意图
(小结)同种元素可能组成不同的单质 (设问)碳元素能否组成不同的单质? 研究表明:金刚石、石墨和C_{60}都是由碳元素组成的单质。我们先来看一段发生在玻璃店里的小品。 (组织表演)请提前准备的学生上台表演。 (提问)通过此小品你知道了什么? (实物投影)展示玻璃刀上的金刚石。 (设问)金刚石其他的性质是怎样的?它有何用途?自主学习教材 104 页。 (总结归纳)引导学生归纳金刚石的物理性质和相应用途,填写板书表格。 (活动探究)布置学生将铅笔削好并刮下一些粉末,告诉学生铅笔芯是由石墨和黏土制成。指导学生观察粉末,用手捻搓。并思考由此得到石墨的哪些性质和用途。 (实物投影)6B、HB、6H 铅笔的笔迹。 补充铅笔上的"H""B"代表的意义。 (演示实验)铅笔芯导电实验。	两个学生分别扮演老板和顾客,走到讲台前表演。其他学生观看。 回答:金刚石非常坚硬,所以可以用来裁割玻璃。 带着问题、自主学习。 归纳金刚石的物理性质、用途。 活动探究,体会观察,得出结论。 观看。 观察实验、得出结论。	以角色扮演的形式,创设生动活泼的真实情景,领悟金刚石的"坚硬"性。有利于激发学生的学习愿望和参与动机。 紧密联系学生的生活实际,学生活中的化学,学身边的化学,才能让学生更好地体会到化学的无处不在:"生活处处皆化学"。 补充知识,学以致用,激发兴趣。
(总结)引导学生总结石墨的物理性质和相应用途填写板书表格。 (视频)石墨性质和用途录像。(神六火箭的通风管、电刷、石墨坩埚……) (投影)比较金刚石和石墨的性质和用途。 (设问)金刚石和石墨都是由碳元素组成的单质,物理性质为什么差异这么大呢? (投影)金刚石和石墨的微观结构模型。 (讲解)金刚石的碳原子在空间构成连续、坚固的骨架结构,所以坚硬。石墨的碳原子呈平面层状结构,层与层之间的作用力小,所以很软,能导电,有滑感。 (结论)物质的结构决定其性质。 (过渡)生活中我们还常常用到木炭、活	总结石墨物理性质和对应用途 观看。 一起对比表格。 思考。 观看。 理解。 在教师引导下得出结论。	培养归纳总结能力,体会性质决定用途。 增强民族自豪感。 初步体会结构和性质间的关系。

教学过程	学生活动	设计意图
性炭、炭黑、焦炭等,它们主要由石墨的微小晶体和少量杂质构成,是含杂质的碳单质。 (展示实物) (提问)"碳"和"炭"有何区别? (演示实验)实验6-1。(留出对比液体) 1. 描述你看到的现象。 2. 结合实际和教材内容分析:为什么木炭和活性炭具有吸附色素的能力? 3. 这种性质叫什么?属什么变化? (展示)防毒面具(滤毒罐就是利用活性炭来吸附毒气的)。 (实验)收集炭黑。点燃一支蜡烛,把冷碟子放在火焰的上方。 (解释)这就是炭黑,可用于制造油墨、油漆、鞋油、颜料以及橡胶轮胎的填料。大家回去后也可做这个实验。焦炭的主要用途是冶炼金属,是工业上冶炼生铁的一种原料,我们在后面的单元里将会学到它。 (讲述)科学家发现一些新的以单质形式存在的碳,发现较早并在研究中取得最重要进展的是C_{60}分子。大家看书,C_{60}的分子结构和什么相似? (提问)猜测这种足球结构的碳分子性质是否稳定?为什么?C_{60}中60表示什么?C_{60}是单质还是化合物? (讲述)目前,人们正在进一步研究C_{60}分子的结构和性质,以及在材料科学、超导体等方面的应用。C_{60}具有广泛的应用前景,谁能说说这方面的信息吗? (播放视频)介绍C_{60}短片。	观察几种物质。 分析比较,会区分二者。 描述现象:液体颜色变浅。 阅读、讨论回答:疏松多孔的结构。 吸附性,属物理变化。 认识防毒面具。 观察到碟子上有黑色物质生成。 了解。 回答:和足球相似。 思考回答:很稳定,由其结构决定。一个C_{60}分子中含有60个碳原子。是单质。 个别学生说出知道的信息。 观看。	通过木炭(或活性炭)吸附作用演示实验的探究,让学生知道对比实验是研究问题的常用方法。 体会炭黑的存在,认识它的用途。 非重点内容简单介绍让学生了解。 进一步说明物质的结构决定其性质。 拓宽知识面,激发学生涉猎课外知识的兴趣。 激发兴趣,了解前沿科学。

续　表

教学过程	学生活动	设计意图
(总结)随着科学技术的发展,碳单质不断被发现,碳单质的用途也将不断扩大。通过对几种碳单质的结构性质和用途的学习,总结三者的关系(见板书)。 (升华迁移) 学了这节课,大家有什么感受和反思吗? (可进行必要引导) (布置任务) 1. 回去后阅读"化学·技术·社会"中的"人造金刚石和金刚石薄膜"。 2. 完成相关练习。	分析讨论。 总结得出结构、性质与用途的关系。 讨论,发言。 1. 化学一是门与生活联系非常紧密的科学,例如铅笔芯、防毒面具等。2. 化学是一门不断向前发展的科学,化学新技术使我们的生活变得更加美好。3. 物质的结构决定性质,性质又决定用途。 课后完成。	通过对几种碳单质的碳原子排列方式及空间结构的分析,知道物质结构、性质和用途三者之间的相互关系。 给学生充分的整理知识的时间,并给他们表达机会,锻炼思维和表达能力。

板书设计

课题1　金刚石、石墨和C_{60}

一、

　　　　　　由碳元素组成的单质

　　金刚石　　　　石墨　　　　C_{60}

外观　无色透明正八面体状晶体　深灰色鳞片状固体
光泽　加工琢磨后有夺目光彩　　略有金属光泽
硬度　　　　最硬　　　　　　　　较软
导电性　　　　　　　　　　良好　　　　　　极好
原子排列　坚固的骨架　　结构平面层状结构　　足球结构
用途　钻头、刻刀、装饰品　电极、铅笔芯、润滑剂等　材料科学、超导等
得到启示:

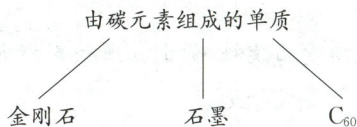

二、含杂质的碳单质
1. 木炭、活性炭(具有吸附性,用作吸附剂、脱色剂)
2. 焦炭、炭黑(冶金)

案例 7-11　人教版必修1第三章第二节几种重要的金属化合物(第二课时)"铝和铝的化合物"教学设计

一、教学目标

1. 了解铝在自然界的存在形式及地壳中铝的含量。

2. 掌握铝、氧化铝、氢氧化铝的性质及反应的化学方程式,以及它们相互之间的转换。

3. 知道制取铝的方法,掌握在制取过程中的相关反应的化学方程式,培养学生从中获取新知识的能力。

4. 了解铝在人类日常生活中的用途。

二、教学重点和难点

1. 重点:掌握铝、氧化铝、氧氧化铝的化学性质,铝单质和化合物之间转化的关系。

2. 难点:理解氧化铝、氢氧化铝的两性的相关知识。

三、设计思路

我们知道铝在生产生活中的应用是非常广泛的,如铝锅等生活用品,在教学过程时就可以让学生思考铝在日常生活中的应用,培养他们对铝及其化合物学习的兴趣,引导学生对铝的制取的方法的思考;激起学生学习寻求知识的热情,并在学习过程中获得新知识。

四、教学过程

(情境引入)很多同学爱喝饮料,你们知道饮料瓶是由什么材料制成的吗?

(学生回答)饮料瓶主要成分是铝。

(投影资料)了解铝元素在自然界中的存在情况及在自然界中的含量。

(提问)铝在生活中具有广泛的应用,请大家举例铝在生活中的应用。

(播放图片)日常生活中的铝制品。

(播放图片)展示古代用铝制成的一些器具。(古代我们用的餐具是用铝制成的,铝筷、铝碗,还有用铝做成的各种首饰,在古代用铝制品是一种身份的象征。)

(设问)这说明了什么问题呢?

(学生回答)在那个时代铝是一种贵重的金属。

(讲解)铝的化学性质是比较活泼的,会与空气中的氧反应,所以在地壳中都以化合态的形式存在,如氧化铝等。在古代要冶炼出铝是非常不容易的,在古代铝的价格昂贵。现在铝的价格大大降低了,这是因为随着现代科学技术的进步,人们找到了冶炼铝的技术,铝的大量冶炼使铝就走进了我们日常生活中。这节课我们就来学习现代是如何冶炼铝的技术。

（板书）一、铝的制取

（介绍）铝的制取方法。

（设问）自然界中含有的铝土矿,其主要成分是 Al_2O_3。

怎么把铝土矿冶炼成铝呢? 我们可以把它分成两个过程?

（板书）1. 冶炼铝土矿制取氧化铝　2. 氧化铝电解制取铝

（讲解）我们先来学习如何制取氧化铝,回答下面问题:

（设问）阅读课本并思考铝土矿溶解的过程中用到 $NaOH$,目的是什么? 能用其他的碱来代替吗? 用氢氧化钠来溶解铝土矿这个过程中用到了过滤,分析过滤后滤液中的主要成分是什么。

（演示实验）取一支试管,在试管中加入氢氧化钠溶液,再加入氧化铝混合。观察试管的变化。

（学生实验）要求学生做同样的实验,观察实验现象。

（介绍反应）氧化铝固体消失了,说明氧化铝被溶解了。

$$2NaOH + Al_2O_3 \rightleftharpoons 2NaAlO_2 + H_2O$$

（设问）分析在滤液中为什么要通入二氧化碳。

（讲解）我们来做一个实验,在 $NaAlO_2$ 溶液中慢慢滴加稀硝酸看看会发生什么变化。

（学生实验）取一支试管并加入 3 mL 的 $NaAlO_2$ 溶液,然后滴加稀硝酸,观察过程中发生的现象。

（介绍反应）试管底部有白色沉淀生成。

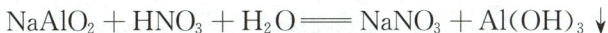

$$NaAlO_2 + HNO_3 + H_2O \rightleftharpoons NaNO_3 + Al(OH)_3 \downarrow$$

（设问）通入过量的 CO_2 目的是什么?

（讲述）$NaAlO_2$ 能继续与足量的 CO_2 反应吗?

$$NaAlO_2 + CO_2 + H_2O \rightleftharpoons NaHCO_3 + Al(OH)_3 \downarrow$$

（设问）阅读课本思考,灼烧白色固体,能得到什么物质。

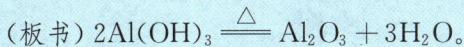

（板书）$2Al(OH)_3 \xrightarrow{\triangle} Al_2O_3 + 3H_2O$。

（总结）讲解制取 Al_2O_3 的过程。

(过渡)我们学习了 Al_2O_3 的制取,接下来我们要学习怎么利用氧化铝来制取铝。我们会用什么方法呢?

(板书)$2Al_2O_3 \xrightarrow{\text{电解}} 4Al + 3O_2$

(思考)

(1) 要求学生标出各元素的化合价,观察该反应化合价是否发生了变化。如发生了变化,是什么反应类型?

(2) 我们还学过哪些与这制取相同的方法? 有。举例说明有哪些物质,并写出有关方程式。

(总结)铝的制取过程。

(思考)写出制取铝的过程中所有的离子反应方程式。判断各反应的反应类型,哪些是氧化还原反应?

(图片)展示图片。

(思考)图片中的红宝石、蓝宝石含有哪些成分?

(讲述)图片中物质的成分。

(播放图片)天然存在的氧化铝。

(设问)试剂:氧化铝、10% 盐酸、6 mol/L 的氢氧化钠溶液。对所给药品进行成分分析。

(结论)Al_2O_3 既能与氢氧化钠反应,又能与盐酸反应。

(讲述)定义:既能与酸反应又能与碱反应,生成盐和水的氧化物称为两性氧化物。

(过渡)请同学先阅读课本 67 页。

(板书)二、氧化铝的性质:

1. 物理性质:

2. 化学性质:

两性氧化物:

(1) 能强酸反应:$Al_2O_3 + 6HCl \Longrightarrow 2AlCl_3 + 3H_2O$。

(2) 能强碱反应:$Al_2O_3 + 2NaOH \Longrightarrow 2NaAlO_2 + H_2O$。

3. 用途:耐火材料

(讲述)铝的氢氧化物具有两性吗?

(思考)如何制备氢氧化铝?

(交流与讨论)分析以下几种方法。

(1) 在偏铝酸钠溶液中滴入稀盐酸。

(2) 在氨水中滴加足量的偏铝酸钠溶液。

(3) 在氢氧化钾溶液中加入足量的氯化铝溶液。

(4) 在氨水中加入足量的氯化铝溶液。

(学生实验)如何制取 $Al(OH)_3$?

取一支试管,滴入 $3\sim5$ mL 氯化铝溶液,滴加过量的氨水,观察并记录实验现象。

(思考)为什么不滴加氢氧化钠溶液呢?

(提问)怎么得出氧化铝是两性氧化物的?

(探究二)氧化铝是两性氧化物,能否推测氢氧化铝也是两性氢氧化物? 设计实验探究。

(学生实验)探究 $Al(OH)_3$ 的性质。

取两支试管分别制取 $Al(OH)_3$ 沉淀,在其中一支试管逐滴加入过量的稀盐酸,在另一支试管逐滴加入过量的氢氧化钠溶液;观察两支试管的变化,记录实验现象。

(结论)两支试管的沉淀都溶解了。

(讲解)制备氢氧化铝不能用强碱溶液。

(讨论)能用哪些方法制取氢氧化铝?

(学生实验)制取氢氧化铝。

取一支试管滴加 $2\sim3$ mL 氯化铝溶液,逐滴加入过量氢氧化钠溶液,观察并记录实验现象。另取一支试管滴加 $2\sim3$ mL 氯化铝溶液,逐滴加入过量氨水,观察并记录实验现象。

(结论)说明 $Al(OH)_3$ 沉淀在强碱溶液中会溶解,在弱碱溶液中不溶解。说明不能用氢氧化钠代替氨水。

(演示)将二氧化碳气体通入上面制取 $Al(OH)_3$ 的试管中。

(强调)观察试管内沉淀的变化。

(探究)利用二氧化碳和盐酸分别制备 $Al(OH)_3$ 的方法。

(演示实验)

(1) 取一支试管滴加偏铝酸钠溶液,在试管中通入过量的二氧化碳,观察现象。

(2) 取一支试管滴加偏铝酸钠溶液,在试管中滴加过量的稀盐酸,观察现象。

(分析)

(1) 铝酸钠溶液与稀盐酸反应生成 $Al(OH)_3$ 沉淀,稀盐酸过量,沉淀会溶解。

(2) 铝酸钠溶液与二氧化碳反应生成 $Al(OH)_3$ 沉淀,继续通二氧化碳沉淀不溶解。

结论:说明 $Al(OH)_3$ 沉淀会与强酸反应不与弱酸反应。要制取氢氧化铝沉淀只能用弱酸,要用强酸必须控制强酸的用量。

(小结)实验室制备氢氧化铝的方法:

(1) 氯化铝溶液中加入弱碱反应,如氨水。

(2) 用二氧化碳制取。

(投影)播放医生给胃酸过多的病人开含有氢氧化铝的药片的视频;播放用氢氧化铝来净水的视频。

(讲解)氢氧化铝在医学上可以用来治疗胃酸过多,在工业上可以用来做净水剂。

(总结)制取铝、氧化铝、氢氧化铝的方法,氧化铝、氢氧化铝的性质。

五、板书设计

铝和铝的化合物的性质

一、铝的制取

1. $2Al(OH)_3 \xrightarrow{\triangle} Al_2O_3 + 3H_2O$

2. $2Al_2O_3 \xrightarrow{\text{电解}} 4Al + 3O_2$

二、氧化铝的性质

1. 物理性质:

2. 化学性质(两性):

两性氧化物:

(1) 与强酸反应:$Al_2O_3 + 6HCl = 2AlCl_3 + 3H_2O$

(2) 与强碱反应:$Al_2O_3 + 2NaOH = 2NaAlO_2 + H_2O$

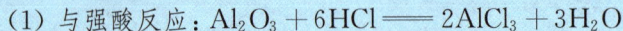

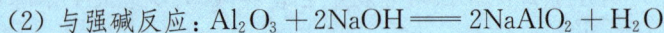

三、氢氧化铝的性质

1. 两性氢氧化物:

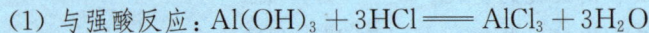

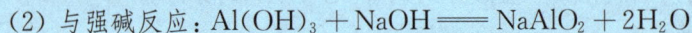

(1) 与强酸反应:$Al(OH)_3 + 3HCl = AlCl_3 + 3H_2O$

(2) 与强碱反应:$Al(OH)_3 + NaOH = NaAlO_2 + 2H_2O$

2. 应用

(1) 医学上的应用:

(2) 净水:

〔练习〕

1. 下列选项中说法不正确的是（　　　）。

A. 自然界中铝以化合态的形式存在

B. 铝是两性物质

C. 可用热还原法把氧化铝中的铝还原出来

D. 制取铝的方法同制取钠相似，可用电解法

2. 下列属于两性氧化物的是（　　　）。

A. NO_2　　　　　B. K_2O　　　　　C. Al_2O_3　　　　　D. NO

〔作业〕

1. 完成课后：第 4、5 题，练习册。

2. 调查在日常生活中有哪些物质的成分是铝，它们在现实生活中有何应用？

二、概念原理新授课教学设计

（一）概念原理新授课概述

化学概念原理新授课是以化学概念和化学原理为主要教学内容的新授课。如果仅有一小部分内容与化学概念原理有关，而核心内容是元素化合物知识或有机化学知识，那么这节课就不能称为化学概念原理课。例如，九年级化学"空气"一节，虽然包括了"纯净物""混合物"等概念的教学，但由于其核心教学内容是空气的组成，因此这节课应属于元素化合物新授课，而非概念原理新授课。

化学概念是将化学现象、化学事实经过比较、综合、分析、归纳、类比等方法抽象出来的理性知识，它是已经剥离了现象的一种更高级的思维形态，反映化学现象及事实的本质，是化学学科知识体系的基础。反映概念本质属性的部分称为概念的内涵，概念所包含的一切对象称为概念的外延。概念的内涵和外延是相互依存、相互制约的，是构成概念的统一而不可分割的两个方面。只有科学准确地掌握化学概念，才能正确描述化学现象，正确理解化学变化规律。

化学原理是在大量实践、观察的基础上，经过归纳、概括而得出的具有普遍意义的基本规律。化学原理对化学学习和化学研究实践以及生产生活有着重要的指导作用。学生在学习化学原理时，不仅要从本质上深刻理解原理，更要能够自主地运用化学原理，分析和解决学习和生活中遇到的问题，从而体会化学原理的功能与价值。

化学概念原理知识是中学化学新课程的重要组成部分,内容分布广泛,贯穿于义务教育阶段和高中阶段。

（1）义务教育阶段 物理变化、化学变化、物理性质、化学性质、混合物、纯净物、单质、化合物、氧化物、元素、分子、原子、离子、溶液、溶解度、饱和溶液、不饱和溶液、化合反应、分解反应、置换反应、复分解反应、质量守恒定律等。

（2）高中必修1 物质的量、物质的分类、胶体、电解质、离子反应、氧化还原反应等。

（3）高中必修2 原子结构、元素周期律、化学键、离子键、共价键、化学能与热能的相互转化、原电池、化学反应速率与限度等。

（4）高中选修4 反应热、焓变、燃烧热、盖斯定律、化学反应速率与化学平衡、化学平衡常数、勒夏特列原理、水溶液中的离子平衡、水解、原电池、电解等。

可见,化学概念原理知识贯穿于中学化学学习的整个过程,不同概念原理知识在教材和教学策略的选择、教学活动的设计等方面存在一定的差异,依据概念原理知识的不同对其分类。

（1）表示物质宏观组成及分类的概念原理知识 元素、物质的分类、混合物、胶体、溶液、溶解度、饱和溶液、不饱和溶液、纯净物、单质、化合物、氧化物、电解质、强电解质、弱电解质等。这些内容要求学生能够理解其概念的本质,准确把握概念的内涵和外延,能准确判断中学化学中常见物质的所属类别,并能建立起各概念之间的相互联系。

（2）表示物质微观构成的概念原理知识 分子、原子、离子、原子结构、化学键、离子键、共价键、物质的量等。这些内容由于涉及微观层面,非常抽象,需要学生在头脑中建构起直观的表象,才能准确理解相关概念的内涵和外延。

（3）表示化学反应特点及类型的概念原理知识 化合反应、分解反应、置换反应、复分解反应、离子反应、氧化还原反应等。这些内容体现的是一类反应的共同特点,因此要求学生从物质变化的视角、在微观层面上认识反应的变化过程,准确理解反应的实质,在此基础上理解概念的内涵和外延,建构起相关概念之间的联系。

（4）表示化学反应速率和限度的概念原理知识 化学反应速率和限度、化学反应速率与化学平衡、化学平衡常数、勒夏特列原理等。这些内容是学生真正从化学反应原理的角度认识化学反应的必需知识,因此学生不仅要准确理解这些概念的内涵和外延,更要能够建立起分析相关问题的思维模型,能从定性和定量两个层次理解这些知识,为建构化学学科基本概念奠定基础。

（5）表示化学反应能量变化的概念原理知识　化学能与热能的相互转化、反应热、焓变、燃烧热、盖斯定律等。这些内容要求学生在认识化学反应时不仅关注物质变化，还要关注能量变化，并能从微观角度、从化学键的角度理解化学反应存在能量变化的本质原因。

（6）综合运用解决问题的概念原理知识　水溶液中的离子平衡、水解、原电池、电解等。这些内容综合度较高，要求学生不仅要从微观层面认识物质的变化过程，还要能运用平衡移动原理等化学基本原理分析相关问题。学生要建立微粒观、平衡观等化学学科核心观念，还需要建立分析相关问题的思路模型，才能较好掌握这些内容。

由此可见，同样是概念原理知识，其内容特点和学习要求不尽相同。因此，针对不同类型的概念原理知识，应采取不同的教学策略。

（二）概念原理新授课教学设计

应充分考虑教学目的和要求、学生学习的需要和教师教学的特点，本着"适应性、可行性、有效性"的原则来选择化学概念原理新授课教学策略。新课程教学理念下的化学概念教学策略应该以引导学生主动学习、促进学生自主学习为基调，以学生主动和有效学习的策略为基础，注意培养学生的主体意识和主体能力，注意引导、促进学习主体形成和掌握合理的学习策略。新课程改革的理念之一在教学中渗透科学精神，培养和提高学生的科学探究能力、创新精神。因此，在选取化学概念教学策略时，应考虑有利于培养学生的探究精神和创新能力，渗透科学精神，以提高学生的科学素养。

1. 运用直观形象，让学生获得化学概念原理的感性知识

学生学习化学概念，一般总是从感知具体的物质和现象开始，从已有的知识出发，在教师的组织引导下，经过从已知到未知、由表及里、由浅入深，有层次地由感性认识上升到理性认识。感性认识是理性认识的基础，只有从感性材料出发才能理解抽象的概念，感性认识越丰富，对概念的理解就越深刻。在化学概念的教学中，应尽可能地利用各种直观手段，给学生尽可能多的生动形象的感性材料，以获得丰富的感性认识；然后，引导学生通过思维活动逐步建立起事物一般的表象，分出事物的主要的本质特征或属性，由感性认识上升到理性认识，逐步形成概念。这些生动的直观形象包括教师的演示实验、图表、模型、动画、投影、录像等，学生从中获得有关概念的部分信息，为认知结构中接纳和理解这一概念奠定基础。

（1）实验直观　化学实验是获得感性认识的重要途径。运用实验来展示有关的化学现象和过程，可以使学生获得更典型、更生动、更深刻、更能反映事物的本质属性和共同特征的感性认识。尤其对许多化学概念，学生没有直接的生活体验，只有通过实验，才能让学生掌握充分可靠的感性材料，并进一步透过实验现象深入里层去粗取精、去伪存真的抽取本质，形成正确概念。

案例 7－12　观察碘晶体的受热实验，学生一旦发现碘不经熔化即成紫色蒸气的事实，则极易把握"升华"概念的本质特征；利用几种代表性物质溶液的导电性对比实验来揭示强电解质和弱电解质的概念，学生的印象就特别深刻；对极性分子和非极性分子，学生头脑中几乎没有相关知识，水分子的极性实验，可以给学生提供这方面的感性经验，帮助理解概念。

（2）语言直观　概念的特点之一是抽象性，而且许多化学概念涉及微观的物质结构。虽然借助 STM（扫描隧道显微镜）等仪器可观察到原子，但在中学化学教学中目前不可能使用这些设备，因此，对中学生而言，它们看不见、摸不着，学生理解有一定困难。因此，概念教学中的教学语言在准确的基础上，还要追求生动、形象、直观。通过恰当的举例、确切的比喻、鲜明的对比等手法，用学生熟知的、典型的事例来说明复杂抽象的事理，降低学生理解难度。

案例 7－13　高中化学必修 1 "物质的量" 概念的教学

让学生体验阿伏加德罗常数 $6.02×10^{23}$ 究竟是个多大的数值，可设计下列问题：$6.02×10^{23}$ 粒稻谷的质量是多少（查有关数据每斤稻谷的粒数约为 2000 粒）？，这些稻谷平均分经 10 亿人，每人可得多少吨稻谷（通过计算每人可得 $1.505×10^{7}$ 吨，即 15.05 百万吨）？学生从计算的数据中就会感受到 1 mol 所表示的微粒数目是多么巨大，并且领悟到摩尔只能适用于微观粒子，而不能用于宏观物质。

（3）CAI 课件直观　随着现代教育技术的发展，借助于多媒体 CAI（计算机辅助教学）课件，可以充分地为学生提供更为直观形象的感性知识，尤其在化学物质的微观结构及化学过程的动态模拟方面表现得更为突出。

① 放大微观结构：在基本概念教学中，经常遇到看不见、摸不着的物质微观结构，如原子结构、晶体结构等。计算机模拟物质的微观结构并放大，可以为学生认识微观结构提供形象直观的感性材料。

案例 7－14　金刚石、石墨、NaCl 晶体等，可以用 CAI 课件模拟其空间结构，将晶体或分子在三维空间旋转、局部放大，为学生展示丰富多彩的微观世界，帮助学生理解概念。

② 模拟微观运动：许多化学概念描述的是学生无法直接感知的物质微观运

动,如离子键和化学键的形成过程,学生理解这些概念有很大难度。采用 CAI 动态模拟,用图像化的形式来显示这些动态过程,可以化抽象为具体,帮助学生理解概念的实质,如溶液中的离子运动等都可以用动画来显示和描述。

③ 揭示概念的本质:为了帮助学生理解和形成一些化学概念,可以应用 CAI 课件使化学概念的本质属性以动态化的形式表现出来,让学生根据动态的图像抽象概括出化学概念。

案例 7-15　人教版高中化学必修 2 第一章第三节　化学键(第二课时)——共价键

用 HCl 形成的模拟漫画说明共价键的形成,如图 7-1 所示。H 原子只有 7 个电子,所以它期待着氯原子能够送给它一个电子,使它形成稳定结构;而 Cl 原子最外层有 7 个电子,它也还差 1 个电子,才能形成相对稳定的结构,所以它断然不会将电子送给 H 原子,两者都舍不得把自己的电子送给对方,那该怎么办呢,如图 7-2 所示。

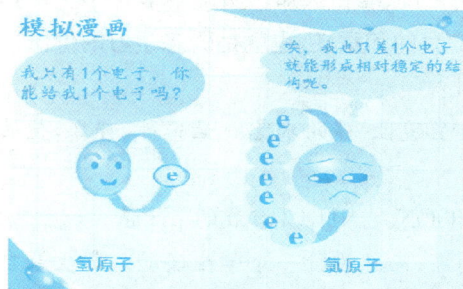

图 7-1

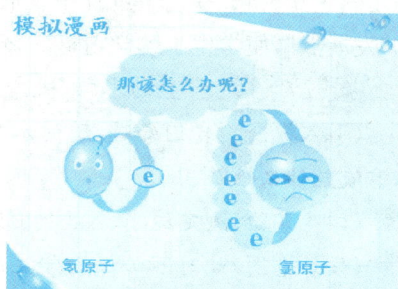

图 7-2

在双方都不能将对方的电子占为已有时,只有各自拿出一个电子与对方分享才能实现共同的稳定。这样的彼此共用的一对电子,就叫做共用电子对。这时,H 原子最外层就有了 2 个电子,Cl 原子最外层也拥有了 8 个电子,彼此都达到了相对稳定的结构,如图 7-3 所示。

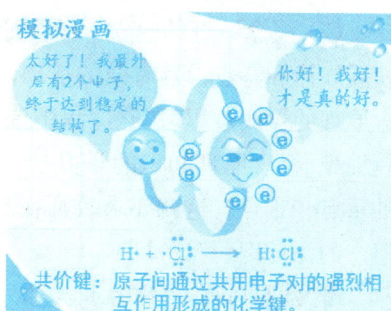

图 7-3

2. 创设问题情景,让学生参与化学概念的形成过程

化学教学实践表明,学生只有理解了概念,才能牢固地掌握概念。要使学生理解概念,就必须使学生掌握概念的本质。直观材料是建立概念的基础,但概念不能从直观材料中直接得出,必须通过学生的思维才能把学生的感性认识升华到理性认识,这是认识的飞跃,是使学生形成概念的关键一步。要实现这一飞跃,可以通过创设问题情境,启动学生的思维,让学生参与化学概念的形成过程,运用比较、分析、综合、抽象、概括、判断、归纳等思维方法,揭示概念本质,全面地掌握概念。

从教学程序来看,概念原理新授课的教学一般要经历概念原理的引出、建立和深化及应用3个阶段。例如,在"盐的水解"概念的教学时,通过在教学的不同阶段,设计不同问题,让学生参与概念的形成过程,充分发挥教师的主导作用和学生的主体性,不仅促进了学生对概念的理解,而且使学生体验到了蕴涵在概念形成过程中的科学方法。

(1) 概念原理的引出　概念原理的引出要特别关注学生的前概念认识。情境的有效创设,有利于学生进入化学概念学习的状态。利用感性素材,帮助学生形成化学概念。创设活动与机会使学生对概念进行辨析和运用,在已有核心概念之间建立关联,在这个过程中发展学生的思维和认知。明确本节课学生认识的"发展点",使学生了解学习这一概念的目的和意义,也就是概念学习的价值。

案例 7-16　"盐的水解"概念的引入

(引入概念)"我们知道,酸的水溶液呈酸性,碱的水溶液呈碱性,那么,盐的水溶液呈什么性?"

(学生实验)测定纯水、$NaCl$、CH_3COONa、NH_4Cl 溶液的 pH 值。

(设计意图)此时不必评论学生的判断,而是设计一个学生实验。学生亲自动手实验,发现盐的水溶液也有酸碱性,与原有认知结构产生矛盾,探求知识的欲望被激发出来,从而进入了认真分析、积极思考的学习过程。

(2) 概念原理的建立　概念原理的建立是一节课的核心部分,要依据学生发展规律和特点设计有效的活动,包括实验探究、数据分析、研讨交流等,突出概念原理的形成过程,在此过程中渗透化学学科思想方法。概念原理知识相对比较抽象,概念原理知识的学习是较高级别的学习,对学生来说较难掌握,是学习的重点和难点。这就要求教师在新授课中一定要重视概念的形成过程,把握好概念的深广度。

案例 7-17　"盐的水解"概念的建立

(学生疑惑)CH_3COONa 溶液为什么会呈碱性?

(设计问题)

(1) 醋酸钠溶液中有哪些离子? 溶液中有哪些电离过程?

（2）它们能否结合成难电离物质？

（3）离子相互作用时对水的电离平衡有何影响？

（4）最终会引起溶液中 $c(H^+)$ 与 $c(OH^-)$ 如何变化？

（建立概念）学生通过对这组问题的探讨和分析，找到 CH_3COONa 溶液呈碱性的原因，初步形成盐的水解的概念。

（设计意图）当学生寻求 CH_3COONa 溶液呈碱性的原因时，设计这样一组问题，为学生提示思维的方向，从而减少思维的盲目性。最后学生通过对这组问题的探讨和分析，加上教师的解释，找到 CH_3COONa 溶液呈碱性的原因，初步形成盐的水解的概念。

（3）概念原理的深化　概念原理的深化及应用是为拓展和丰富学生认识，完善化学基本概念原理的必要环节，要使学生运用所学的概念原理解决相应的问题，体会到概念原理的功能和价值，同时也认识到任何科学概念原理都存在阶段性、局限性的问题，从而激发学生深入学习的兴趣和动力。

案例 7-18　　"盐的水解"概念的深化

（教师设问）为什么 NH_4Cl 的水溶液呈酸性？为什么 $NaCl$ 溶液与纯水一样呈中性？

（深化概念）这两个问题从不同的角度分析盐类水解，使水解概念得到进一步深化。

（设计意图）当学生初步建立起概念后，对新概念有一个消化吸收的过程。这时教师设问步步深入，增大学生思考问题的深度和广度，引导学生通过归纳分析的方法，抽象出化学概念的本质。而且，这两个问题从不同的角度分析盐类水解，使水解概念得到进一步深化。

3. 突出概念中关键字、词的理解，加深记忆

概念的理解是概念教学的中心环节，所以要采取一切手段帮助学生理解概念的内涵和外延，让学生在理解的基础上掌握概念。

（1）剖析概念中关键词语的真实含义　关键字词规定着概念的内涵及使用范围。学生只有对关键词语的真实含义弄清楚了，才会对所学概念有深刻的理解。

案例 7-19　　"电解质"概念的剖析

"水溶液或熔化状态""能导电"和"化合物"等关键字词，即可勾勒出电解质概念的特征信息，学生通过辨别、提取和概括，即可将"能导电的单质"（如金属单质）、"溶于水形成另一种化合物溶液的物质"（如 SO_2、CO_2、Cl_2 等）之类的干扰

因素排除在外。这有助于学生用语言清晰地表述和有序的记忆这些特征,有助于学生理解概念的内涵和外延。

（2）变式训练　变式是指概念的正例（肯定例证）在无关特征方面的具体变化,也就是保持概念的关键特征,而改变那些非关键特征,从而构成的表现形式不同的例证。在学生对概念的关键特征有了基本的理解之后,教师可以通过变式训练来帮助学习者辨明概念的无关特征,更精确地理解概念的含义。而且,更重要的是,通过各种变式,学习者可以看到概念应用情境的各种变化,这可以促进他们对概念的灵活应用。具体说,变式训练就是从多个侧面将概念的关键特征设计成问题,要求学习者仔细辨别。

案例 7-20　强弱电解质概念变式

对物质的量浓度相同,等体积的盐酸、醋酸两种电解质溶液比较:（1）溶液中 $c(H^+)$ 大小;（2）溶液的 pH 大小;（3）与 Zn 反应的平均速率大小;（4）溶液导电能力大小;（5）稀释相同倍数后 $c(H^+)$ 的变化大小;（6）分别与等浓度、等体积氢氧化钠溶液反应后,溶液的酸碱性判断。

通过以上变式练习讨论,使学生从各方面理解概念的本质特征,学生对强弱电解质概念内涵的认识更精确,形成的认知结构更清晰稳定。

4. 温故知新,实现概念同化

概念同化是强调利用认知结构中原有的、适当的概念图式来学习新概念的一种方式。正如我国的一句教育名言:以其所知,喻其不知,使其知之。通过这样 3 个过程实现概念同化:

（1）将新概念与认知结构中的适当概念相联系,并以此促进对新概念的关键属性或定义的理解。

案例 7-21　新概念"电离平衡"

教师不要求学生通过观察、辨别去概括特征,而是直接告诉这一概念的定义,同时启发学生回忆已学的"溶解平衡""化学平衡"等概念。当新旧概念在认知结构中发生相互作用并将新概念纳入原有概念（化学平衡）之中时,便导致了新旧知识之间有意义的同化。

（2）将新概念与原有概念精确分化,找出其异同点。

如上例中"电离平衡"与"溶解平衡""化学平衡"都具有平衡的一般特征（定、动、变等）,有关平衡的一些基本规则（如平衡移动原理）可通用,但"电离平衡"是由弱电解质的部分电离所引起的一种特殊的平衡情境。

5. 循序渐进,引导学生逐步深化和发展概念

概念本身有严密的逻辑体系。在一定条件下,概念的内涵和外延是固定不变的,这是概念的确定性。由于客观事物的不断发展和变化,同时也由于人们认识的不断深化,因此,作为人们反映客观事物本质属性的概念,也是在不断发展和变化的。所以,教师要根据概念的系统和概念发展的脉络,随着学生知识的积累,引导他们改造、丰富和完善概念的内涵和外延,使概念的内涵日益丰富,外延不断精确。

(1) 丰富和发展对有关概念的认识　随着学生对元素化合物和物质结构理论知识的积累,学生的认知过程发生了变化,一方面发现自己对概念的内涵理解不深刻,另一方面知识的积累丰富了学生对原有概念的感性认识,使概念的外延扩展。

案例 7-22　初中学生在刚学完"元素"这一概念时,只知道具有相同核电荷数的同一类原子的总称,对"类"字理解是肤浅的,进而学了"离子"概念,了解离子也包含在元素概念之内,具有类属关系;当学了"同位素"概念之后,又明白了同一元素中还可能存在不同种的原子。再如,"化学平衡"的概念,一开始,学生对其中可逆反应的理解停留在分子水平上,在学了电离平衡、沉淀溶解平衡后,可逆反应的外延扩展,使化学平衡的内涵更加丰富。所以,教师在教学中要引导学生以后续知识来丰富和发展概念,学生才能全面、深刻的理解和掌握概念的内涵与外延。

(2) 在新的理论层次上加深有关旧概念的理解　许多化学概念往往不是一次掌握的,随着学生所掌握物质结构原理知识的加深,原来形成的概念,可以通过概念同化和重组的方式获得高一层次的概念。概念学习的层次性必然要求概念教学的层次性。

案例 7-23　"化学变化"的概念

在初中阶段只能从宏观上认识其本质属性——有新物质生成;当学了化学键、键能后,就可以从微观物质结构的角度认识新物质的生成实际是化学键的破坏与重建。又如"氧化还原反应"概念:在初中阶段是从"得氧""失氧"开始认识"氧化""还原"这两个概念,现阶段则要求从电子转移的微观角度去认识并揭示反应的本质。在教学复习时可采用图 7-4 所示教学模式进行这一概念的复习巩固。

| 从得氧和失氧看氧化还原反应 | → | 从化合价看氧化还原反应特征 | → | 从电子的得失看氧化还原反应(本质) | → | 从电化学(原电池、电解池)看氧化还原反应 |

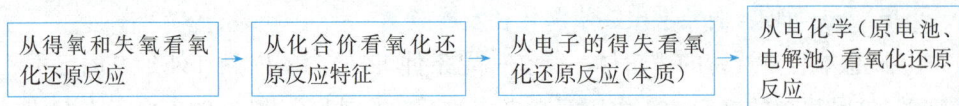

图7-4　氧化还原反应的教学阶段

(三) 概念原理新授课教学设计案例

案例7-24　人教版必修化学1第二章第三节　氧化还原反应(第一课时)

鹰潭一中桂耀荣

一、教学分析

(一)教材分析

"氧化还原反应"安排在高中化学必修1第二章"化学物质及其变化"中的第三节,有其重要的意义。因为在中学阶段的基本概念、基础理论知识中,"氧化还原反应"占有极其重要的地位,贯穿于中学化学教材的始终,是中学化学教学的重点和难点之一。在中学化学中要学习许多重要元素及其化合物的知识,凡涉及元素价态变化的反应都是氧化还原反应。而且,金属的腐蚀及电化学部分是氧化还原的重要应用。只有让学生掌握氧化还原反应的基本概念,才能使他们理解这些反应的实质。学生对本节教材掌握的好坏直接影响着其以后对化学的学习。本节教材安排在这里是承前启后,它既复习了初中的基本反应类型及氧化反应、还原反应的重要知识,并以此为铺垫展开对氧化还原反应的较深层次的学习,还将是今后联系元素化合物知识的重要纽带。氧化和还原是一对典型矛盾,它们既是相反的,又是相依存的,通过认真引导使学生逐步理解对系统规律在自然现象中的体现,又会帮助学生用正确的观点和方法学习化学知识。

此节内容分两部分,第一是介绍氧化还原反应的概念,第二是了解常见的氧化剂和还原剂及氧化还原反应的应用。

(二)学生分析

1. 学生在初中化学学习中已经接触了许多反应,并已经掌握按反应物和生成物的类别以及反应前后物质种类的多少,把化学反应分为4种基本反应;从具体的反应理解氧化反应和还原反应,但并没认识到氧化还原反应的本质特征;学习了化合价,理解了化合价的变化,但并没有了解化合价变化的实质以及化合价的变化与得失电子之间的关系。

2. 学生在初中化学一年的学习中只对化学知识有了初步了解,有了一定的搜集和处理信息的能力、获取新知识的能力、分析和解决问题的能力以及交流与合作的能力,但仍有待提高。

二、教学目标

(一)知识与技能

1. 能从化合价的变化,认识并建立氧化还原反应的概念。

2. 通过对典型化学反应的分析,理解氧化还原反应的本质是电子转移。

(二)过程与方法

1. 通过对氧化还原反应的学习,学会怎样从特殊到一般规律,再从一般规律到特殊规律的认识问题的科学方法。

2. 通过对氧化剂和还原剂这一矛盾体的学习,培养用对立统一的观点分析问题的意识。

3. 通过"思考与交流""问题探究""学以致用""学与问"等活动,增强学生分析、联想、类比、迁移以及概括的能力。

(三)情感态度与价值观

通过氧化还原反应概念的演变,培养学生用发展的眼光、科学的态度、勇于探索的品质学习化学;通过创设问题情境,营造宽松和谐的学习气氛,诱导学生积极思维,激发学生的学习兴趣和求知欲望。通过氧化还原反应有关概念的学习,初步形成对立统一的辩证唯物主义的观点,使学生形成勇于创新的习惯、培养创新能力。

三、教学重、难点

教学重点:用化合价升降和电子转移的观点来理解氧化还原反应。

教学难点:用电子转移的观点分析氧化还原反应。

四、教学策略及方法

为了突破重点、难点,调动学生的思维,让他们积极参与到教学过程中,采用讨论探究式的教学方法,设计富有驱动性、环环相扣的问题,让学生思考、讨论、归纳,并辅以多媒体教学手段,展示微观过程,化抽象为具体,在解决问题的过程中逐步将学生的认识引向深入。

五、课型

概念原理新授课

六、教学流程图

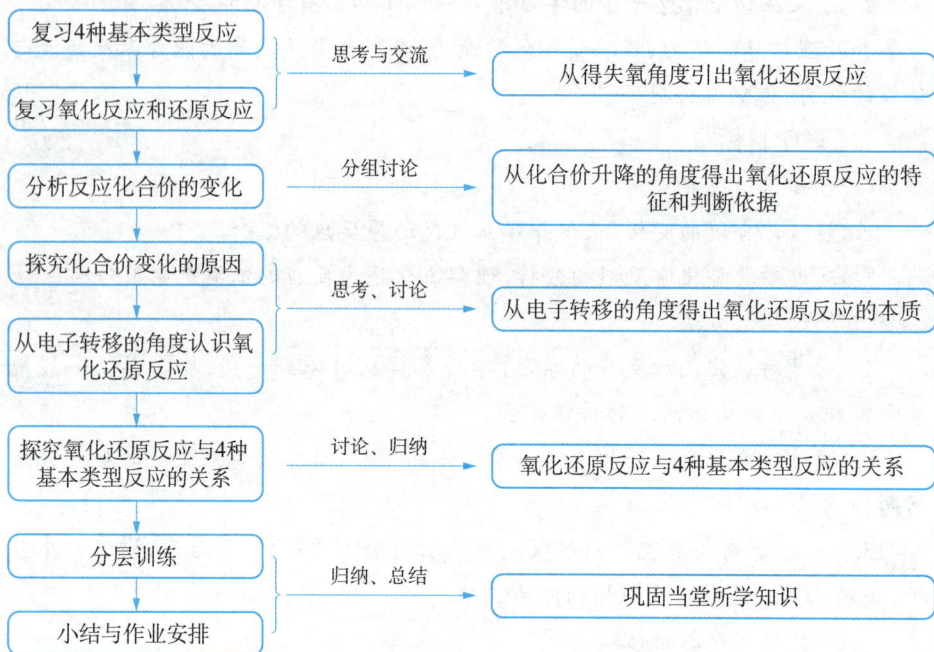

```
复习4种基本类型反应 ──┐
        ↓              ├── 思考与交流 ──→ 从得失氧角度引出氧化还原反应
复习氧化反应和还原反应 ─┘
        ↓
分析反应化合价的变化 ──── 分组讨论 ──→ 从化合价升降的角度得出氧化还原反应的特征和判断依据
        ↓
探究化合价变化的原因 ──┐
        ↓              ├── 思考、讨论 ──→ 从电子转移的角度得出氧化还原反应的本质
从电子转移的角度认识氧化还原反应 ─┘
        ↓
探究氧化还原反应与4种基本类型反应的关系 ──── 讨论、归纳 ──→ 氧化还原反应与4种基本类型反应的关系
        ↓
分层训练 ──┐
        ↓    ├── 归纳、总结 ──→ 巩固当堂所学知识
小结与作业安排 ─┘
```

七、教学过程第一课时

教学环节	教师活动	学生活动	设计意图
新课引入	复习引入 思考1：在初中阶段我们学过哪4种基本反应类型？各举一个反应实例。 思考2：这4种基本反应类型分类的依据是什么？ 思考3：$Fe_2O_3 + 3CO \xrightarrow{\triangle} 2Fe + 3CO_2\uparrow$ 属于哪种基本反应类型？	独立思考，回忆所学知识；动手写方程式。	复习初中化学反应的分类方法，通过举例，说明初中的分类方法存在局限，引出新的分类方法的必要性。

续　表

教学环节	教师活动	学生活动	设计意图
从得失氧的角度引出氧化还原反应	思考与交流1：请举几个氧化反应和还原反应的实例，指出这类化学反应的分类标准是什么？ 分组讨论：氧化反应和还原反应是分别独立进行的吗？为什么？ 思考4：H_2还原氧化铜的实验现象。	回忆所学知识；动手写方程式。 思考、回答。	复习初中氧化反应和还原反应的知识。 使学生对氧化反应和还原反应的矛盾共同体有全面的认识，引出氧化还原反应。
从化合价升降角度认识氧化还原反应	问题探究1：怎样判断一个反应是不是氧化还原反应？ 复习常见元素的化合价。	思考，标化合价，思考化合价口诀。	引起学生的求知欲。 复习化合价知识，为氧化还原反应学习打下基础。
	思考与交流2：请分析下列3个氧化还原反应中各种元素的化合价在反应前后有无变化，讨论氧化还原反应与元素化合价的升降有什么关系。 $2CuO+C\xrightarrow{高温}2Cu+CO_2\uparrow$ $H_2O+C\xrightarrow{高温}H_2+CO$ $CuO+H_2\xrightarrow{\triangle}Cu+H_2O$	标化合价，思考氧化还原反应与化合价的关系。	从化合价升降分析氧化还原反应。
	学以致用： $Fe+CuSO_4\xrightarrow{\quad}FeSO_4+Cu$ $2Na+Cl_2\xrightarrow{点燃}2NaCl$ $H_2+Cl_2\xrightarrow{点燃}2HCl$ 是不是氧化还原反应，为什么？	练习、思考、交流。	学生通过分析、比较，归纳出化合价升降是氧化还原反应的外部特征及判断依据，培养学生的观察、思维能力和形成规律性知识的认知能力。
从电子转移角度认识氧化还原反应。	问题探究2：在氧化还原反应中，元素化合价改变的本质原因是什么？（阅读教材36页） 教师板书：氧化还原反应。 1. 特征：元素化合价升降（可作为氧化还原反应的判断依据）。 2. 本质：电子转移（电子的得失或电子对的偏移）。	以$2Na+Cl_2\xrightarrow{点燃}2NaCl$ $H_2+Cl_2\xrightarrow{点燃}2HCl$ 为例，从微观的角度分析。 学生思考、做笔记。	从微观角度来认识氧化还原反应的实质。 培养学生的归纳整理能力。

教学环节	教师活动	学生活动	设计意图
氧化还原反应与 4 种基本反应类型的关系	学与问： 1. 有人说置换反应、有单质参加的化合反应和有单质生成的分解反应全部属于氧化还原反应。你认为这个说法正确吗？请说明你的理由。 2. 尝试画出化合反应、分解反应、置换反应与氧化还原反应的交叉分类示意图，并列举具体的化学反应加以说明。 学以致用：判断下列哪些是氧化还原反应： $Cu + Cl_2 \xrightarrow{\text{点燃}} CuCl_2$ $CaO + H_2O = Ca(OH)_2$ $CaCO_3 \xrightarrow{\text{高温}} CaO + CO_2\uparrow$ $2KClO_3 \xrightarrow[\triangle]{MnO_2} 2KCl + 3O_2\uparrow$ $Fe + CuSO_4 = Cu + FeSO_4$ $NaOH + HCl = NaCl + H_2O$	思考、归纳、整理 置换反应 化合反应　　分解反应 氧化还原反应 复分解反应	以练习归纳 4 大基本反应类型与氧化还原反应之间的相互关系，掌握化学反应的不同分类方法，培养逻辑思维能力。
分层训练	必做题 1. 下列属于氧化还原反应的是（　　）。 　A. $CuO + 2HCl = CuCl_2 + H_2O$ 　B. $2Na_2O_2 + 2H_2O = 4NaOH + O_2\uparrow$ 　C. $Zn + CuSO_4 = ZnSO_4 + Cu$ 　D. $Ca(OH)_2 + CO_2 = CaCO_3\downarrow + H_2O$ 2. 下列 4 种基本类型的反应中，一定是氧化还原反应的是（　　）。 　A. 化合反应　　B. 分解反应 　C. 置换反应　　D. 复分解反应 3. 下列叙述正确的是（　　）。 　A. 在氧化还原反应中，失去电子的物质，所含元素化合价降低 　B. 凡是有元素化合价升降的化学反应都是氧化还原反应	回忆所学知识，独立思考问题，寻求答案。	通过练习，加深对所学内容的理解。

续　表

教学环节	教师活动	学生活动	设计意图
	C．在氧化还原反应中所有的元素化合价一定都发生变化 D．氧化还原反应的本质是电子的转移(得失或偏移) 选做题 1．某元素在化学反应中由化合态(化合物)变为游离态(单质),则该元素(　　)。 　A．一定被氧化 　B．一定被还原 　C．可能被氧化,也可能被还原 　D．以上都不是 2．下列变化属于氧化反应的是(　　)。 　A．$Fe_2O_3 \rightarrow Fe$ 　B．$Zn \rightarrow ZnCl_2$ 　C．$Na_2CO_3 \rightarrow CO_2$ 　D．$Al \rightarrow Al_2O_3$	回答问题,进行组间交流;其他同学进行补充、评价。	通过分层训练使不同层次的学生都得到提高。
小结与作业安排	课堂小结: 1．氧化还原反应的特征与本质。 2．氧化还原反应的判断。 3．氧化还原反应与4种基本类型反应的关系。 作业: 1．教材P_{38}:1、4、5、6。 2．课外同步练习1(自编)。 3．预习氧化剂和还原剂部分知识。 实践活动:通过报纸、杂志、书籍或互联网等,查阅有关氧化还原反应在日常生活、工农业生产和科学技术中应用的几个具体事例,讨论并交流你对氧化还原反应的认识。	整理记录知识点。 规律:高、失、氧;降、得、还。 记录。 思考。	培养学生归纳整理能力,与前面的学习目标相呼应。 用顺口溜记忆更好。 巩固本堂内容。 为下节课学习打基础。 为第二课时氧化还原反应的应用做好铺垫。

七、板书设计

氧化还原反应(第一课时)

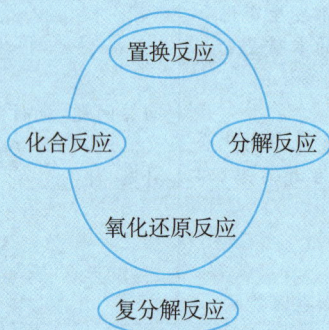

置换反应

化合反应   分解反应

氧化还原反应

复分解反应

1. 特征:元素化合价升降(可作为氧化还原反应的判断依据)。
2. 本质:电子转移(电子的得失或电子对的偏移)。
3. 氧化还原反应与 4 种基本反应类型的关系。

案例 7-25 人教版化学选修 4 化学反应原理

第四章电化学基础第二节化学电源

1. 教材分析

本节课是选自人教版高中化学选修 4 第四章电化学基础第二节化学电源。

1.1 内容结构

从内容结构来看,学生在学习必修 2 后对化学电池的原理和应用已有了初步的了解;在选修 4 学习本章内容之前,已经学习了化学能转化为热能的相关知识,对化学能的转化有一定的知识基础;本节课与本章第一节原电池的内容紧密联系,学生掌握了电池选用的标准,正负极的选择,为本节课学习一次电池、二次电池和燃料电池反应方面的进一步拓宽和加深做好铺垫。

掌握本章的内容,即巩固了原电池中化学能转化为电能的知识,为接下来的章节学习电解池、电能转化为化学能,打下坚实的基础。

内容编排上,起到了承上启下的作用,符合学生认知规律,是连接知识的桥梁。

1.2 内容特点

从内容特点来看,本章内容选用生产生活中熟悉的电池作为学习对象,与社会生产和实际生活密切联系,能引起学生的学习兴趣。涉及绿色环保、节约能源的可持续发展等理念的渗透,能提高学生的环保意识,关注科学,关注社会。

2. 学情分析

授课对象是普通高中二年级的学生。

2.1 认知基础

学生学习了化学能转化为热能的知识,对化学能能量转化有一定的知识基础;学生学习了原电池反应的原理,已掌握设计原电池、选用正负极的原则。

2.2 心理特点

高中生自主学习能力强,具有一定观察探究能力,逻辑思维能力,渴望自主获取新知识。

3. 教学目标

根据新课程标准,学习化学电池,要求举例说明化学能转化为电能的应用,试着分析不同种类电池的特点,性能和用途。

(1)知识与技能 学生了解常见电池的组成,新型化学电池的原理、组成与生产生活的联系。

(2)过程与方法 学生学会观察实验、查阅资料等多手段获取信息,结合生产、生活实际,学习常见化学电池的组成和应用,学习科学探究的基本方法,提高科学探究的能力和善于合作的精神。

(3)情感态度与价值观 通过对前沿知识的介绍,发展学习化学的兴趣,关注与化学有关的热点问题,形成可持续发展的思想。

根据学生的学习情况和教学的目标,确定重难点如下:

重点:一次电池、二次电池和燃料电池的反应原理、性能及其应用。

难点:化学电池的反应原理。

4. 教法学法

教法:组织实践活动,启发式教学。

学法:课外实践组探究,合作学习。

5. 教学过程

5.1 课外学习

5.1.1 课外实践

教师活动:设计实践方案,组织学生进行"日常使用的电池种类及其应用"的市场调查(见附录1)。

学生活动:利用课外时间进行课外实践活动,分组进行"常见的电池种类及其应用"的市场调查。

设计意图：既有效地改造传统的学科课程，又能处理好学习知识与新科技之间的联系，使学生将知识与现代生活的技术相联系。

5.1.2　实践汇报

教师活动：整理汇报的表格。

学生活动：各组组员主要负责完成调查表格，由组长进行整理，向老师汇报。

设计意图：锻炼学生分析综合的能力。

5.2　课堂学习

5.2.1　过渡

教师讲述：介绍学生的实践汇报，进行评价。

教师提问：对于多种多样的电池，要怎样才能很好地整理呢？

学生回答：分类：一次电池、二次电池、燃料电池。

设计意图：将课本知识与日常生活相联系，激发学生学习兴趣。

5.2.2　学习一次电池

图片展示最常见的干电池、纽扣电池的内部结构。

教师讲述：介绍锌锰电池，银锌电池的内部结构和反应原理。列举一次电池的实例、用途。

教师提问：电池回收是大家所关注的问题，你们知道电池回收的是什么吗？

学生回答：银、锰、锌、碳……

教师提问：顾名思义，一次电池就是只能使用一次，如果没能普遍回收电池，就会造成很大的污染，用什么电池才能减少污染呢？

学生回答：使用蓄电池。

设计意图：贯穿环保，节能的理念，使知识点之间环环相扣，衔接自然。

5.2.3　学习二次电池

图片展示：最常见的铅蓄电池的内部结构。

教师讲述：介绍铅蓄电池的内部结构和反应原理。列举二次电池的实例、用途。

教师提问：二次电池是不是就能够无限循环使用呢？

学生回答：不是。

教师讲述：介绍电池的使用寿命、电池的活性物质、记忆效应、自放电率等因素。

设计意图：贯穿环保、节能的理念，使知识点之间环环相扣，衔接自然。

5.2.4 过渡

教师讲述：环保的一个重要理念就是减少浪费。除了二次电池,还有什么比较节能的电池吗?

学生回答：……

教师讲述：同学们根据第一章热能与化学能转化的知识,分析一下这几种装置的能量转化。(核能发电厂、太阳能电池板、火力发电站的图片)

学生回答：……

教师提问：如果这几个装置用同样的原料发电,哪个的效率会比较低?

学生回答：……

教师讲述：核能直接转化为电能,太阳能直接转化为电能,效率较高;火力发电是将燃料的化学能转化为热能再转化为电能,能量损失较多,效率最低。那可不可像核能和太阳能一样,将燃料的化学能直接转化为电能呢? 这就是我们接下来要学习的燃料电池。

设计意图：贯穿环保、节能的理念,建立起旧知识与新知识的联系。

5.3 自主学习

5.3.1 氢氧燃料电池

展示电解水的装置(图1和图2)。

教师讲述：我们来看这个装置,你们想到什么?

学生回答：……

教师讲述：两极采用碳棒,U形管内装有稀硫酸溶液,两端再装上分液漏斗平衡气压,塞好橡皮塞,即可通电进行电解水的实验。实验后,两端氧气和氢气的体积比为1:2。这是电解水的反应。反应结束后,撤下电池,这就是一个氢氧燃料电池。那它的反应原理又是什么呢?

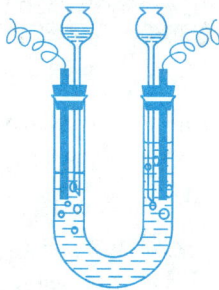

图1

学生回答：……

教师讲述：这个燃料电池和刚才水的电解刚好是一个相反的过程。我们现在也知道两极参与反应的物质分别是氢气和氧气,还要记得有水的参与,那水溶液是酸性还是碱性呢? 原电池的形成必将有自由移动的离子生成,那氢气可以生成什么离子? 氧气呢?

学生分组探究,书写两极反应方程式和总反应方程式,老师及时给予评价。

教师总结：正确书写酸性氢氧燃料电池的两极反应和总反应方程式：

负极：$H_2 - 2e^- = 2H^+$

正极：$1/2O_2 + 2H^+ + 2e^- = H_2O$

总反应：$2H_2 + O_2 = 2H_2O$

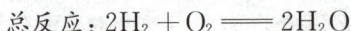

教师提问：如果是碱性电解质呢？反应方程式又有什么不同？

学生回答：……

教师总结：正确书写碱性氢氧燃料电池的两极反应和总反应方程式：

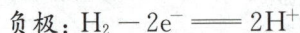

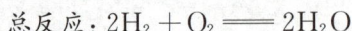

负极：$H_2 - 2e^- = 2H^+$

正极：$1/2O_2 + 2H^+ + 2e^- = H_2O$

总反应：$2H_2 + O_2 = 2H_2O$

设计意图：与九年级化学上册的一个重要知识点"水的电解"联系起来，解决教材中的实验装置（图7-5）带给学生的陌生感，也有利于氢氧燃料电池这一知识点的掌握。

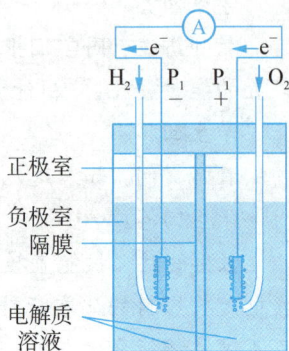

图 7-5

5.3.2　其他燃料电池

学生分组尝试写出甲醇燃料电池、乙醇燃料电池在酸性和碱性条件下两极反应和总反应方程式。交流讨论。教师及时给予评价。

设计意图：让学生再次探究，使学生合作探究学习的能力得到很好地锻炼，也有利于巩固本节内容，更有利于深入探究，引发学习化学的兴趣。

5.3.3　燃料电池的介绍

展示图片介绍燃料电池的特点和应用，让学生课后收集燃料电池种类及应用，完善"日常使用的电池种类及其应用"的市场调查表。

5.4　课堂小结

教师活动：将学生课前收集到的日常生活中的多种电池分类，展示。

学生活动：讲述分类的依据，简单介绍电池的应用和特点。

教师活动：介绍当下新型的化学电池，原理及应用，并让学生课后上网查找更新型的化学电池。布置课后作业。

设计意图：让学生自主总结归纳，介绍前沿知识，发展学习化学的兴趣，关注与化学有关的热点问题，形成可持续发展的思想。

6. 板书设计

化学电池

一、一次电池（碱性锌锰电池）

负极：$Zn + 2OH^- - 2e^- = Zn(OH)_2$

正极：$2MnO_2 + 2H_2O + 2e^- === 2MnOOH + 2OH^-$

总反应：$Zn + 2MnO_2 + 2H_2O === 2MnOOH + Zn(OH)_2$

二、二次电池(蓄电池)

放电/充电：

负极/阴极：$Pb(s) + SO_4^{2-}(aq) - 2e^- === PbSO_4(s)$

正极/阳极：$PbO_2(s) + 4H^+(aq) + SO_4^{2-}(aq) + 2e^- === PbSO_4(s) + 2H_2O(l)$

总反应：$Pb(s) + PbO_2(s) + 2H_2SO_4(aq) === 2PbSO_4(s) + 2H_2O(l)$

三、燃料电池(氢氧燃料电池)

1. 酸性电解质

负极：$H_2 - 2e^- === 2H^+$

正极：$1/2O_2 + 2H^+ + 2e^- === H_2O$

总反应：$2H_2 + O_2 === 2H_2O$

2. 碱性电解质

负极：$H_2 - 2e^- === 2H^+$

正极：$1/2O_2 + 2H^+ + 2e^- === H_2O$

总反应：$2H_2 + O_2 === 2H_2O$

附录1　日常使用的电池电池种类及其应用

活动目的：初步了解生活中的电池。

活动要求：联系日常生活使用的电池及其应用,收集相关资料。

组织形式：分组收集资料,由各组长安排组员调查、汇总,最后向教师反馈成果。

活动内容：了解生活中常见的电池,收集资料完成以下表格：

图片	电池名称	应用

方法步骤：组长安排组员对家庭、小区、超市等地方的常见电池调查,了解

其名称和相关应用,用时 5 天。

组长整理组员的调查结果,最后向老师汇报小组调查情况,用时 2 天。

老师整理小组的调查结果,并在课堂上联系课本的知识分类。

案例 7-26 人教版高中化学必修 1

第一章第二节化学计量在实验中的使用(第一课时)物质的量

1. 学生情况分析

美国著名的教育心理学家奥苏伯尔有一段经典的论述:"假如让我把全部教育心理学仅仅归纳为一条原理的话,那么,我将一言以蔽之:影响学的唯一最重要因素就是学生已经知道了什么,要探明这一点,并据此教学。"这段话道出了"学生原有的知识和经验是教学活动的起点"这样一个教学理念。学习的过程是学生在原有知识和经验的基础上自我建构、自我生成的过程,这是建构主义的精髓。

从学生原有认知结构来看,通过初中的学习,学生已经熟知通过质量、体积来计量宏观物质,也熟知宏观物质由原子、分子、离子等微粒组成。但是,学生是将宏观的质量、体积和微观的粒子数目孤立起来看待的,缺乏宏观与微观联系的桥梁。同时,学生对定量认识全部是基于"质量"的。

从学生认知水平来看,初中生更偏重于形象思维,抽象思维能力比较欠缺。

从新知识的特点来看。"物质的量"及相关概念本身比较抽象,学生学习难度较大,主要表现在缺乏感性认识。将本节内容放在第一章,给教学及学生学习提出了挑战。尤其对学生的自信心是一个考验,在教学过程中,必须注意教学的可接受性,如何在学生熟悉的情景下帮助学生实现概念的自我构建是教学中的关键。

2. 教学目标及重点难点的确定

知识技能

(1) 使学生认识物质的量是描述微观粒子集合的一个"堆量",知道摩尔是物质的量的基本单位;体会摩尔基准选择的重要作用;了解阿伏加德罗常数的含义。

(2) 使学生理解摩尔质量。

过程方法

(1) 使学生初步学会物质的量、摩尔质量、质量之间的简单计算。

(2) 通过数据的计算,使学生初步体会如何分析数据,并得出结论。并体会不完全归纳法在研究问题中的重要作用及缺陷。

情感态度价值观

(1) 通过对于概念的学习和应用,培养学生严谨、认真的学习态度,使学生掌握科学的学习方法。

(2) 通过了解使用"物质的量"及相关概念,使学生认识到化学计量的发明对于化学学科的发展具有重要的作用。

重点:"物质的量"及"摩尔质量"的应用。

难点:对物质的量、摩尔、摩尔质量的理解。具体来说有两点:一是如何创设情景构建概念;二是如何通过自主探究归纳结论。

3. 教学思想

培养学生终身学习的意识和能力是课程改革的基本理念,力求改变课程过于注重知识传授的倾向,使获得基础知识与基本技能的过程同时成为学会学习的过程。该节内容教学主要采用主体探究式方法。在教学过程中力求使学生在教师指导下,以类似科学研究的方式去获取知识、应用知识和解决问题,从而在掌握知识内容的同时,让学生体验、理解和应用科学方法,培养创新精神和实践能力,引导学生自主探究、合作学习,消除学生对概念学习的神秘感和乏味感。

4. 教学过程

讲授本节课首先要解决的 3 个方面的问题:

(1) 为什么要引入物质的量?物质的量是什么?

(2) 摩尔的基准是怎么规定的?为什么要这样规定?

(3) 什么是摩尔质量?摩尔质量与摩尔基准的规定有何联系?

4.1 物质的量概念的建立

问题引入:

1. 回忆反应 $C + O_2 \xrightarrow{\text{点燃}} CO_2$ 的宏观和微观意义

$$C + O_2 \xrightarrow{\text{点燃}} CO_2$$

宏观质量	12 g	32 g	44 g
微观粒子	1 个 C 原子	1 个 O_2 分子	1 个 CO_2 分子

学生活动:感受和体会宏观质量和微观粒子之间存在着某种联系。

2. 如何计算 1 千克稻米中的大米数

学生活动:通过解决这一问题体会"化零为整"的思想及"堆量"在生活中的应用。

启发思考:用 1 千克除以 100 粒大米的质量得到的结果是什么?

3. 如何计算一瓶矿泉水中含有多少水分子?

学生活动:比较两问题的相似之处及解决这一问题的困难所在。使学生懂得新概念的诞生源于科学研究或解决问题的需要。

提出概念:物质的量,即表示宏观物质中含有多少微观粒子集体的物理量。

难点突破:学生最困惑的是为什么要定义为"含微观粒子集体的多少"。

4.2 1摩尔的规定

教学思路:

(1)介绍秦始皇统一度量衡史实。

(2)介绍米、千克的规定。使学生体会统一单位基准的重要性,同时知道单位规定虽然是人为的,但是必须遵循使用方便的原则。

(3)阅读教材了解摩尔的规定。

(4)提炼要点:摩尔、阿伏伽德罗常数、物质的量与微粒数目的转化。

(5)课堂练习巩固概念。

难点突破措施:

类比、强调、应用。

4.3 摩尔质量的概念的建立

(1)启发思考 为何要选择12 g ^{12}C中所含碳原子数目作为1 mol的基准?

问题探究:思考 1 mol碳原子的质量是多少。

学生活动:体会这一结果与碳原子的相对原子质量一致的偶然和必然性。

问题探究:分组计算1 mol氧原子、氢原子、硫酸分子、水分子的质量。

教学目的:让学生通过自主探究而后归纳结论。

(2)归纳结论:1 mol任何粒子的质量以克为单位其数值都与该粒子的相对原子质量或相对分子质量相等。

(3)理论推导

学生活动:体会这从个别到一般的研究方法。

提出概念:

① 概念:单位物质的量的物质的质量。

提醒:摩尔质量以g/mol为单位时,其数值都与该粒子的相对原子质量或相对分子质量相等。

② 质量与物质的量间的转化:

$$m = n \times M \text{ 或 } n = m \div M。$$

4.4 概念的应用

首尾呼应,整堂课从问题开始到问题结束,强化物质的量这一概念的工具性和实用性的同时凸显"提出问题、分析问题、解决问题"的思想。

5. 板书设计

化学计量在实验中的应用

一、物质的量的单位——摩尔

1. 物质的量(n):表示宏观物质中含有多少微观粒子集体的物理量。

2. 物质的量的单位

(1)阿伏伽德罗常数:12 g ^{12}C 中所含碳原子数目,约为 $6.02 \times 10^{23}\,mol^{-1}$。

(2)1 mol 的基准:1摩尔粒子集体所含粒子数与阿伏伽德罗常数(N_A)相等。

(3)物质的量与微粒数目(N)的转化 $N = n \times N_A$ 或 $n = N \div N_A$。

3. 物质的量及单位的使用规范

(1)物质的量是个专用名词,不可分割。

(2)使用摩尔时,必须指名粒子种类。

二、摩尔质量(M)

1. 概念:单位物质的量的物质的质量。

提醒:摩尔质量以 g/mol 为单位时,其数值都与该粒子的相对原子质量或相对分子质量相等。

2. 质量与物质的量间的转化:

$$m = n \times M \text{ 或 } n = m \div M。$$

三、化学实验新授课教学设计

(一)化学实验新授课概述

化学实验新授课是以帮助学生形成化学概念,理解和巩固化学知识,掌握化学实验技能,培养学生观察、实验、分析和解决问题的能力为主要教学内容的课。

化学实验不仅是化学教学的重要内容和有效教学方式,更是学生学习的重要内容和有效学习方式,可以说,化学实验是中学化学教学过程中最基本的特征,是学生充分发挥化学学习主观能动性的实践活动形式。

中学化学学习的过程是学生掌握化学基础知识、基本技能和发展智能的过程,是智力因素(感知、记忆、思维、想象等操作系统)和非智力因素(兴趣、情感、意志、性格等动力系统)协同的过程,而促进学生智力因素和非智力因素协同作用的最好途径就是化学实验。

中学化学实验教学的内容是以演示实验、随堂实验、学生实验3种形式,结合化学知识的讲授分散穿插安排在各年级教学中。3种实验形式各有特点,不能相互替代。有时同一实验内容要先后运用两种或3种不同形式,以期收到良好的教学效果。有时某一实验内容可以用3种形式中的任一种来上,可依学校的条件、教学的具体情况而定。3种形式都是教师、学生、教材和实验设备等因素组成的完整的系统,为发挥系统的整体功能,应根据学段的不同实验内容要求,灵活有序地组织实验形式,以期达到培养学生实验能力、科学态度、科学素养的最佳效果。

化学实验知识是中学化学新课程的重要组成部分,内容分布广泛,贯穿于义务教育阶段和高中阶段,不同阶段内容如下。

(1) 义务教育阶段

① 仪器的使用和基本操作(能识别基本仪器,并根据实验需要选择仪器、药品;会取用药品;物质的加热;会使用和连接简单仪器;会检查装置气密性;会过滤和蒸发;能处理一般意外事故)。

② 基本实验(能用简单装置和方法研究氧气、二氧化碳、金属、酸、碱等物质的性质;能用简单装置制取氧气和二氧化碳;会检验氧气、二氧化碳和碳酸盐;会检验溶液酸碱性;物质鉴别、提纯;探究燃烧条件;配制一定溶质质量分数的溶液)。

③ 科学探究的过程。

(2) 高中阶段

① 了解化学实验常用仪器的主要用途和使用方法。

② 掌握化学实验的基本操作。

③ 了解化学品的安全使用和实验室一般事故的预防、处理方法。

④ 掌握配制一定溶质的质量分数和物质的量浓度溶液的方法。

⑤ 了解溶液 pH 的测定方法。

⑥ 掌握常见气体的实验室制法。

⑦ 综合运用各类物质的性质,进行常见物质(包括离子)的检验、分离和提纯。

⑧ 能根据实验要求。

中学化学实验绝大多数是对物质及其变化的再认识,验证或探究某些物质的性质或某个化学反应原理。在这些实验中,有的适合演示实验,有的适合学生实验或随堂实验,见表7-1。

表7-1　初、高中阶段,化学实验形式

化学实验形式	初 中 阶 段	高 中 阶 段
演示实验(或学生实验)	探究空气中氧气的体积分数,氧气和二氧化碳的制取和性质,用 pH 试纸检验物质的酸碱性等	金属与非金属的反应,金属与酸和水的反应,焰色反应,氢氧化铝、氯气、离子键、乙醇与金属钠反应,铝热反应
科学探究	对人体吸入的空气和呼出的空气的探究,活性炭和明矾等净水剂的净水作用,酸碱的主要性质等	碳酸钠和碳酸氢钠、二氧化氮和水反应,Fe^{3+} 和 Fe^{2+} 的转化,原电池设计,甲烷和氯气反应,镁带和水反应,乙酸的酸性等
实践活动	自制汽水,了解或实地调查饮用水源的质量和水净化处理的方法等	铝盐和铁盐的净水作用,雨水 pH 的测定,乙烯催熟等

一般来说,演示实验既有展示化学知识的直观效应,又有表演操作的示范作用,因此可以用以培养学生的观察能力、思维能力,掌握正确的化学实验基本操作技能。演示实验可以完成一定的教学目标,但要真正的掌握,离不开学生的分组实验。有些简易的、危险小、可见度低的演示实验可以改为学生分组实验。通过动手实验可以训练学生掌握化学实验基本操作技能,培养学生的观察能力、思维能力和良好的实验技能;通过对实验现象的分析得出科学结论,可以使学生学会一定的科学方法。

边讲边实验也称为随堂实验,可把一些简易可行的演示实验和一些验证性的学生分组实验纳入课堂教学,可以增加学生动手做实验的机会。

总之,实验课能使学生掌握化学基本操作技能、理解概念、获取科学方法、不断提高实验能力、观察能力和思维能力。因此,应尽量增加学生动手做实验的机会。

（二）化学实验新授课教学设计

在普通高中化学课程标准(实验)里,对化学实验教学提出了如下建议:

（1）引导学生通过实验探究活动来学习化学。例如,可通过"催化剂对过氧化氢反应速率的影响"的实验探究活动,帮助学生了解催化剂是影响化学反应速率的一个重要因素。

（2）重视通过典型的化学实验事实帮助学生认识物质及其变化的本质和规律。例如,可通过具体实验数据引导学生讨论第三周期元素及其化合物的性质和变化规律。

（3）利用化学实验史帮助学生了解化学概念、化学原理的形成和发展,认识实验在化学学科发展中的重要作用。

（4）引导学生综合运用所学的化学知识和技能,进行实验设计和实验操作,分析和解决与化学有关的实验问题。

因此,在化学实验新授课中应充分发挥化学实验的教育功能,创设生动活泼的教学情景,激发学生的学习兴趣,帮助学生理解和掌握化学知识和技能,启迪学生的科学思维,训练学生的科学方法,培养学生的科学态度和价值观。在引其趣、激其疑、导其思、解其惑、教其法的过程中,培养学生的各种能力,提高学生的科学素养。在进行化学实验新授课的教学内容设计时可以从以下 4 个方面着手:

1. 实验教学上基础性和随堂性

高中新课程化学教学中,几乎每堂课都要做演示实验。配合教学,需要设计"活动与探究"学生自主学习板块,达到提升所有学生的共同基础和为每一位学生奠定不同基础的目的。可以说,化学实验教学和实验准备是化学实验教师常规性的主旋律工作,仍像以前一样不做或少做实验,只是讲实验、背实验,那是根本无法胜任新课程改革的。同时,尽量让学生多做实验。

案例 7－27 人教版高中化学必修 1 第二章第二节离子反应有 3 个实验

实验 2－1

（1）向盛有 2 mL Na_2SO_4 溶液的试管里加入 2 mL KCl 稀溶液。

（2）向盛有 2 mL Na_2SO_4 溶液的试管里加入 2 mL $BaCl_2$ 稀溶液。

实验 2－2

向盛有 2 mL NaOH 稀溶液的试管里加入 2 mL KCl 稀溶液。

实验 2-3

(1)向盛有 2 mL $CuSO_4$ 溶液的试管里加入 2 mL NaOH 溶液。

(2)向盛有 2 mL NaOH 稀溶液的试管里滴入几滴酚酞溶液,再用滴管向试管里慢慢滴入稀盐酸,至溶液恰好变色为止。

(3)向盛有 2 mL Na_2CO_3 溶液的试管里加入 2 mL $BaCl_2$ 稀溶液。

2. 实验内容上趣味化和生活化

若化学教学与生活脱离,久而久之学生就会感觉厌倦,对化学学科不感兴趣。从学生的生活经验出发,引导学生进行化学实验,激发学生的好奇心和学习兴趣,培养学生运用知识的能力,形成学生主动发现问题、思考问题、反思问题的良好习惯。教材中利用蒸馏水的制备实验学习蒸馏,利用酸雨知识探究 SO_2 的性质。这些内容立足生活,通过实验拉近学生与化学学科的距离,让学生体验到化学知识的实用性和价值性。中学化学实验的生活化与趣味化也是我国实验教学发展的趋势之一。

3. 实验设计上探究化和绿色化

充分发挥实验的教育教学功能,淡化演示实验和学生分组实验的界限,尽量多设计学生动手实验,以利于激发学生学习的主动性和创新意识,培养学生严谨的科学态度和科学价值观。根据实验在化学认识过程中的作用,可分为启发性(或探索性)实验、验证性实验和运用性实验。除了验证性实验外,还要增加一定量的探索性实验。探索性实验的教学模式从学生的认识论规律出发,强调"以实验为基础"的教学观,它把实验作为提出问题、探索问题的重要手段,学生在教师的引导下通过实验的探究活动,以"必然的形式"重演科学知识的产生过程。

实验设计不但要由验证性实验向探索性实验过渡,还要绿色化,随着人类对环境保护日益重视,化学实验产生有害环境的废气、废液和废渣等也被视为实验的不安全因素,因为其结果同样会影响到师生的健康,而且这种危害还具有广泛性和持久性。对此,我国目前大部分新课程教科书对那些会产生 CO、H_2S、SO_2、Cl_2、HCl、NO_x 等有害尾气的实验都增添了尾气的收集或处理装置,使实验显得更为安全、卫生。新教科书增加的一些实验,有的自始至终都在封闭条件下进行,或者充分考虑了吸收有毒物质的环节,有利于环境保护,符合绿色化学的要求。

案例 7-28 人教版高中化学必修 1 第三章第一节金属的化学性质

设计了 3 个验证性实验(实验 3-1、实验 3-2、实验 3-3),同时还设计了科学探究。

(1) 用坩埚钳夹住一小块铝箔(约 0.1 mm 厚),在酒精灯上加热至熔化,轻轻晃动,仔细观察,你看到了什么现象? 为什么会有这种现象?

(2) 再取一块铝箔,用砂纸仔细打磨(或在酸中处理后,用水洗净),除去表面的保护膜,再加热至熔化,又有什么现象?

4. 实验问题的设计情境化

实验问题设计是实验教学设计的基本内容,是实现"过程与方法"目标的主要途径。可以说,实验问题设计就是由一系列学习活动组成的。通过学习活动,引导学生对所学的知识进行多方面的加工,掌握解决问题的方法。实验问题的设计最好以教材中的活动设计为基础,将其进一步深化和具体化。创设多种问题情境,可以极大地调动学生的学习积极性,使课堂教学高潮迭起。

案例 7-29 "盐类的水解"实验问题设计

(设疑)盐溶液是显中性还是显碱性或显酸性? 为什么?

(实验探究)CH_3COONa 溶液、NH_4Cl 溶液、$NaCl$ 溶液是显中性还是显碱性或显酸性?

(得出结论)CH_3COONa 溶液显碱性,NH_4Cl 溶液显酸性,$NaCl$ 溶液显中性。

(再设疑)

(1) 溶液显中性还是显碱性或显酸性的本质是什么?

(2) 在 CH_3COONa 溶液、NH_4Cl 溶液中,是哪种离子引起的溶液酸碱性的变化呢?

(3) 为什么该离子会引起这种变化?

(三) 化学实验新授课教学设计案例

案例 7-30 人教版九年级化学第六单元碳和碳的氧化物课题 2 二氧化碳制取的研究

课题	第六单元 碳和碳的氧化物 课题 2 二氧化碳制取的研究	课型	新课
教学媒体	多媒体实验器材		

续表

教学目标	知识技能	1. 了解实验室制取气体的方法和设计思路,掌握实验室制取二氧化碳的药品和反应原理、装置及鉴别方法。 2. 通过筛选二氧化碳的实验室制法,发展观察能力,提高分析和解决实际问题的能力。通过小组合作,培养学生合作能力、表达能力。
	过程方法	引领学生回忆旧知→分析比较→总结深化→迁移运用→探究新知→建构新知。在教师引导下潜移默化形成科学的学习方法。
	情感态度	在探究中,使学生体验合作、发现的乐趣;在设计实验装置过程中,培养学生创新求异精神、实践能力,以及严谨求实的科学态度。
教学重点		实验室制取二氧化碳的原理、装置,探究能力的培养。
教学难点		从二氧化碳制取装置的探究过程中,提升实验室制取气体装置的设计思维水平。

教学内容及问题情境	学生活动	设计意图
复习引入新课 (过渡)我们曾学过多种获得二氧化碳的方法,请同学们根据已有的知识积累和生活经验尽可能多的总结出来。(在副板书位置逐一记录) 1. 蜡烛燃烧　　　2. 木炭燃烧 3. 木炭还原氧化铜　4. 碳在高温下还原氧化铁 5. 碳酸钠与稀盐酸反应　6. 人或动物的呼吸…… 这么多种获得二氧化碳气体的方法,是否都满足实验室制法的条件呢?下面,我们一同进行二氧化碳制取的研究。	列举学过的可以得到二氧化碳的方法。	复习旧知识。为学习新知做铺垫。
活动与探究 活动1:探究实验室制二氧化碳的反应原理。 (引导分析)实验室制取气体的条件有哪些?	分析归纳 1. 操作简单、安全。 2. 反应速度适中,便于收集气体。 3. 所制得的气体纯度高。 4. 成本低廉。 ……	指导分析方法。寻找解决问题的依据,学会解决问题的方法。
(引导分析)根据这些基本条件分析评价上述制得二氧化碳的方法是否可以作为二氧化碳的实验室制法? (小结)以上方法首先排除1、2、6,不具备操作性。3、4需要高温条件,操作麻烦且产生气体速	分析	让学生初步学会如何评价实验原理。

教学内容及问题情境	学生活动	设计意图
度较慢,相对而言5较好。与它类似的反应还有许多,常温下含有碳酸根的物质与相应的酸反应都可以生成二氧化碳。 演示实验 取3支试管,分别加入石灰石、碳酸钙粉末、碳酸钠粉末,分别向试管中加入稀盐酸;再取3支试管,分别加入石灰石、碳酸钙粉末、碳酸钠粉末,分别向试管中加入稀硫酸。观察现象,重点比较反应的剧烈程度,由此归纳实验室制二氧化碳气体的理想原料。	学生活动	设计意图

反应原料	实验现象	反应剧烈程度	结论
石灰石＋稀盐酸			制二氧化碳的理想原料为:
碳酸钙粉末＋稀盐酸			
碳酸钠粉末＋稀盐酸			
石灰石＋稀硫酸			
碳酸钙粉末＋稀硫酸			
碳酸钠粉末＋稀硫酸			

教学内容及问题情境	学生活动	设计意图
	观察现象 记录现象	此设计能让学生认识实验对比观察是科学探究的基本方法之一,更注重学生获取新知的体验学习。
(板书) 一、药品及反应原理 1. 药品:石灰石或大理石(主要成分为 $CaCO_3$)和稀盐酸(主要成分 HCl) (讲解)碳酸钙与稀盐酸反应生成氯化钙和碳酸,碳酸不稳定,分解生成二氧化碳和水,故最终产物为氯化钙、水和二氧化碳。 (板书) 2. 原理: $CaCO_3 + 2HCl = CaCl_2 + H_2O + CO_2\uparrow$ 活动2:探究实验室制取二氧化碳的装置 (引导回顾)实验室制取氧气的方法。 (引导分析)制取气体的装置包括发生装置和收集装置,根据实验室制取氧气,总结确定发生装置需要考虑哪些因素。确定气体的收集装置需要考虑哪些因素?	对比分析现象归纳实验室制二氧化碳的原料。 记住反应方程式,类比此反应写碳酸钙、碳酸钠与稀硫酸的反应。 回忆制取氧气的原料和装置。 回答、归纳。	通过化学方程式的书写,触类旁通,让学生学会书写碳酸盐与酸的反应为后面教学做铺垫,分散难点。 学会对已有知识的归纳、小结,培养学生分析、归纳能力。

续　表

教学内容及问题情境	学生活动	设计意图
（总结）由反应物的状态和反应条件来确定发生装置。气体收集方法主要取决于气体的密度和气体在水中的溶解性。 （投影）二、装置：发生装置——选择依据（反应条件、反应物的状态）。 收集装置——气体的密度和气体在水中的溶解性。 （引导对比）二氧化碳和氧气的反应原理及相关性质的比较。 （引导分析）制取二氧化碳和氧气的发生装置和收集装置有何不同？ （总结）碳酸钙是块状固体，盐酸是液体，且反应时不需要加热。根据这些特点，可以选择类似于过氧化氢分解制氧气的发生装置。因二氧化碳可溶于水生成碳酸，故不宜用排水法收集。二氧化碳比空气重，所以常采用集气瓶口向上排气法收集。 （投影）常用仪器（图片），请同学们分组讨论，提出各种装置的创意，画出草图，由小组代表上台展示并讲解设计思想，其他小组同学分析评价。	对比完成书第114页的表格。 比较分析出制取二氧化碳的装置。	通过对比、分析、归纳培养学生处理和加工信息的能力。创设真实问题情境，鼓励小组合作探究，激励创新，提高分析并解决实际问题的能力，也促进学生进行发散思维。
引导学生展示成果，分析设计方案的优缺点，总结归纳实验最佳装置。	学生讨论后提出设计方案，连接装置，展示成果。分析装置成败的原因。与其他小组实验装置进行比较，找出异同之处，反思自己所设计装置的不足，并归纳实验最佳装置。	采取先设计多种方案之后，再交流展示，从而对方案进行反思、诊断、改进、补充。完善群体探究方式，形成良好的思维习惯，并使学生体验到探究发现的乐趣。
活动3：制取二氧化碳气体 （问题讨论）如果用你们设计的实验装置制取二氧化碳，你如何检验和验满二氧化碳气体呢？	回忆旧知识，讨论方法。 用澄清的石灰水检验。 用燃着的木条靠近集气瓶口验满。	复习旧知识，解决实际问题。 锻炼学生的动手操作的实验能力、

续　表

教学内容及问题情境	学生活动	设计意图
(体验实践)请大家用你们设计的实验装置制取、收集、验证二氧化碳。 比较归纳。 根据氧气、二氧化碳的实验室制法,归纳气体实验室制法的设计一般思路:1. 原理　2. 装置　3. 制取(检验、验满、步骤、注意事项)。 (小结)通过以上的探究学习你有何收获?	学生动手实验,体验成功。 小结、汇报自己的收获。	体验成功的乐趣;不断增强学生的参与意识、合作意识。 培养归纳、概括的能力,语言表达能力。反馈教学效果。

板书设计	课题2　二氧化碳制取的研究 一、药品及反应原理 1. 药品:石灰石或大理石和稀盐酸。 2. 反应原理:$CaCO_3 + 2HCl \rule{0.5cm}{0.4pt} CaCl_2 + H_2O + CO_2 \uparrow$ 3. 发生装置:固液不加热装置。 二、装置收集装置:向上排空气法。 　　　　　　　　验满:将燃烧着的小木条置于集气瓶口。 　　　　　　　　鉴别方法:将气体通入澄清的石灰水。 三、制取气体$\left\{\begin{array}{l}步骤:\\ 注意事项:\end{array}\right.$

四、有机化学新授课教学设计

(一) 有机化学新授课概述

有机化学新授课是以有机物为研究对象,通过官能团的学习,掌握一类有机物的性质。在性质学习的基础上,实现官能团的转化以及有机物的合成。

在初中化学学习的基础上,高中有机化学分必修和选修两个学习阶段。必修阶段学习常见的几种重要有机化合物,如典型物质甲烷、乙烯、苯、乙醇、乙酸等,初步体会有机化学对于人类文明、社会发展和个人生活质量提高的重要作用。选修阶段进一步深入学习有机化学的知识、研究方法和思维方法,通过官能团掌握一类物质的性质,学习内容包括烃、卤代烃、醇、酚、醛、羧酸、酯等各类物质,体验研究或生产有机化合物的过程。

有机化学是研究有机化合物的来源、制备、组成、结构、性质及其变化规律的科学。有机化学的知识在内容上与无机化合物的知识区别较大,在教材的编写中又自成一个体系,在整个高中化学的教学中具有举足轻重的作用。有机化学占教材内容的 1/4,且在高考考试中占化学总成绩的 25%~30%。在高考化学试题中,对有机化学试题的考察最能考察学生的阅读理解能为、逻辑推理能力、综合分析能力等综合素质,具有明显的区分度,为高校选拔人才提供了可靠的依据。有机化学的知识关系到人类社会的各个方面,通过对生活中常见的有机物,煤、石油中的两种基础化工原料等的学习,对合成药物、香料、燃料、炸药、合成纤维等有机生产工业有了初步的认识;通过学习核酸、脂肪、糖类、氨基酸和蛋白质等,进一步了解人的生命、生活与化学的重要联系,激发学生学习化学的兴趣、求知欲和好奇心,体会有机化学在人类社会中的重要作用。

在有机选修阶段前,学生已经有了物质结构理论的基础,新授课中应结合有机化学的特点,不断加深物质结构决定物质性质的认识,能全面分析问题,从一种有机物到一类有机物,从一种有机物的性质和应用到一类有机物的性质和应用,最后能够"有机合成"地综合分析。

(二)有机化学新授课教学设计

有机化学最大的特点就是具有数量庞大、种类繁多、结构复杂的有机化合物,和变化多样而又复杂的有机化学反应。学生若不能在脑海中形成与此相关的知识体系,深刻理解各类有机物的结构特点及其具有的性质,在应用相关知识时难免出现思维障碍。若学生没有掌握恰当的学习方法,就容易出现听懂容易、记住较难、运用更难的情况。如此一来,学生往往会在学习中感到学习有机化学非常吃力,常常感到记忆量特别大,且没有什么规律可循。

除此之外,有机化学反应对于学生来说也是未曾遇到过的,相对于以往的无机反应有较大的不同。有些有机反应的机理是学生通过宏观现象无法理解的。对于这部分知识,学生只能凭借老师的口头叙述和自己的冥思苦想,这就进一步增大了学习的难度。

有机化学新授课的教学前,要精心准备好教学设计。可以从以下 3 个教学策略入手进行有机化学教学内容的设计。

1. 运用直观教学策略,建立空间概念

学习有机物,空间想象能力特别重要。由于分子结构的表示难以立体化,不通过各种模型的观察和分析,空间概念就难以形成,有机化学就难以学好,因此运用直观教学策略设计教学过程就显得很有必要。直观教学策略运用见表

7-2。在教学中要充分利用各种图式和模型,通过强化直观性认识,逐步提高学生对有机物的空间想象能力。直观教学的类型一般有3种,即实物直观、模象直观和言语直观。在有机化学教学中主要以模象直观教学为主。把一些学生难以想象的分子空间立体构型通过模型形象直观地展现出来。

表7-2　直观教学策略在《有机化学基础》中的运用举例

内　　　容	直观教学策略
有机物中碳原子的成键特点	多媒体展示
顺反异构体	
乙醇的化学性质(如何断键)	
甲烷分子的四面体结构	展示比例模型
苯的结构(说明其大Ⅱ键)	
甲醛的结构	

2. 理论联系实际、创设生产生活情境

在引课或者在有机化学性质教学中,使用联系实际,创设生产生活情境的策略,都能很好地将性质还原到日常生活中的案例上来,将有机物的性质在日常生活中找到原型,再将有机物的性质从原型应用的模拟或学习中结晶出来,贴近实际生活,创设真实的情境进行教学,可以充分调动起学生的积极性,极大地激发学生的好奇心,也可以让学生在熟知的生活场景中轻松地掌握有机物的性质。常规物质性质的教学是去情境化的,新课程要求将去情境化的知识情境化,从生活到化学,从化学到社会,从自然界到实验室,从实验室到实际应用的各种情境,同时也可以促进学生分析和解决实际问题能力的发展。

案例7-31　乙酸教学设计

教学环节

一、引入

方案一:(展示)各种各样的食醋

方案二:(复习引入)上节课我们一起学习了生活中常见的一种有机物——乙醇。俗话说姜是老的辣,酒是陈的香。你知道其中的奥妙么?本节课将给你一个圆满的答案。

方案三:预防感冒的简单方法之一——熏蒸食醋

方案四：介绍食醋和小资料。你知道食醋的妙用吗？（展示）除垢、洗头等。

方案五：介绍醋的来历，并分析汉字"醋"的由来。

方案六：展示醋饮料、米醋、镇江醋，并投影展示醋饮料的标签，简单介绍其应用。

方案七：学生上台表演鱼刺卡在喉咙，喝醋后顺利咽下的哑剧。提出问题。

方案八：展示除水垢的漫画，从中得到的启示。

二、关于乙酸组成结构

方案一：展示球棍模型和比例模型，让学生书写结构式、结构简式。

方案二：讲授乙酸的结构式、结构简式，让学生动手拼接球棍模型。

三、关于乙酸的酸性

方案一：提出问题。乙酸是一种酸，具有酸性，根据已有知识，设计尽可能多的实验方案，证明乙酸具有酸性。

（思考讨论）学生独立思考后，互相讨论交流。

（师生总结）确定可行性较大的实验方案。

(1) 在乙酸溶液中加入紫色石蕊溶液。

(2) 用试纸测定乙酸溶液的 pH 值。

(3) 在乙酸溶液中加入碳酸钠或碳酸氢钠溶液。

(4) 在乙酸溶液中加入活泼金属。

(5) 向乙酸溶液中加入氢氧化钠溶液。

——侧重方案设计。

方案二：复习提问酸的通性。

演示或学生实验

(1) 乙酸与紫色石蕊溶液的作用。

(2) 乙酸与碳酸钠溶液的作用。

(3) 练习写出化学方程式。

——侧重思维训练。

方案三：比较探究

(1) 比较钠与乙酸反应为什么会比与水或乙醇剧烈。

(2) 比较水、乙醇、乙酸都含有羟基（—OH），为什么只有乙酸会显酸性呢？

（学生通过思考、讨论对比发现结构区别，突出端基的影响，加深对基团的理解）

3. 根据结构分析性质的策略——学习有机化学的法宝

结构决定性质，性质反映结构在有机化学中表现得特别明显。这不仅表现在化学性质中,同时也体现在物理性质上。因此在有机化学的学习中,要善于利用好这个法宝。这样在有机化学学习时能触类旁通,收到事半功倍之效果。

案例 7-32 烷烃的单键结构决定了化学性质的稳定性,只有在一定条件下发生取代反应;不饱和烃中的双键、三键由其中的一个、两个键易断裂,化学性质比较活泼,易发生加成和加聚反应;苯芳烃由于苯环结构的特殊性,具有饱和烃和不饱和烃的双重性质,能发生取代和加成反应;甲酸、甲酸酯、葡萄糖,不属于醛类,但它们结构中均含有醛基,因此都具有醛的主要性质(如银镜反应等)。甲酸($H—COOH$)从结构看,既有$—COOH$,又有$—HC=O$,因此甲酸具有酸和醛的双重性质。

(三) 有机化学新授课教学设计案例

案例 7-33 人教版必修化学 2 第三章第一节最简单的有机化合物——甲烷(江西省鹰潭市第一中学 桂耀荣)

一、课程标准、教材以及学生分析

1. 课程标准

对于"最简单的有机化合物——甲烷"的教学,《课程标准》要求了解甲烷的组成、结构、主要性质。通过对甲烷分子结构的认识,了解有机化合物中碳的成键特征。

2. 教材分析

人教版《化学 2》让学生从熟悉的有机化合物入手,认识到有机化学与我们生活息息相关,初步了解有机化学研究的对象、目的、内容和方法,提供有机化学中最基本的核心知识,满足公民基本科学素养的要求,能用所学的知识,解释和说明一些常见的生活现象和物质用途。教材从学生生活实际和已有的知识出发,学习甲烷立体结构和甲烷与氯气的取代反应,重点认识取代反应的特点,使学生在初中知识的基础上有所提高。初步体会有机物分子结构的特点及其对性质的影响,让学生进一步从结构的角度,加深对有机物和有机化学的整体认识。初步学会对有机物进行科学探究的基本思路和方法,激发学生对有机化学领域的学习兴趣。

3. 学生分析

因为学生在日常生活中积累了对甲烷的一些感性认识,并且学生在九年级化学学习中,已经学习了甲烷的物理性质和甲烷能燃烧的化学性质,所以学生有兴趣进一步了解甲烷的性质和用途,有学习甲烷的内驱力。学生在学习这一章有机化合物之前,又较系统地学习了无机化合物,初步了解了学习元素化合物的一般方法,初步建立物质性质和用途间的关系,为学习有机化合物奠定了一定基础。有机化合物学习和无机化合物学习的不同点是：有机化合物更强调从结构角度认识机化合物的性质,建立有机物"(组成)结构→性质→用途"的认识关系,使学生了解学习和研究有机物的一般方法,形成一定的分析和解决问题的能力。本课教学内容起点低,强调知识与应用的融合,让学生在已有知识的基础上,一方面通过学生动手搭建甲烷结构模型,进一步深化认识甲烷的立体结构,促使学生积极地参与到课堂学习中来;另一方面从科学探究甲烷和氯气的化学反应入手,充分利用实验研究物质的性质,并从结构角度提升学生对取代反应的认识,符合学生认知螺旋式上升的特点。

对于甲烷结构的认识,以历史上科学家的不断探索过程为切入点,激发学生学习兴趣。甲烷的结构特点和甲烷的取代反应是本课教学的重点,通过甲烷和氯气的科学探究实验,认识取代反应(此反应很好地体现出有机反应的一般特点),并通过甲烷立体结构模型的搭建,使学生头脑中的思维模型更加直观化,引导学生从化学键的层面认识甲烷的结构和性质。

教师作为学生学习的帮助者、促进者,要为学生设计好学习新知识的阶梯,帮助他们顺利地解决可能遇到的困难和问题,激发和保护他们学习有机化学的兴趣和热情。

二、教学目标

本课基于结构角度采用建构主义的教学策略和方法。学生是活动式探究者和知识的建构者,因而揭示有机物结构和性质之间的内在联系,教师教给学生认识规律和解决问题的策略,帮助学生化解思维障碍,促使学生对有机化学的学习方法进行主动建构。

1. 知识与技能

了解甲烷的分子结构和主要性质,认识取代反应,能正确书写甲烷与 Cl_2 反应的化学方程式,初步体会有机物分子结构的特点及其对性质的影响。

2. 过程与方法

动手制作甲烷可能的空间构型(球棍模型),推导甲烷的空间结构,体会模型法、归纳法等科学方法在化学学习和研究中的应用;实验探究甲烷和氯气的化学反应,初步学会科学探究的基本思路和方法,培养学生思维的缜密性。让学生体会到结构与性质有内在的联系和变化规律,并学会主动去发现和掌握这些规律。

3. 情感态度与价值观

认同研究有机物的分子结构和反应规律对指导其实际应用的意义,认识有机化学结构的内在美,感受化学研究对人类生产生活的价值。

三、教学重难点

甲烷的分子结构、甲烷的取代反应。

四、教学流程图

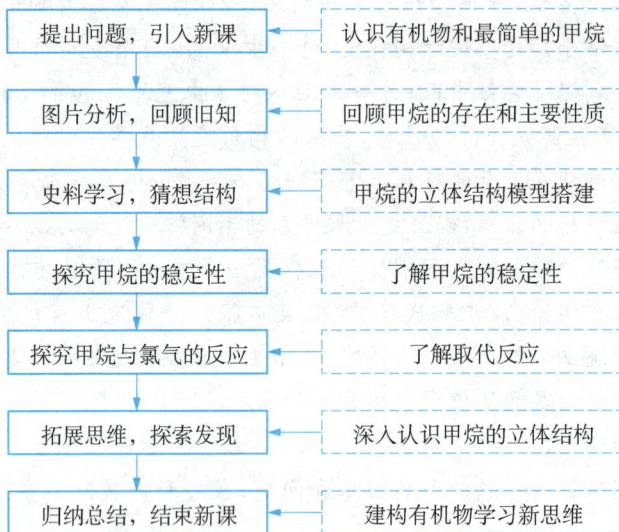

提出问题，引入新课	← 认识有机物和最简单的甲烷
图片分析，回顾旧知	← 回顾甲烷的存在和主要性质
史料学习，猜想结构	← 甲烷的立体结构模型搭建
探究甲烷的稳定性	← 了解甲烷的稳定性
探究甲烷与氯气的反应	← 了解取代反应
拓展思维，探索发现	← 深入认识甲烷的立体结构
归纳总结，结束新课	← 建构有机物学习新思维

五、教学过程

教学进程	教师活动	学生活动	教学资源	设计意图
教师提出问题，引领学生进入新课学习。	设问(1)初中阶段我们学过哪些有机物?(2)你能归纳一下什么物质属于有机物?(3)最简单的有机物是什么?将学生带入甲烷的学习课堂。	交流讨论回答问题。	(PPT展示图片)我们身边的有机物质世界;汽油在汽车发动机燃烧生成二氧化碳和水。	通过图片和问题激发学生的求知欲,培养学生思维能力和主动学习的意识。
结合"泽中有火""火井""西气东输""可燃冰"等了解甲烷在自然界中的存在。	介绍甲烷在自然界中的存在、发现和应用,引导学生对甲烷性质的回顾。	温故:甲烷在自然界的存在、发现、应用和甲烷的物理性质和具有可燃性。获取新知:甲烷的电子式和结构式。	PPT展示图片:(1)西气东输工程图。(2)池沼底部的气体。(3)煤矿坑道气。(4)油田气。(5)可燃冰。	通过一组图片使学生知道甲烷在自然界的真实存在和实际应用,让学生体会所学知识与实际生活的紧密联系,以提升学生的化学价值观。

教学进程	教师活动	学生活动	教学资源	设计意图
介绍科学家对甲烷结构的早期研究,主要分3个阶段,激发学生探究热情,通过模型搭建,分析甲烷的立体结构。	通过介绍4位科学家(道尔顿、凯库勒、布特列洛夫、范特霍夫)对甲烷结构的早期研究,引导学生去搭建甲烷可能的立体结构。	活动探究: (1) 制作正四面体模型。 (2) 搭建甲烷分子的可能的立体结构模型,并进行分析。	PPT展示: (1) 道尔顿对甲烷分子结构的猜测。 (2) 凯库勒提出碳原子4价概念,布特列洛夫等对甲烷分子中原子排列猜想。 (3) 范特霍夫提出碳的结构学说。提供模型组件:黑球代表碳原子,白球代表氢原子,若干白色短棍代表化学键。	(1) 从甲烷结构的早期研究史引导学生沿着科学家的探寻之路去猜想甲烷的可能立体结构,拓展学生的想象空间。 (2) 通过搭建模型,认识甲烷的立体结构。
实验探究甲烷与高锰酸钾、氢氧化钠和硫酸反应了解甲烷的稳定性。	(1) 通过实验探究甲烷与高锰酸钾、氢氧化钠和硫酸反应了解甲烷的稳定性。 (2) 通过播放"屁事"视频了解防止甲烷爆炸。	(1) 观察教师的演示实验并描述实验现象。 (2) 写出甲烷燃烧的反应。	演示实验:甲烷与高锰酸钾、氢氧化钠和硫酸反应。	通过实验探究验证甲烷与高锰酸钾、氢氧化钠和硫酸不反应,验证甲烷在通常情况下比较稳定。
实验探究甲烷与氯气的反应,介绍有机化学的重要反应类型——取代反应。	引导学生发现实验改进的意图,逐步体会实验装置的优化和对比设计的科学严谨性。引导学生观察实验现象,并书写化学反应方程式,介绍取代反应概念。	(1) 思考讨论教师的实验改进意图。 (2) 观察教师的演示实验并描述实验现象。 (3) 在模仿的基础上书写甲烷与氯气的多步化学反应方程式。	演示实验:3支U型管对比实验。U型管1:25 mL氯气和25 mL甲烷混合气体并光照;U型管2:50 mL氯气并光照;U型管3:25 mL氯气和25 mL甲烷混合气体,并黑纸包裹不见光。	通过实验探究验证甲烷与氯气反应的条件。在介绍生成产物多样性的基础上让学生书写多步化学反应方程式,学习有机化学的重要反应类型——取代反应。

续　表

教学进程	教师活动	学生活动	教学资源	设计意图
有人根据甲烷的二氯取代产物只有一种,得出甲烷分子是正四面体而不是平面正方形。通过搭建模型理解。	甲烷的二氯取代产物只有一种进一步认识甲烷的立体结构。拓展延伸:立方体中心有一个碳原子,在立方体顶点标出氢原子的位置。	活动探究:进行甲烷二氯取代产物的模型搭建。	提供模型组件:绿色小球若干(代表氯原子)学生搭建模型展示。	通过模型搭建提升学生对有机物立体结构的认识;通过拓展延伸丰富学生的空间想象力。
课堂小结。	帮助学生建构有关结构与物质性质之间的联系,利用立体结构指导学生认识有机化学的重要反应类型——取代反应,开启有机化学学习的新思维。	建构新知识的框架,完善结构与性质之间的联系。	PPT 展示:甲烷立体结构与性质的联系图。	以甲烷的立体结构为载体,深化有机化合物学习的一般思路和方法,让学生从立体结构角度构建有机化合物知识体系,使学生逐步建构以"结构决定性质"为核心的有机化学学科思想。

案例 7－34　人教版高中化学选修 5 第一章第三节有机化合物的命名(第 1 课时)

第三节　有机化合物的命名

教学目标

1. 知识与技能:掌握烃基的概念;学会用有机化合物的系统命名的方法对烷烃进行命名。

2. 过程与方法:通过练习掌握烷烃的系统命名法。

3. 情感态度和价值观:在学习过程中培养归纳能力和自学能力。

重点:烷烃的命名。

难点:烷烃的命名。

教学过程　第一课时

教师活动	学生活动	设计意图
(引入新课)引导学生回顾复习烷烃的习惯命名方法,结合同分异构体说明烷烃的这种命名方式有什么缺陷?	回顾、归纳,回答问题;积极思考,联系新旧知识。	从学生已知的知识入手,思考为什么要掌握系统命名法。
自学:什么是"烃基""烷基"?思考:"基"和"根"有什么区别?	学生看书,查阅辅助资料,了解问题	自学新概念。
归纳一价烷基的通式并写出—C_3H_7、—C_4H_9的同分异构体。	思考归纳,讨论书写。	了解烷烃与烷基在结构上的区别,学会正确表达烷基结构。
投影烷烃的结构简式,指导学生自学归纳烷烃的系统命名法的步骤,小组代表表述,其他成员补充。	自学讨论,归纳。	培养学生的自学能力和归纳能力以及合作学习的精神。
从学生易错的知识点出发,有针对性地给出各种类型的命名题,训练。	学生讨论,回答问题。	练习巩固知识点,特别是自学过程中存在的知识盲点。
引导学生归纳烷烃的系统命名法,用5个字概括命名原则:长、多、近、简、小,并一一举例讲解。	学生聆听,积极思考,回答。	学会归纳整理知识的方法。
投影练习。	学生独立思考,完成练习。	在实际练习过程中对新知识点进行升华和提高,形成知识系统。
(课堂总结)归纳总结: 1. 烷烃的系统命名法的步骤和原则。 2. 要注意的事项和易出错点。 3. 命名的常见题型及解题方法。	学生回忆,深层次思考,总结成规律。	

板书设计

第三节　有机化合物的命名

一、烷烃的命名

1. 烷烃的系统命名法的步骤和原则:选主链,称某烷;编号位,定支链;取代基,写在前,标位置,连短线;不同基,简到繁,相同基,合并算。

2. 要注意的事项和易出错点。

3. 命名的常见题型及解题方法。

案例7-35 人教版高中化学选修5第二章第一节脂肪烃(第1课时)

教学目标

1. 知识与技能

(1) 了解烷烃、烯烃、炔烃的物理性质的规律性变化。

(2) 了解烷烃、烯烃、炔烃的结构特点。

(3) 掌握烯烃、炔烃的结构特点和主要化学性质,乙炔的实验室制法。

2. 过程与方法

注意不同类型脂肪烃的结构和性质的对比;善于运用形象生动的实物、模型、计算机课件等手段帮助学生理解概念、掌握概念、学会方法、形成能力;要注意充分发挥学生的主体性;培养学生的观察能力、实验能力、探究能力。

3. 情感、态度与价值观

根据有机物的结构和性质,培养学习有机物的基本方法"结构决定性质、性质反映结构"的思想。

教学重点

烯烃、炔烃的结构特点和主要化学性质;乙炔的实验室制法。

教学难点

烯烃的顺反异构。

课时安排:2课时。

教学过程

★第一课时(烷烃、烯烃)

(引入)[师]同学们,从这节课开始我们来学习第二章的内容——烃和卤代烃。在高一的时候我们接触过几种烃,大家能否举出一些例子?

[生]能! 甲烷、乙烯、苯。

[师]很好! 甲烷、乙烯、苯这3种有机物都仅含碳和氢两种元素,它们都是碳氢化合物,又称烃。根据结构的不同,烃可分为烷烃、烯烃、炔烃和芳香烃等。而卤代烃则是从结构上可以看成是烃分子中的氢原子被卤原子取代的产物,是烃的衍生物的一种。我们先来学习第一节——脂肪烃。

（板书）第二章 烃和卤代烃第一节脂肪烃

[师]什么烃是烷烃呢？请大家回忆一下。

（学生回答，教师给予评价）

（板书）一、烷烃

1. 结构特点和通式：仅含 C—C 键和 C—H 键的饱和链烃，又叫烷烃。（若 C—C 连成环状，称为环烷烃）

烷烃的通式：C_nH_{2n+2}　　（$n \geqslant 1$）

[师]接下来大家通过表 7-3 中给出的数据，仔细观察、思考、总结，看自己能得到什么信息。

表 7-3　部分烷烃的沸点和相对密度

名称	结构简式	沸点/℃	相对密度
甲烷	CH_4	−164	0.466
乙烷	CH_3CH_3	−88.6	0.572
丁烷	$CH_3(CH_2)_2CH_3$	−0.5	0.578
戊烷	$CH_3(CH_2)_3CH_3$	36.1	0.626
壬烷	$CH_3(CH_2)_7CH_3$	150.8	0.718
十一烷	$CH_3(CH_2)_9CH_3$	194.5	0.741
十六烷	$CH_3(CH_2)_{14}CH_3$	287.5	0.774
十八烷	$CH_3(CH_2)_{16}CH_3$	317.0	0.775

（教师引导学生根据上表总结出烷烃的物理性质的递变规律，并给予适当的评价）

（板书）2. 物理性质

烷烃的物理性质随着分子中碳原子数的递增，呈规律性变化，沸点逐渐升高，相对密度逐渐增大；常温下的存在状态，也由气态（$n \leqslant 4$）逐渐过渡到液态、固态。烷烃的密度比水小，不溶于水，易溶于有机溶剂。

[师]我们知道,同系物的结构相似,相似的结构决定了其他烷烃具有与甲烷相似的化学性质。

(板书)3. 化学性质(与甲烷相似)

(1) 取代反应

$$CH_3CH_3 + Cl_2 \xrightarrow{光照} CH_3CH_2Cl + HCl$$

(2) 氧化反应

$$C_nH_{2n+2} + \frac{3n+1}{2}O_2 \xrightarrow{点燃} nCO_2 + (n+1)H_2O$$

烷烃不能使酸性高锰酸钾溶液褪色。

[师]接下来大家回忆一下乙烯的结构和性质,便于进一步学习烯烃。

(由学生回答高一所学的乙烯的分子结构和性质,教师给予评价)

(板书)二、烯烃

1. 概念:分子里含有碳碳双键的不饱和链烃叫做烯烃。

通式:$C_nH_{2n}(n \geqslant 2)$

例:乙烯 C_2H_4　丙烯 C_3H_6　1-丁烯 (C_4H_8) $CH_2 \!=\! CHCH_2CH_3$

　　2-丁烯 (C_4H_8) $CH_3\,CH_2 \!=\! CHCH_3$

[师]请大家根据表7-4总结出烯烃的物理性质的递变规律。

表7-4　部分烯烃的沸点和相对密度

名称	结构简式	沸点/℃	相对密度
乙烯	$CH_2 \!=\! CH_2$	-103.7	0.566
丙烯	$CH_2 \!=\! CHCH_3$	-47.4	0.519
1-丁烯	$CH_2 \!=\! CHCH_2CH_3$	-6.3	0.595
1-戊烯	$CH_2 \!=\! CH(CH_2)_2CH_3$	30	0.640
1-己烯	$CH_2 \!=\! CH(CH_2)_3CH_3$	63.3	0.673
1-庚烯	$CH_2 \!=\! CH(CH_2)_4CH_3$	93.6	0.697

(教师引导学生根据表7-4总结出烯烃的物理性质的递变规律,并给予适

当的评价)

（板书）2. 物理性质（变化规律与烷烃相似）

[师]烯烃结构上的相似性决定了它们具有与乙烯相似的化学性质。

（板书）3. 化学性质（与乙烯相似）

（1）烯烃的加成反应：（要求学生练习）

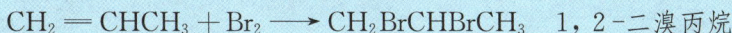

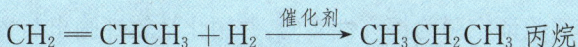

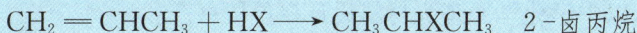

$CH_2 = CHCH_3 + Br_2 \longrightarrow CH_2BrCHBrCH_3$ 1，2-二溴丙烷

$CH_2 = CHCH_3 + H_2 \xrightarrow{催化剂} CH_3CH_2CH_3$ 丙烷

$CH_2 = CHCH_3 + HX \longrightarrow CH_3CHXCH_3$ 2-卤丙烷

（简单介绍不对称加成规则）

（2）氧化反应：（要求学生观察特点）

$$C_nH_{2n} + \frac{3n}{2}O_2 \xrightarrow{点燃} nCO_2 + nH_2O$$

（3）加聚反应：

$$nCH_2 = CHCH_3 \xrightarrow{催化剂} (CH_2CH)nCH_3$$ 聚丙烯

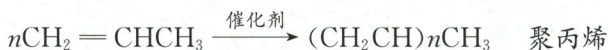

（板书）（4）二烯烃的加成反应：（1，4-加成反应是主要的）

1，4-加成反应：$CH_2 = CHCH = CH_2 + Br_2 \longrightarrow CH_2BrCH = CHCH_2Br$

1，2-加成反应：$CH_2 = CHCH = CH_2 + Br_2 \longrightarrow CH_2BrCHBrCH = CH_2$

（板书）4. 烯烃的顺反异构

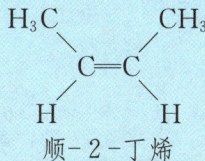

顺-2-丁烯　　　　　反-2-丁烯

[师]烯烃的同分异构现象除了前面学过的碳链异构、位置异构和官能团异构之外，还可能出现顺反异构。

[师]像这种由于碳碳双键不能旋转（否则就意味着双键的断裂）而导致分子中原子或原子团在空间的排列方式不同所产生的异构现象，称为顺反异构。

小结

本节课主要学习了烷烃和烯烃的结构特点和性质,结构的相似性决定了性质的相似性;并了解了二烯烃的 1，4-加成和烯烃的顺反异构。

实践训练

1. 自选中学化学课本(人教版)必修 1 或必修 2 中某一节课,设计一份完整的课时教学方案。

2. 自选内容,改传统的验证实验为探究性实验,并用化学软件画出装置图。

3. 请自选内容,以中学化学原理为材料设计一份板书。

思考题

1. 元素及化合物的教学设计中,各课中要注意哪些基本环节?

2. 举例说明教学目标的设计应注意什么。

第八章
化学复习课的教学设计

　　化学复习课主要指在某个内容(或单元,或学段)的化学课程结束后,总结性、系统性概括温习知识,提升学生综合能力,使知识趋于系统化、网络化。简而言之,复习课偏向于将学过的知识有条理、有系统地综合编排,形成知识网络。化学复习课是对新授课所学知识的总结与提升,在帮助学生构建结构化的知识体系和促进学生的综合能力的提升等方面起着非常重要的作用。化学复习课的教学有助于学生巩固基础知识和基本技能,有助于深化学生的认识和思维,促进学生科学素养的全面落实,提高教与学的效率。

　　复习有3个功能:一是唤醒功能,学生一般存在旧知识的暂时性遗忘或较深度的遗忘,而教者一旦提及该部分知识,学生对知识的记忆便会被唤醒;二是重组功能,通过复习,重新构建零散的知识,形成合理的知识架构,使学生达到易学、易懂、难忘的境界;三是提升功能,通过例题及习题的选择、训练来提升学生对知识的深层次理解和解题技能的训练,培养学生的思维能力,提高学生的思维品质。唤醒是为了再现,进而内化;重组是为了融合、打通,进而构建知识的内在联系;提升是为了综合运用、灵活运用,进而能够解决实际问题。总之,复习课的唤醒是前提,重组是关键,提升是目标。

　　在具体操作层面,教师对复习课的教学设计才是实施有效复习策略的关键,有效的教学设计可以提高复习课的效率。教师在编写复习课的教学设计前,要全面分析教材、分析课程标准、分析学生学习状况,同时还要解读国家公布的化学学科的中考、高考考试说明,参考近几年的新课程标准中考试卷、高考理综化学全国卷试题,研究考试大纲,设计教学目标、复习内容、复习策略、教学方式、实施过程,再编写出行之有效的复习课的教学设计,做到分层教学、因材施教,有利于培养学生的逻辑思维能力和科学的解题能力。

化学复习课可依据复习的内容分为元素化合物复习课、概念原理复习课、化学实验复习课、有机化学复习课等。

一、元素化合物复习课教学设计

（一）元素化合物复习课概述

元素化合物复习课是对所学元素化合物知识归类和整理，使学生所学的元素化合物知识得以巩固和提升的一种课型，具体包括两大类：元素化合物的单元复习课和总复习阶段的专题复习课等。

元素化合物知识是中学化学课程的重要组成部分，贯穿整个中学化学学习。在中学里主要学习氧气、氯气、氮气、硫、碳、硅等非金属及其化合物的性质，以及钠、镁、铝、铁等金属及其化合物的性质。中学化学的几大内容如概念原理、化学实验、化学计算，实际上是对元素化合物知识在定性和定量上的研究。即使考察概念原理知识时，也需要以元素化合物知识为载体，所以掌握好元素化合物知识对化学学习很重要。

元素化合物的复习内容非常广泛，不同阶段复习内容如下。

（1）义务教育阶段元素化合物单元复习　我们周围的空气、自然界的水、碳和碳的氧化物、金属和金属材料、酸碱盐和化肥等。

（2）高中阶段元素化合物单元复习　非金属及其化合物的性质（硫、碳、硅、氮及其化合物）、金属及其化合物（钠、镁、铝、铁等金属及重要其化合物）等。

（3）义务教育阶段元素化合物专题总复习　空气和水、二氧化碳、金属、酸碱盐、物质推断等，内容由简到繁，从易到难。

（4）高中阶段元素化合物专题总复习　非金属知识规律、金属知识规律、无机物推断等。

一般是按常规教学、习惯的专题而分类的，事实上在实际课程中，教师们往往会根据实际的教学情况增减专题而复习，尤其是在总复习阶段专题复习时。

（二）元素化合物复习课教学设计

元素化合物知识具体复习时可采用一些具体的复习策略。例如，同一元素的不同物质，可以通过化合价的变化趋势来分析性质及其相互转化关系。对于同一主族的不同元素及其化合物，抓住"结构决定性质"这个关键点，通过相似的结构来推断相似的性质,从而依据这种内在的关联点,抓准元素化合物性质的相似性、递变性和差异性。

1. 理清知识体系,建立结构网络

复习元素化合物主干知识的关键是结构决定性质,性质决定制法、保存、鉴别、用途的线性思维模式。把化学知识进行横向和纵向整理,使之网络化,由点到线,由线到面构建知识网络,找出知识间内在的联系和规律。

运用知识主线可以对学生起到启迪心智、激发兴趣、指导自学的作用。

案例 8-1　部分非金属知识主线

气态氢化物单质氧化物氧化物对应水化物相应含氧酸盐:

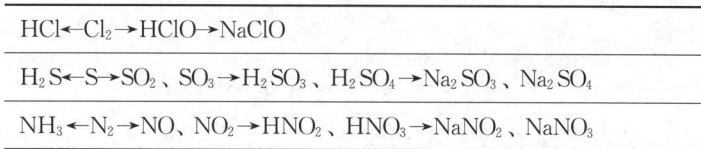

$HCl \leftarrow Cl_2 \rightarrow HClO \rightarrow NaClO$
$H_2S \leftarrow S \rightarrow SO_2$、$SO_3 \rightarrow H_2SO_3$、$H_2SO_4 \rightarrow Na_2SO_3$、$Na_2SO_4$
$NH_3 \leftarrow N_2 \rightarrow NO$、$NO_2 \rightarrow HNO_2$、$HNO_3 \rightarrow NaNO_2$、$NaNO_3$

每一种重要物质,都可以用这样一种思维框架:组成结构(电子式、结构式、化学式)→物理性质(色、味、态等)→化学性质(可否与非金属、金属、水、酸、碱、盐等反应)→制备方法(实验室、工业制法)→鉴别保存(物理、化学鉴别;保存由化学性质决定)→用途存在(用途,游离态—单质、化合态—化合物)。

2. 掌握元素化合物知识的规律性、递变性和特殊性

归纳总结相同的知识点,找出规律;分析同主族、同周期元素化合物知识,找出递变性,对不同的知识点进行对比记忆。物质的特性是高考常考的知识点,物质的特性是区别于其他物质的不同性质。复习元素化合物知识特别要重视知识的特殊性,特殊性往往可以作为物质推断题的突破口。这样不仅可以减少记忆量,而且可以记得更牢固。

案例 8-2　卤素

规律性包括 Cl_2 的物理性质、Cl_2 与金属反应、Cl_2 与非金属反应、Cl_2 与水反应、Cl_2 与碱反应等。

递变性包括氧化性由强到弱顺序为氟气、氯气、溴、碘,热稳定性由强到弱顺序为 HF、HCl、HBr、HI,单质被 CCl_4 萃取时颜色的变化,单质在水中溶解性的变化、单质水溶液的颜色变化,单质的颜色递变和状态递变等。

特殊性包括碘可以升华、碘遇淀粉变蓝、氟气与水反应得到的是 O_2、HF 是

弱酸,HF 酸可以与 SiO_2 反应、AgF 能溶于水、CaF_2 难溶于水等。

3. 精心挑选试题,精练求巩固

认真研究考试大纲和近几年的中考、高考试题,整理出元素化合物的相关习题。利用好中考、高考试题进一步提高学生能力。中考、高考试题有两大特点:其一,知识点覆盖面广;其二,能够较好地考查学生能力。学生通过完成课本习题夯实基础后,尚需要通过完成中考、高考试题进一步精练巩固。中考、高考试题往往一道题目就涉及多种元素化合物的性质,知识点覆盖面很广。只要精心挑选几道题目,基本上可以将常见元素都包括其中,让学生通过完成这些习题进一步巩固基础。另外,高考试题比较注重考查学生能力。通过完成高考试题提高学生的各种能力。

案例 8-3 理综 1 卷例题

短周期元素形 W、X、Y、Z 的原子序数依次增加。m、p、r 是由这些元素组成的二元化合物,n 是元素 Z 的单质,通常为黄绿色气体,q 的水溶液具有漂白性,0.01 mol/L 溶液的 pH 为 2,s 通常是难溶于水的混合物。上述物质的转化关系如图所示。下列说法正确的是( )。

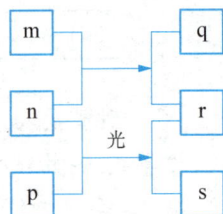

A. 原子半径的大小 $W < X < Y$

B. 元素的非金属性 $Z > X > Y$

C. Y 的氢化物常温常压下为液态

D. X 的最高价氧化物的水化物为强酸

上述案例不仅考查了元素在同期表中的位置、原子半径大小,而且还联系了元素单质的性质,综合了元素周期表、元素周期律的相关知识,通过此类试题的训练,可以提升学生的理解和运用能力。

(三) 元素化合物复习课教学设计案例

案例 8-4 铁及其重要化合物(复习)

一、教学目标

知识目标:巩固常见铁单质、化合物性质。

能力目标:培养归纳、概括、抽象思维能力,培养形成规律性认识的能力;巩固焰色反应及合金概念。

道德情感目标:在发现总结规律的过程中启发学生分析、探究,激发学习兴趣。

二、重点与难点

重点：钠的氧化和钠与水的反应，铝与氢氧化钠溶液的反应。

难点：钠的氧化和钠与水的反应，铝与氢氧化钠溶液的反应。

三、教学器材

投影仪、金属钠、蒸馏水、小烧杯、玻璃片、小刀、镊子、滤纸、金属铝片、氢氧化钠溶液。

四、教学方法

归纳总结法。

五、铁及其重要化合物转化关系

1. 关于 Fe 的 3 种氧化物

比较：	FeO	Fe_2O_3	Fe_3O_4
俗名		铁红	磁性氧化铁
与 HCl 反应	$FeO + 2H^+ == Fe^{2+} + H_2O$	$Fe_2O_3 + 6H^+ == 2Fe^{3+} + 3H_2O$	$Fe_3O_4 + 8H^+ == Fe^{2+} + 2Fe^{3+} + 4H_2O$

2. 关于 Fe 元素的两种氢氧化物

	$Fe(OH)_2$	$Fe(OH)_3$
颜色	白→灰绿→红褐色	
化学性质	① $4Fe(OH)_2 + O_2 + 6H_2O == 4Fe(OH)_3$ （不稳定）	（较稳定）
	② $Fe(OH)_2 + 2H^+ == Fe^{2+} + 2H_2O$	$Fe(OH)_3 + 3H^+ == Fe^{3+} + 3H_2O$

思考：用可溶性碱分别与 Fe^{2+}、Fe^{3+} 反应可制得 $Fe(OH)_2$ 和 $Fe(OH)_3$。实际操作时有何不同？通过哪些方法可避免生成 $Fe(OH)_2$ 中会有 $Fe(OH)_3$？

提示：关键在于无孔不入的 O_2 及 Fe^{3+} 存在。

（1）驱氧法：如用煮沸过的 NaOH 溶液。

（2）隔氧法：如用长滴管吸取 NaOH 溶液后插入亚铁盐溶液面下加入；又如在液面上加某些合适的有机溶剂液封。

（3）还原法：在 $FeSO_4$ 溶液中加入 Fe 钉，或者用 Fe 与稀 H_2SO_4 反应新制的 $FeSO_4$ 溶液，生成的 H_2 又可驱赶 O_2。

3. Fe^{2+} 和 Fe^{3+} 鉴别

	Fe^{2+}	Fe^{3+}
水溶液颜色	浅绿	棕黄
加入 NaOH	$Fe^{2+}+2OH^-\longrightarrow Fe(OH)_2\downarrow$ $4Fe(OH)_2+O_2+2H_2O\longrightarrow$ $4Fe(OH)_3$ 白 → 灰绿 → 红褐色	$Fe^{3+}+3OH^-\longrightarrow Fe(OH)_3\downarrow$ （红褐色）
加入 KSCN	$Fe^{2+}+2SCN^-\longrightarrow Fe(SCN)_2$ 无色	$Fe^{3+}+3SCN^-\longrightarrow Fe(SCN)_3$ 血红色
通入 Cl_2	$2Fe^{2+}+Cl_2\longrightarrow 2Fe^{3+}+2Cl^-$	

4. Fe^{2+} 和 Fe^{3+} 相互转化

[编织知识网络]写化学方程式：

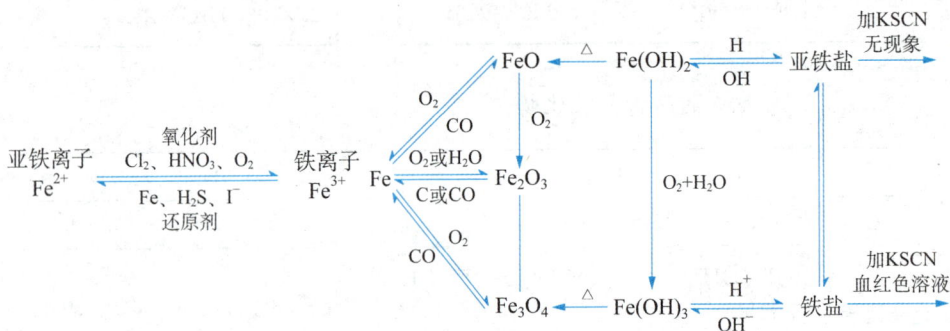

六、例题

例❶ 要证明某溶液中不含 Fe^{3+} 而可能含有 Fe^{2+}，如下实验操作时最佳顺序为（　　）。

①加入足量氯水；②加入足量 $KMnO_4$ 溶液；③加入少量 NH_4SCN 溶液。

A. ①③　　　　　B．③②　　　　　C．③①　　　　　D．①②③

例❷ 下列物质反应后一定有 +3 价铁生成的是（　　）。

①过量的 Fe 与 Cl_2 反应；②Fe 与过量稀 H_2SO_4 反应后，再向其中加 KNO_3；③$Fe(NO_3)_2$ 溶液中加少量盐酸；④Fe 和 Fe_2O_3 的混合物溶于盐酸中。

（A）只有①　　（B）只有①②　　（C）只有①②③　　（D）全部

点拨:铁的 0 价、+2 价、+3 价在一定条件下均可相互转化,在分析具体问题时,应善于抓住转化的条件,挖掘出隐含的反应。

例3 某溶液中有 NH_4^+、Mg^{2+}、Fe^{2+} 和 Al^{3+} 等 4 种离子,若向其中加入过量的 NaOH 溶液,微热并搅拌,再加入过量盐酸,溶液中大量减少的阳离子是( )。

A. NH_4^+ B. Mg^{2+} C. Fe^{2+} D. Al^{3+}

思路分析:以上 4 种阳离子均能与 NaOH 反应,生成的产物又都能与盐酸作用。是否能恢复到原状况,分析时请特别注意操作。如果未"微热":$NH_4^+ \xrightarrow{OH^-} NH_3 \cdot H_2O \xrightarrow{H^+} NH_4^+$,$NH_4^+$ 的量并不减少。

如果不"搅拌"或隔绝空气:$Fe^{2+} \xrightarrow{OH^-} Fe(OH)_2 \xrightarrow{H^+} Fe^{2+}$,$Fe^{2+}$ 也不会减少。

正因为"微热并搅拌":使 $NH_3 \cdot H_2O \xrightarrow{\triangle} NH_3\uparrow$,$Fe(OH)_2 \xrightarrow{O_2} Fe(OH)_3 \xrightarrow{H^+} Fe^{3+}$,因而使 NH_4^+、Fe^{2+} 的量减少。

解答:A、C。

七、练习

1. 将铁片投入到下列溶液中不放出气体,并且铁片质量减轻的是( )。

A. $CuSO_4$ B. H_2SO_4 C. $AgNO_3$ D. $FeCl_3$

2. 红热的铁与水蒸汽作用,生成氢气和( )。

A. 氧化亚铁   B. 氧化铁   C. 四氧化三铁   D. 氢氧化铁

3. 下列物质中,不呈黑色的是( )。

A. Fe_3O_4 B. Fe_2O_3 C. $Fe(OH)_3$ D. FeO

4. 将铁的化合物溶于盐酸,滴加 KSCN 溶液不发生颜色变化,再加入适量氯水,溶液立即呈红色。该化合物是下列物质中的( )。

A. Fe_2O_3 B. $FeCl_3$ C. $Fe_2(SO_4)_3$ D. FeO

5. 将锌、铁、铝、镁 4 种金属中的两种组成的混合物 10 g,与足量的盐酸反应产生的氢气在标准状况下为 11.2 L,则混合物中一定含有的金属是( )。

A. 锌   B. 铁   C. 铝   D. 镁

6. 在 1 L $Fe_2(SO_4)_3$ 和 $CuSO_4$ 的混合溶液中加入过量铁粉 20 g,最后得到 1 L 0.5 mol/L 的 $FeSO_4$ 溶液和 16 g 固体沉淀物。求原混合液中 $Fe_2(SO_4)_3$ 和 $CuSO_4$ 的物质的量的浓度。

参考答案：

1. D 2. C 3. B、C 4. D 5. C 6. $Fe_2(SO_4)_3$：0.1 mol/L，$CuSO_4$：0.2 mol/L

八、作业

P71 10、11。

二、化学概念原理复习课

（一）化学概念原理复习课概述

化学概念原理复习课是以化学概念和原理为主要教学内容的复习课。化学概念原理是化学学科的核心内容，具有多重功能，既可以作为学习其他化学知识的工具，也可以是具有相同知识特点的归纳总结、规律性认识，还可以是对具体化学知识的理论解释。

化学概念原理知识贯穿于中学化学学习的整个过程，是中学化学课程的重要组成部分，对于中学生来说，这部分知识相对不容易理解和掌握。

初中化学概念原理的复习通常分为两大主题：一是物质组成的奥秘；二是物质的化学变化。组成的奥秘包括物质的多样性、微粒构成物质、化学元素、物质组成的表示。物质的化学变化包括化学变化的基本特征、几种化学反应、质量守恒定律、化学反应的表示方法等。

高中化学概念原理的复习分为7个主题：一是物质的组成、分类和性质；二是化学用语和常量计算；三是溶液与胶体；四是物质结构与元素周期律；五是化学反应与能量；六是化学速率与化学平衡；七是电解质溶液。

化学概念原理的复习在教学中具有基础和统领全局的作用，能为其他类型的复习奠定基础和必要的认识，是提升学生化学学习效能的重要保障。概念原理知识是从事实材料中抽象概括出来的具有规律性的知识，运用概念原理知识去解释化学现象、解决化学问题，需要对现象和问题分析、综合、归纳、演绎等，有助于培养学生的逻辑思维能力；分子、原子、离子、化学键等都是看不见、摸不着的，必须运用想象才能把握好，因此化学概念原理的复习还有助于培养学生的想象力。

（二）化学概念原理复习课教学设计

有效的化学概念原理复习课应引导学生归类整理、复习提升概念原理知识，使之网络化、系统化、规律化，并在复习过程中使学生逐步掌握和领悟问题分析思路、提升问题解决能力。

1. 研究高考试题，把握复习重点

教师应分析研究历年高考命题，通过"陈"题新做，充分理解高考命题导向。从考点分布表可以看出，试题考查内容围绕中学化学主干知识。所以，复习时应重点关注高考热点命题，增加复习有用功，减少不必要的无用功，提高复习效率。

2. 创设问题情境，关联内容构建知识网络

学生学习化学概念原理的最终目的是应用理论解决实际问题。这部分知识的复习可以采用逆向思维，先创设问题情境，给出要解决的问题，再通过问题追根寻源达到复习目的。创设问题情境就是以具体的问题为学习背景，在问题的解决过程中复习所学知识。问题情境的使用能够最大限度地提高学生复习的积极性。化学概念原理部分的知识可以说是中学化学阶段难度最大的知识内容，按照传统的知识罗列的复习方式不能减轻学生的思维负担，所起到的作用也只是强化记忆而已。当所复习的知识内容与习题训练脱节时，反而会增加学生学化学基本理论的负担，降低学习的积极性。问题情境的设置首先跳出了知识简单记忆的老套路，所给的具体问题会引导学生积极思考，当问题得以解决时学生还会获得成就感，由被动变主动从而增强了学生学习的积极性。

案例 8-5　原电池和电解池

问题情境：图所示是某兴趣小组的同学为了研究有关电化学的问题而设计的装置。当闭合该装置的电键时，观察到电流计的指针偏转。

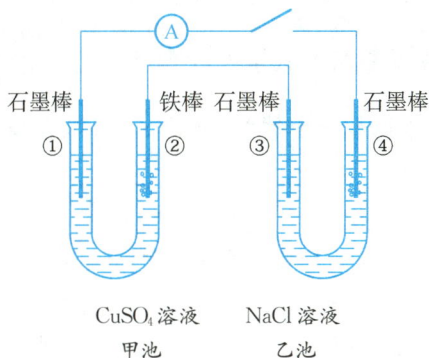

CuSO₄ 溶液　　NaCl 溶液
甲池　　　　乙池

（1）你能判断出哪个是原电池哪个是电解池吗？说出你的理由。

（2）在图上标出正负极、阴阳极、外电路电子流向、溶液中阴阳离子的移动方向。

（3）写出相应的电极反应式。

（4）描述乙池中两极发生的现象，若向电极③所在的溶液中滴加酚酞，有什么现象？若将氯化钠溶液换成硫酸铜溶液，又会有怎样的现象？溶液的酸碱性会发生怎样的变化？

（5）若电极①的质量增重 6.4 g，那么电极④将产生多少体积的气体（标准状况下）？

思考归纳：在解决上述问题时，你都应用到了哪些知识？

上述案例把容易混淆的原电池和电解池巧妙地结合在一起，构建出知识链，使学生能更好地把握其工作原理并加以区分对比。

3. 回归教材，活化基础，整合知识

教材是复习之本，只有掌握教材上的每一个知识要点，才能使学生真正掌握所学内容。回归教材不是要死记硬背教材知识，而是要深入领会和理解教材内容。在复习中，一要重组和整合各种相关知识，合并和串联相关概念、理论知识，如四大平衡即（化学平衡、电离平衡、水解平衡、溶解平衡）都可以用化学平衡来统领或从化学平衡来归纳和发散；二要将基本概念、理论知识置于化学学科的大环境中，注意基本理论、基本概念与元素化合物、化学实验和化学计算的交叉融合，重组和整合课本中的知识。

案例 8-6　物质结构与元素周期律复习

抓住原子结构这条主线，就能将元素周期表结构与排布规律（原子结构特点）、元素周期律（原子结构与性质关系）、化学键（核外电子的得与失）等串联起来，还可以联系分子极性、晶体空间结构等。

（三）化学概念原理复习课教学设计案例

案例 8-7　"共价键与分子结构"复习课（山东青岛第六十六中学　相佃国　李　杰）

教学目标

（1）能准确判断共价键的主要类型 σ 键和 π 键，能用键能、键长、键角等说明简单分子的某些性质。

（2）能够描述出杂化轨道理论及常见的杂化轨道类型（sp、sp^2、sp^3），能用

价层电子对互斥理论或杂化轨道理论推测常见的简单分子(离子)的空间结构。

(3) 通过问题讨论梳理知识,建立知识体系,体验合作探究学习的过程。

重点和难点

(1) 典型分子(离子)的中心原子的杂化类型和微粒的空间构型。

(2) 运用共价键的有关知识解释问题时规范答题的方法。

教学设计思路

采用"一案三区"进行教学设计,即学案包括课前预习、课堂讨论、课后巩固3部分。

教学过程

环节一:课前预习(包括基础知识回顾和预习检测两个环节)

基础知识回顾设置4个思考题:

(1) 什么叫共价键?通过共价键形成的化合物是离子化合物还是共价化合物?

(2) 共价键的键长、键能、键角影响分子的哪些性质?怎样影响?

(3) 什么叫原子轨道杂化?常见的杂化方式有哪几种?

(4) H_2O、NH_3、CH_4分子的空间构型分别是怎样的?

预习检测环节,针对重点知识设计了3个选择题(略)和一个简答题:NH_4^+中 H—N—H 键角比 NH_3 中 H—N—H 键角大的原因是什么?

设计意图:以思考题引领学生对主要内容进行预习,弄清基本知识;通过检测,让学生了解自己对重点内容的掌握情况,发现存在的问题,加强复习的针对性,提高课堂学习效率。

环节二:课堂讨论

将教学内容划分为两个板块:

板块一共价键及其类型,设计如下问题组:

(1) 完成表 8-1,并与同学讨论。

表 8-1　共价键类型

	N_2	C_2H_4	NH_3	Fe	NH_4Cl
是否含共价键					
共价键类型 (尽可能多的分类方法)					

（2）已知 N≡N 的键能为 942 kJ/mol，N—N 单键的键能为 247 kJ/mol，计算说明 N_2 中的 σ 键、π 键哪个更稳定。

设计意图：问题能够引发学生的积极思考、有序思考和深度思考，问题便于学生进行讨论交流，问题的解决过程能够帮助学生理顺思维、建立起知识体系。通过师生合作教学，让学生弄清 3 个问题：

① 共价键通常的分类方法和依据。

② σ 键、π 键的判断方法。

③ 共价键参数（键长、键能、键角）与共价键强度、分子稳定性的关系，与分子空间构型之间的关系。

板块二原子轨道杂化与分子的空间构型，设计如下问题组：

（1）完成表 8-2。

表 8-2 几种常见分子中心原子杂化方式与分子空间构型

	CH_4	NH_3	H_2O	C_6H_6	HCN
中心原子杂化方式					
杂化轨道空间构型					
分子空间构型					

（2）讨论：

① 怎样判断中心原子的杂化方式？

② 原子轨道的杂化类型与杂化轨道空间构型之间存在什么关系？

③ 中心原子的杂化方式与分子的空间构型之间存在什么关系？

设计意图：通过学生熟悉的典型分子 CH_4、NH_3、H_2O 的中心原子杂化方式的判断，让学生体会价电子对计算法的含义和适用范围；通过 3 种分子的中心原子杂化方式、杂化轨道空间构型、分子空间构型，让学生建立起 3 者之间存在必然联系的认识，提高分析、归纳能力。通过对 C_6H_6、HCN 的讨论，引发学生对多中心原子分子、非 AB_m 型分子的中心原子杂化方式判断的认知冲突。在教师的启发引导下归纳得出：已知分子中原子的成键方式时，可以由"σ 键数目 + 孤电子对数"分别为 2、3、4 时判断出中心原子发生了 sp、sp^2、sp^3 杂化，让学生建立起中心原子杂化方式与分子空间构型之间相互推导的逻辑关系，实现思维的升华。

环节三：巩固练习环节

设置以下习题：

(1) 填表8-3。

表8-3 几种常见微粒中心原子杂化方式与分子空间构型

	H_3O^+	PH_4^+	PCl_3	SO_2	CO_3^{2-}
中心原子杂化方式					
微粒的空间构型					

(2) $SnBr_2$分子中Sn—Br键的键角120°（填"＞""＜"或"＝"），分子的空间构型为（　　），理由是（　　）。

设计意图：通过(1)让学生再次体会价电子对计算法、成键情况判断法确定中心原子杂化方式的过程及注意问题，引导学生从PH_4^+与NH_4^+对比、NH_3与PCl_3对比得出：同主族元素的原子结构相似性决定了它们的同类型分子（离子）的空间结构是相同的，可以运用类比法对中心原子杂化方式和分子空间构型快速做出判断。

通过(2)的解答，学生对价层电子对互斥理论有清晰认识，教师以此题对这类简答题的知识逻辑和语言表述予以强调与示范，训练学生规范答题的习惯。

环节四：课堂总结环节

设计思维导图对知识体系加以归纳整理。

(1) 共价键与分子性质的关系如下。

原子半径 → 键能／键长 → 共价键强弱 → 分子稳定性以及原子晶体熔点、硬度等

(2) 轨道杂化与分子空间构型（键角大小）如下。

中心原子杂化 → 孤对电子数／杂化轨道空间构型 → 分子空间构型／价电子对互斥理论 → 键角大小

课后巩固为代表性习题训练（略）。

三、化学实验复习课

（一）化学实验复习课概述

化学实验复习课是以复习化学实验为主的一种课型，主要是通过实验手段复习知识，既可以用于单元复习，也可以用于总复习，不论是哪种形式的复习课，对培养学生的观察能力、实验能力和思维能力等都能发挥很好的作用。化学实验复习有助于学生主动构建自身发展所需的化学知识和技能，能进一步体验科学探究的过程，加深对科学本质的理解，能认识到实验在化学学习和化学科学研究中的重要作用，提高思想创新能力、自主探究能力和批评质疑精神。

（二）化学实验复习课教学设计

由于课程标准和考试说明对各项实验内容的要求不同，化学实验的总复习可以采用不同的方法。如对常用化学实验仪器的复习，可以将其摆放在实验台上，写明名称、用途、使用注意事项等，便于学生把握仪器的特征。对化学实验的基本操作，要针对重点让学生动手操作，以考察学生的实验操作能力。对气体制备和收集的复习实验，可按气体制备的反应原理准备几套对应的实验装置，组织学生分组轮流动手复习实验。对物质的鉴别，若是气体，可结合气体制备实验进行复习等等。在高三实验复习课中，依据教材和考试说明，可以进行如下的专题实验复习：如基本实验方法，常见气体的实验室制法，原理模块实验专题，有机实验专题，物质的检验、分离、提纯等。

1. 强化化学实验基础知识与基本技能，构建基础实验知识网络

掌握化学实验基础知识与基本技能是构建基础实验知识网络、提高化学实验能力的前提。在复习化学实验时，首先要让学生了解常用仪器的名称、形状、主要用途和使用方法及技巧，初步学会绘制简单的仪器装置图；熟悉最基本的操作，如药品的取用、洗涤玻璃仪器、连接仪器装置、检查装置的气密性、排水集气、称量、研磨、过滤、蒸发、一定物质的量浓度溶液的配制、中和滴定、焰色反应、指示剂使用等，在此基础上了解常用药品的性质，掌握物质的制备、离子的检验、物质的分离提纯及鉴别等化学实验操作，从而让学生构建实验知识的网络体系。在具体实验过程中要引导学生勤于思考，对每一步操作的要领和原理都要理解，不仅要达到操作的效果，更要理解这样操作的原因。这样的实验复习，有利于学

生对实验知识的整体把握。

2. 利用实验视频,强化细节与规范

总复习阶段,时间紧,任务重,而化学实验内容又多,学生不可能到实验室重做教材中的每一个实验。教师可以下载网络上相关的视频,然后按课本顺序排列,或按专题排列,以方便查找。每个实验短的 2～3 min,长的约 5 min,所有实验 2～3 节课完成,并且学生可以用自习时间观看。在观看之前,教师要向学生说明相关情况,如有哪些实验,用多长时间,尤其要注意哪些细节、操作和现象,观看过程中适当做好笔记等。学生可以提前把实验复习中存在的问题罗列出来,便于集中注意力重点观看。短时间内重现了大量化学实验知识,学生根据自身的知识短板去强化相关知识,有些没复习到的知识在视频中出现了,学生有种豁然开朗的感觉;用视觉刺激学生的记忆中枢,印象会更深刻。

3. 组织探究实验,培养学生探究能力

复习课中的实验探究不是把课本实验再重复一次,应该是课本实验的提升,要提前做好准备。例如,学生提前明确实验目的,分好小组,明确分工,提前预测结果等。选题也要体现高三复习阶段的特点,即贴近生产生活,知识的跨度大,综合性强,知识开放性强,方案多。这样,一次合作探究实验,就能让学生复习许多化学实验知识,并且感受实验的探究过程,使知识和能力得到提升。由于时间关系,学生不必实验多个方案,可以有选择地或分组验证。

(三) 化学实验复习课教学设计案例

案例8-8　不同价态硫元素间的转化

为了达成实验目的,以问题填空的形式提前做好知识准备。例如:

① 常见的氧化剂、还原剂有哪些?

② 氯气、二氧化硫、硫化氢气体在实验室中没有,并且有毒,应该怎样准备?

③ 如何证明不同价态硫元素间发生转化?(0 价硫即硫黄单质,直接观察到;+4 价硫元素可以通过检验 SO_2 的漂白性或 $BaSO_3$ 溶于盐酸不溶于水来验证;+6 价硫元素即验证 SO_4^{2-} 的存在)

学生通过小组之间交流、讨论,提供了许多实验方案,汇总如下,可以有选择地分组验证:

实验一:+4 价→0 价

① 往硫化钠与亚硫酸钠的混合溶液中滴加稀硫酸,立即用蘸有 NaOH 溶液的棉花封住试管口,振荡,观察现象。

② 往碘化钾与亚硫酸钠的混合溶液中滴加稀硫酸,立即用蘸有 NaOH 溶液的棉花封住试管口,振荡,观察现象。

实验二：+4 价→+6 价

① 往亚硫酸钠溶液中滴加足量氯水后再加 $BaCl_2$ 溶液,振荡,观察现象。($BaSO_3$ 溶于盐酸)

② 往亚硫酸钠溶液中滴加酸性 $KMnO_4$ 溶液后再加 $BaCl_2$ 溶液,振荡,观察现象。

③ 往亚硫酸钠溶液中滴加稀硝酸后立即用蘸有 NaOH 溶液的棉花封住试管口,再加 $BaCl_2$ 溶液,振荡,观察现象。

实验三：0 价→+4 或 +6 价

① 用纸槽将少量硫黄加入到试管中,再加酸性 $KMnO_4$ 溶液,然后加热至沸腾,冷却后,用长滴管取上层清液,滴加 $BaCl_2$ 溶液,振荡,观察现象。再加入稀硝酸溶液,观察现象。

② 取少量硫粉放入燃烧匙中,在酒精灯上加热至硫粉呈熔化状态后,迅速伸入盛满氧气的集气瓶(底部有少量水)中,观察发生的现象。

实验四：+6 价→+4 或 0 价

① 将浓硫酸滴入到 Na_2S 溶液中,立即用蘸有 NaOH 溶液的棉花封住试管口,振荡,观察现象。

② 铜片与浓硫酸混合加热,产生的气体通入品红溶液,混合液冷却后加水稀释,观察现象。

最后,让学生完成下表,并分组展示实验成果,指出实验中存在的问题。

实验记录表

实验编号	预期的转化	选择的试剂	实验现象	结论
1	+4 价→0 价			
2	+4 价→+6 价			
3	0 价→+4 或 +6 价			
4	+6 价→+4 或 0 价			

案例 8-9 以化学实验引领复习课的创新尝试——"溶解现象"复习课的教学

一、教学设计思路

基于以上认知,本教学设计从探究一杯未知液体入手,以此为主线把溶液的知识都串起来。以学生活动为主体,以实验活动为基础,以问题探究为主线,以问题解决为形式,以能力培养为核心,引导学生讨论与探究该液体,让学生回忆溶液的相关性质,在分析溶液性质的基础上,引导学生系统掌握溶液相关知识。

二、教学目标

知识与技能:梳理本章各知识点,形成知识体系;加深对溶液的概念、特征、性质、组成、溶质质量分数等概念的理解和掌握。

过程与方法:创设问题情境,学生主动探究,提高分析、分类、归纳、综合等能力。

情感态度价值观:通过实验探究训练,进一步激发学习的兴趣和求知欲,培养科学探究的能力。

三、教学重、难点

能进行溶质质量分数的简单计算;能配制一定溶质质量分数的溶液。

四、教学过程设计

1. 课堂引入要新颖

引入部分是这样设计的:在课前 2 min 开始播放视频动画:溶解现象及自然界中部分结晶现象,意在烘托气氛,激发学习兴趣。

(教学片段实录)

师:播放 2 min 视频:溶解现象及自然界中部分结晶奇观。在短片中你看到什么现象?

生好奇地观看视频,齐答:看到溶解现象和结晶现象。

师:溶解和结晶都是与溶液有关的内容,这节课我们来复习溶液。

2. 设计问题要深刻

在课的开始问题是这样设计的:上课时教师首先展示一杯液体,请学生观察并思考杯中液体是不是溶液。这样创设的问题情境既简单又很新鲜,不仅能激发学生的学习兴趣,而且能引发学生强烈的好奇心和探究欲。意在引导学生积极思考,不断探究。

(教学片段实录)

师(展示一杯液体):有人说杯中装的一定是溶液,你认为呢?

学生积极思考并抢答。

师:如果是溶液应该具有什么特征?

生：均一性、稳定性(澄清、透明等)。

师(追问)：如何验证此杯中液体是溶液?

生：测该液体的导电性、酸碱性、蒸发等。

演示实验：测杯中液体的导电性。

生：经验证杯中液体能导电，证明杯中确实是溶液。

投影：总结溶液的特征及性质。

师：溶液组成成分是什么?

引出溶液、溶质、溶剂概念。

3. 设计的问题要体现启发性

对于溶液的形成是这样设计的：把7种常见物质溶于水，让学生观察并判断哪些物质溶于水可能得到这杯无色溶液。意在以此为线索启发、引导学生积极思考总结。

(教学片段实录)

师：这个杯子中的无色溶液可能是下列哪些物质溶于水形成的?

A. 面粉　B. 植物油　C. 硝酸铵　D. 蔗糖　E. 氢氧化钠　F. 食盐　G. 高锰酸钾

生(思考、分析)回答：可能是硝酸铵、氢氧化钠、氯化钠。

师：回答得很好，请说出你的理由。

师(在学生解释后)询问：在家里，盛菜的油碗是怎样清洗干净的?

引导学生分析生活中的乳化现象。(化学与生活息息相关，化学有用)

4. 设计的实验要体现创新点

物质溶解时常伴随吸热或放热现象。根据物质溶解时热量的变化能使烧瓶内外形成压强差这一原理，巧妙利用烧瓶吞吐鹌鹑蛋实验，很形象地说明物质溶于水时，有的表现为吸热，有的表现为放热，现象非常明显，趣味性很强，效果很好。

(教学片段实录)

师：(展示)硝酸铵、氢氧化钠、氯化钠3瓶白色粉末，无标签，你能设计实验把它们鉴别出来吗?

学生独立思考设计实验方案，经小组交流后回答。

评价学生回答的方案，并演示趣味实验——烧瓶吞吐鹌鹑蛋。

(1) 取5药匙氢氧化钠固体，放在100 mL的小烧杯中，加50 mL的水，搅拌、溶解，将溶液倾倒在图8-1所示烧瓶底部，让学生仔细观察实验现象。看烧瓶瓶颈中的鹌鹑蛋如何变化。(实验时，要慢、要准;要介绍实验装置，要让学生仔细观察)

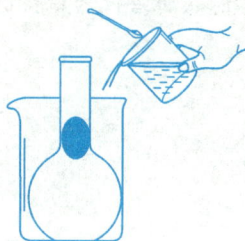

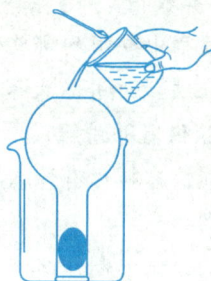

氢氧化钠 硝酸铵

图 8-1 图 8-2

师：通过实验现象,同学们获得什么结论呢?

学生观察实验,说出结论。

倾倒氢氧化钠溶液后,鹌鹑蛋会缓慢上升,并从瓶口"吐"出来,非常有趣。

让学生解释实验现象及原理。

(2) 再取 5 药匙硝酸铵固体,放在 100 mL 的小烧杯中,加 50 mL 的水,搅拌、溶解,将溶液倾倒在图 8-2 所示烧瓶底部,让学生仔细观察实验现象。

师：通过实验现象,同学们获得什么结论呢?

生：倾倒硝酸铵溶液后,鹌鹑蛋慢慢上升并进入烧瓶,被烧瓶"吞"进去。

让学生解释实验现象及原理。

教师投影总结,物质溶于水时,有的表现为吸热,有的表现为放热。

5. 设计的问题要有递进性

关于溶液的配制是这样设计的：若这杯溶液是 100 g 溶质质量分数为 15%的氯化钠溶液,让学生思考如何来配制它。要把多少氯化钠溶于水才能得到这杯溶液? 以问题为线索启发、引导学生积极思考溶液的配制方法。

(教学片段实录)

师：假如这个杯子中装的是 100 g 15%的氯化钠溶液,你知道怎样配制这样的溶液吗?

生：固体加水、浓液稀释、稀浓混合等。(视学生的回答来定)

师：你知道配制溶液的步骤吗?

学生思考、分析配制步骤。

师：同学们说得很好,我们先来动笔计算一下所需氯化钠的质量和水的体积吧。

学生板演,计算数据。

师:在配制过程中要用到哪些仪器? 你能从所给仪器中挑选出来吗?

请一位学生上去挑选并给大家讲解。

学生找出实验仪器并讲解。

师:如果想加快溶解你有什么建议吗?

学生思考回答。

师:请同学们分组配制该溶液。

学生动手实验。

6. 设计的问题要体现启发性

对于溶解度、溶解度曲线的相关概念及饱和溶液与不饱和溶液的相互转化是这样设计的:通过实验,让学生明确固体不能在水中无限制溶解,从而得出饱和溶液的概念及固体溶解度的概念,通过实验探究展示杯中不饱和溶液与饱和溶液是如何转化的,引导学生积极思考。

(教学片段实录)

师:现在请你往杯子里加一药匙氯化钠,搅拌。(展示杯中溶液)你看到什么现象?

学生动手实验,观察到固体溶解了。

师:固体可以继续溶解,说明是什么溶液?

生:不饱和溶液。

师:你知道饱和溶液和不饱和溶液是怎样相互转化的吗?

学生思考、回答。(如果学生一开始说出了通用方法,要再引导:还有哪些方法?)

教师出示投影。(一般方法)饱和溶液与不饱和溶液相互转化。

师:如果不饱和溶液是石灰水,怎么变成饱和?

学生思考并回答。

师:可以看出来,温度这个因素是不确定的,我们总结出适用的通用方法。

(投影)根据特例总结饱和溶液与不饱和溶液转化的通用方法。

师(过渡):我们知道物质在一定温度下、一定量的水里是不能无限制溶解的,我们用溶解度来定量表示物质的溶解性。

师:你还记得溶解度的概念吗? 请大家完成投影上的内容。

(投影)溶解度定义(强调 4 个因素,让学生说)。

学生回答概念。概念的理解(引导多种说法)。

师：不同温度下物质的溶解度是不同的,可用溶解度曲线来更直观的表示物质溶解度的变化。

师(投影溶解度曲线)：根据溶解度曲线,你能获得哪些信息?

学生独立思考,回答问题。

总结溶解度曲线的线、点。(变化图形,M 点的理解,根据图说出不饱和状态到饱和状态的转化,再总结)

师：下面我们通过几个题目来看看溶解度曲线具体的应用。

(投影)习题。

学生完成练习并回答。

师：降温是结晶的一种方法,若想完全结晶应该怎么办?

学生踊跃发言。

师：通过这节课的学习,你有哪些收获和感悟?

学生踊跃发言谈收获、谈感悟。

五、教学反思

本节课教学活动的设计突出了以学生实验探究为先导,展示一杯液体,让学生探究这杯液体的性质实验,来梳理溶液的相关知识,并形成知识体系。教师在复习导入、问题引领、方案设计、实验探究、交流合作中起指导作用。通过对杯中液体的实验探究,培养了学生的兴趣,突出了教学重点,降低了复习难度,提高了复习效果。这样的教学,学生的主体地位突出,教师的主导作用恰当,课堂气氛民主、融洽。整堂课学生思维活跃,参与积极,提出和解决问题自然流畅,三维教学目标自然、动态生成,达到了预期的复习效果。由此可见,把实验引入复习课,不啻为一种提高复习效果的好方法! 当然,如果能把学生回答问题的预设准备的更充分些,课堂效果可能会更好。

四、有机化学复习课教学设计

(一) 有机化学复习课

有机化学复习课是以有机化学为主要教学内容的复习课。就高中阶段来看,主要研究有代表性的烃类、烃的衍生物及高分子化合物,研究它们组成、结构、性质、来源以及应用。涉及的教材有必修 2 第三章有机化合物,选修 5 有机化学基础。

有机化学复习课在高二选修 5 模块之后以及高三复习中。有机化学复习课要以研究有机物的一般思路和方法为线索,整理各类有机物的组成、结构、性质、来源以及应用,让学生能从官能团、化学键水平认识有机物的结构和性质。学生能灵活掌握有机物的相互转化关系,从而解决有机合成和有机推断问题。

(二) 有机化学复习课教学设计

有机物种类繁多、反应复杂;有机化学知识点多,内容多,要求高,试题可拓展的余地较大,且灵活性较强。在有机化学复习课中,要用分类研究的方法,充分利用典型代表物的示范功能。要围绕结构决定性质来展开教学,基于化学键理解有机物的结构和性质,统整对有机物结构和性质的认识角度和思路。在具体问题情境中,综合运用有机知识,实现有机合成或转化,从而利用有机知识解决问题。有机化学试题的信息量大,难度大,考生得分率不高。因此,有机化学复习需要讲究策略,现从以下几个方面进行探讨。

1. 以官能团为基础,构建有机物性质网络

逐一认识官能团的结构,掌握含有相同官能团的物质的通性,并通过典型物质性质去类推一类其他物质的性质。建立有机物性质网络,弄清官能团的特性是掌握有机物的基础;同时要以官能团为主线,掌握不同类物质间的相互转变及其合成方法。

案例 8-10 部分官能团的化学性质

官能团名称	卤原子	羟基	醛基	羧基
结构简式	—X	—OH	—CHO	—COOH
物质类别	卤代烃	醇	醛	羧酸
代表物	CH_3CH_2Br	CH_3CH_2OH	CH_3CHO	CH_3COOH
代表物的主要性质	1.水解反应生成醇;2.消去反应生成不饱和烃。	1.分子间脱水成醚;2.分子内脱水成烯;3.燃烧;4.催化氧化成醛或酮;5.与酸酯化成酯;6.与钠反应放出氢气。	1.氧化成羧酸(与氧气、银氨溶液等反应);2.还原成醇。	1.酸性;2.与醇酯化成酯。
代表物的制法	乙醇与氢卤酸反应。	1.发酵法;2.乙烯水合法。	1.乙醇氧化法;2.乙炔水合法。	1.乙醛氧化法;2.乙醇氧化法。

转化关系：$CH_3CH_2OH \xrightarrow{HX} CH_3CH_2X \xrightarrow{水解} CH_3CHOH \xrightarrow{氧化} CH_3CHO$ $\xrightarrow{氧化} CH_3COOH$

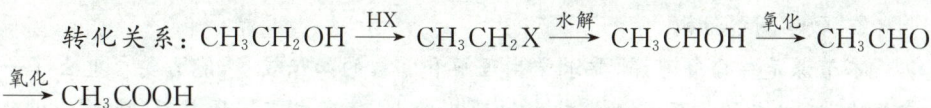

2. 以断键部位为主线,构建有机反应的知识网络

化学反应的实质是旧键的断裂、新键的形成,让学生从断键、成键的角度分析有机反应,把握有机反应的实质,降低学习难度。

案例 8-11　键的断裂

1. 碳氢键的断裂

取代反应,甲烷和氯气的取代氧化反应,醛氧化成羧酸。

2. 碳碳键的断裂

(1) σ键的断裂:

① 裂化反应,如丁烷受热分解成乙烯。

② 氧化反应,如丁烷催化氧化成乙酸。

③ 脱羧反应,如醋酸钠与碱石灰共热生成甲烷。

(2) π键的断裂:

① 加成反应,如丙烯与溴加成生成二溴丙烷。

② 加聚反应,如乙烯聚合成聚乙烯。

③ 氧化反应,如烯催化氧化成乙醛。

3. 让学生养成仔细审题、答题顺序和答题时间分配合理的习惯,培养学生自信、乐观的心态

学生的答题循序的选择,这直接关系到学生的答题速度、答题时的心理状态及情绪变化。在模拟和高考中都有学生答不完题,甚至某一科主观题得零分的现象。因此,必须加强在规定时间内答完理科综合试卷的训练。要求学生在答卷时必须审清题目要求及所给数据,通过考试来调整学生的心态,使学生对高考充满信心、处于最佳的临考状态。

(三) 有机化学复习课教学设计案例

案例 8-12　有机化学复习课教学设计

1. 教材分析

有机化学在教材里分必修和选修两部分。必修考试重在考选择题,选修内容在每年考卷体现。由于该有机化学试题考查的内容范围广,知识点较多,考查学生的能力要求高,故学生在该题上的得分率较低。

2. 教学内容分析

本节课是综合复习课,要求学生理解和掌握的知识较多,能力要求也上了一个层次,所以在学生已掌握基础知识的基础上,通过本节课的复习,要求学生熟练掌握以下相关知识:

(1) 掌握碳碳双键、碳碳三键、卤原子、醇羟基、酚羟基、醛基、羧基、酯基、羧基等官能团的化学性质,能书写各代表物的化学方程式,理清楚各官能团之间的相互转化。

(2) 掌握取代反应、加成反应、消去反应、聚合反应(加聚和缩聚)、氧化反应、还原反应的基本特征。

(3) 掌握同分异构体书写的三部曲。

(4) 掌握有机合成题的解题方法和技巧,了解几种图谱在解答有机化学合成题中的应用。

(5) 通过练习,提高学生对有机合成题信息给予的处理和应用能力。

3. 教法分析

对于复习课,如果教法单一,学生会产生厌倦心理,对提高复习课的教学质量会事倍功半。这就要求老师根据不同的教学内容选择恰当的方法,调动学生的视觉、听觉、动手、动脑等多种形式参与复习,才能达到预期的效果。本节课主以讲解、归纳、讨论、练习的教学方法为主,并注重师生互动。

4. 教学重点

第一轮复习虽已经完成,但对每类有机物性质的理解和记忆还是单一的,还未把各类有机物的转化串联成网状和块状,导致学生在解题时困难重重,出现了学生所说的——书本知识一看就会,但遇到试题就畏惧的普遍状况。因此,第二轮复习时我把各类有机物的相互转化及解题的方法列为本节课的重点。复习课的教学重点如下:

(1) 有机物各官能团的化学性质及其相互转化。

(2) 掌握有机合成题的解题步骤和方法。

5. 教学难点

有机合成题的解题步骤和方法。由于第一轮复习,学生对基础知识已经有了一定的掌握,在第二轮复习中把各知识串联起来形成网状和块状已不是很难办到的事情,但如何引导学生去解答高考这种对学生能力要求很高的试题,则成了学生的普遍问题。为此,教会学生解题方法和步骤则成为该课的难点。

6. 教学过程的组织

引入：烃及其衍生物的基础知识已经复习了。纵观近10年高考有机题可见，有机知识是高考的热点之一，题型主要以有机合成推断题（框图题）为主，考查知识点主要有：

(1) 推断有机物的分子式，熟练写出有机物的结构简式。

(2) 写常见和陌生的化学反应方程式，熟记反应条件，理解有机反应类型。

(3) 常见官能团名称及具有的性质（包括特殊性）。

(4) 同分异构体书写方法及其种类。

(5) 选择合成有机物的途径。

总结有机推断题所需的基础知识和常见方法，投影。

6.1　有机推断题需要掌握的基础知识

(1) 有机物之间的转化关系。

(2) 各种官能团的化学性质。

(3) 常见反应类型及条件。

(4) 同分异构体数目的判断及书写。

学生展示：检查学生完成预习作业的情况（逐页展示幻灯片，学生回答，老师校正）。

6.1.1　有机物之间的转化关系

有机物之间的转化关系如图8-3所示。学生在第一轮复习中分别掌握了烷、烯、炔、卤代烃、醇、醛、羧酸、酯的化学性质后，在第二轮复习中教师要善于引导学生把他们的相互转化串联起来，让学生掌握他们直接的互变，为解答有机合成题提供知识储备。

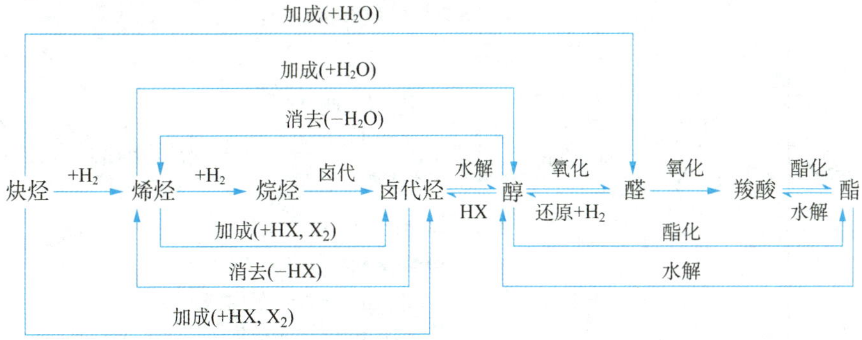

图8-3　有机物之间的转化关系

6.1.2 各官能团的性质

表 8 - 4 各官能团的性质

类别	官能团或特征结构	通式	主要化学性质	代表物质
烷烃	碳碳,单键	链状烃 C_nH_{2n+2}	取代反应: $R—H + X_2 \xrightarrow{光照}$ $R—X+HX$ 裂解	CH_3CH_3 (乙烷)
烯烃	碳=碳,双键	C_nH_{2n}	1. 氧化: 使 $KMnO_4(H^+)$ 褪色。 2. 加成: 与 H_2、X_2、HX、H_2O 等(注意条件)。 3. 加聚: n 个单烯烃在催化剂加热等条件下形成高分子化合物	$CH_2=CH_2$ (乙烯)
炔烃	碳≡碳,三键	C_nH_{2n-2}	1. 氧化: 使 $KMnO_4$(H^+)褪色。 2. 加成: 与 H_2、X_2、HX、H_2O 等。 3. 加聚	$CH≡CH$ (乙炔)
芳香烃	苯环	苯的同系物 C_nH_{2n-6}	能使 $KMnO_4$(H^+)褪色(苯不能) 卤代、硝化、磺化(注意条件) 加成(与氢气)(注意条件)	$\overset{CH_3}{\underset{(甲苯)}{\bigcirc}}$
卤代烃	卤原子(—X)	饱和一卤代烷 $C_nH_{2n+1}X$	1. 取代反应(水解反应): $R—X+H_2O \xrightarrow{NaOH}$ $R—OH+HX$ 2. 消去反应: $RCH_2—CH_2X+NaOH \xrightarrow[\triangle]{乙醇}$ $RCH=CH_2+NaX+H_2O$ (注意: 卤原子邻近的 β 碳上没有 H,不能发生消去反应)	CH_3CH_2Br (溴乙烷)

续 表

类别	官能团或特征结构	通式	主要化学性质	代表物质
醇	羟基(—OH)	饱和一元醇 $C_nH_{2n+1}OH$	1. 取代反应： (1) 与 K、Na、Ca 等活泼金属反应。 (2) 与 HX 反应。 (3) 成醚反应(分子间脱水)。 (4) 与酸(有机酸或无机酸)发生酯化反应。 2. 氧化反应： $$2RCH_2OH+O_2 \xrightarrow[\triangle]{催化剂} 2RCHO+2H_2O$$ (注意：与羟基连接的 C 原子上有 2 个 H,被氧化为醛；与羟基连接的 C 原子上有一个 H,被氧化为酮；与羟基连接的 C 原子上没有 H,不能被氧化)。 3. 消去反应： $$CH_3CH_2OH \xrightarrow[170℃]{浓硫酸} CH_2=CH_2 +H_2O$$ (注意：羟基邻近的 β 碳上没有 H,不能发生消去反应)	CH_3CH_2OH(乙醇)
酚	羟基(—OH)	酚的同系物 $C_nH_{2n-5}OH$	1. 易被氧化剂(如空气中的氧气)氧化而显粉红色 2. 具有弱酸性(但不能使指示剂变色) 3. 取代反应(与浓溴水反应) 4. 显色反应(遇 FCl_3 显紫色) 5. 与 HCHO 发生缩聚反应	C_6H_5OH (苯酚)

类别	官能团或特征结构	通式	主要化学性质	代表物质
醛	醛基 (—CHO)	饱和一元醛 $C_nH_{2n}O$	1. 加成反应(与 H_2 加成又属还原): $RCHO + H_2 \xrightarrow[\triangle]{Ni} RCH_2OH$ 2. 氧化反应:(1)银镜反应(与银氨溶液反应);(2)红色沉淀反应(与新制的氢氧化铜反应);(3)在一定条件下,被高锰酸钾、空气等氧化剂氧化	HCHO (甲醛)
羧酸	羧基 (—COOH)	饱和一元羧酸 $C_nH_{2n}O_2$	1. 具有酸的通性,酸性强弱比较: $HCOOH > CH_3COOH > H_2CO_3 >$ $C_6H_5OH > H_2O > CH_3CH_2OH$ 2. 与醇发生酯化反应	CH_3COOH (乙酸)
羧酸酯	酯基 $\begin{array}{c}O\\\parallel\\(R-C-O-)\end{array}$	饱和一元酯 $C_nH_{2n+1}COOC_mH_{2m+1}$	取代反应(水解反应): 1. 酸性水解: $RCOOR' + H_2O \xrightarrow[\triangle]{稀硫酸}$ $RCOOH + R'OH$ 2. 碱性水解: $RCOOR' + NaOH \xrightarrow[\triangle]{水}$ $RCOONa + R'OH$	$CH_3COOC_2H_5$ (乙酸乙酯)

6.1.3 常见反应类型及条件

有机物的常见反应类型和条件是有机试题中的重要突破口,对解题有重要作用,因此有必要让学生了解和掌握常见的有机化学反应类型和条件。

表 8 − 5　常见反应类型及条件

反应条件与物质	可能官能团及所属反应类型
浓硫酸 稀硫酸	醇和酸酯化(分子内成环、分子间反应)(取代);醇消去;醇分子之间脱水(取代);纤维素水解
NaOH 水溶液	卤代烃、酯、油脂水解;羧酸、酚、氨基酸的中和
NaOH 醇溶液	卤代烃消去
H_2、催化剂	烯、炔、芳香烃、醛(酮)等加成反应(还原反应)
O_2/氧化剂、加热	醇(羟基所接碳上有氢)的催化氧化;醛的催化氧化
$Cl_2(Br_2)$/Fe	芳香烃苯环上的取代反应
$Cl_2(Br_2)$/光照	烃基取代反应
溴水(CCl_4)	烯、炔加成;酚取代;醛及含—CHO 物质的氧化;液态烃萃取
酸性高锰酸钾	烯、炔、醇、醛及含—CHO 物质、苯的同系物等氧化
金属钠	醇、酚、羧酸、氨基酸等含—OH 物质的置换反应
碳酸氢钠溶液	低碳羧酸、氨基酸复分解反应
银氨溶液或新制氢氧化铜	醛类、还原性糖、甲酸盐、HCOOH、HCOOR 等氧化反应(新制氢氧化铜还可中和酸)

6.1.4　同分异构体数目的判断及书写方法

同分异构体种类是有机大题中学生最容易失分的地方,主要是学生容易漏写某些异构体。究其原因主要是学生没有掌握同分异构体的书写方法,未形成技巧。因此,现将同分异构体的书写方法和技巧总结如下:(1)类别异构;(2)碳链异构;(3)官能团位置异构;(4)苯环注意邻、间、对。

6.2　有机合成题的解题思路与方法

(举例)图 8 − 4 所示是利用烃 B 和烃 I 合成有机物 A 和一种高分子新材料 R 的转化关系,已知烃 I 的相对分子质量为 28,且 F 的相对分子质量比 E 多 28。

已知:—CH_2—OH 优先于—CH(OH)—氧化;同一个碳原子上连有多个羟基的结构极不稳定,不予考虑。

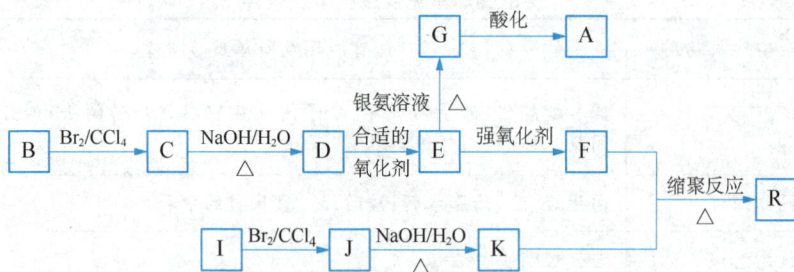

图8-4 利用烃B和烃I合成有机物A和一种高分子新材料R的转化关系

请分析并按要求回答下列问题：

(1) 写出 A 对应的结构简式；B 分子中最多有几个原子共平面？

(2) 写出对应反应的化学方程式：

C→D：＿＿＿＿＿＿ 反应类型为＿＿＿＿＿。

E→G：＿＿＿＿＿。

F+K→R：＿＿＿＿＿。

(3) 有机物 E 的同分异构体 M 满足下列 3 个条件：①1 mol 有机物与银氨溶液充分反应生成 2 mol Ag；②1 mol 有机物与足量 NaHCO₃ 溶液反应产生 1 mol CO₂；③1 mol 有机物与足量金属 Na 反应产生 1 mol H₂。请判断 M 的结构可能有几种。

写出由 OHC—CHO 合成 I 的合成路线流程图(无机试剂任选，要求 3 步完成，必须注明条件)。

讲解有机合成题的思路与方法：

第一步：阅读试题，找出题目中某一物质的分子式。

找分子式常用方法：①题干给出；②由转化关系推导得出(反应规律、质量守恒定律)；③通过计算。(A 相对密度法；B 由标况下的密度计算；C 简式法)

第二步：根据流程找物质类别(即找官能团种类)。

(1) 由反应条件推导；(2) 由反应类型推导；(3) 由反应物性质推导。

第三步：根据官能团种类找官能团数目。

(1) 根据反应中的数量关系查找官能团数目。

(2) 根据有机物的相对分子质量变化确定官能团的数目。

(3) 根据化学式本身结合题目所给信息猜测官能团的数目。

第四步：确定碳链结构及官能团位置。

（1）由反应过程中的生成物推导碳链结构及官能团位置。

（2）由题目给出的信息推导（同分异构体的种类和数目）。

6.3 总结

有机推断题综合性强，难度大，情景新，要求高，很可能逐步向综合性、信息化、能力型方向发展。首先要求对有机基础知识很熟练，其次，合理的方法也是完成推断的保证。

（1）阅读试题，审清题意，查找并完成下列问题：①该题考查的知识点；②解答该题的突破口；③解答该题的思路。

（2）阅读试题，找出题目中某一物质的分子式。

（3）根据流程找物质类别（即找官能团种类），根据官能团种类找官能团数目。

（4）确定碳链结构及官能团位置，并通过顺推法、逆推法、假设法、知识迁移法等得出结论，最后全面检查，验证结论是否符合题意。

（5）规范书写。

6.4 练习

（2015·全国卷Ⅰ·38）化学——选修5 有机化学基础

A（C_2H_2）是基本有机化工原料。由 A 制备聚乙烯醇缩丁醛和顺式聚异戊二烯的合成路线（部分反应条件略去）如图 8-5 所示。

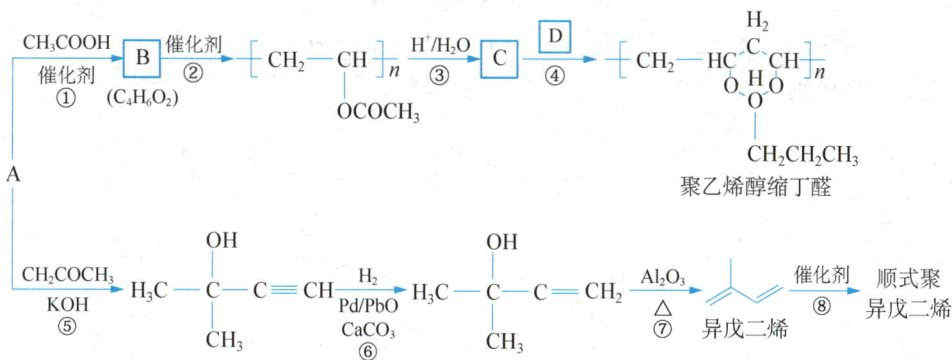

图 8-5 合成路线

回答下列问题：

（1）A 的名称是_____，B 含有的官能团是_____。

（2）①的反应类型是_____，⑦的反应类型是_____。

（3）C 和 D 的结构简式分别为_____。

（4）异戊二烯分子中最多有个原子共平面,顺式聚异戊二烯的结构简式为_____。

（5）写出与 A 具有相同官能团的异戊二烯的所有同分异构体(填结构简式)_____。

（6）参照异戊二烯的上述合成路线,设计一条由 A 和乙醛为起始原料制备 1,3-丁二烯的合成路线。

实践训练

1. 请自选初中化学内容,选取一个单元的内容书写一份复习课教学设计。

2. 请自选高中化学必修 1、必修 2 内容,选取一章的内容书写一份复习课的教学设计。

思考题

1. 元素及其化合物的复习课一般采用哪些方法组织教学设计?

2. 化学概念原理复习课教学设计通常要注意哪些问题?

3. 化学实验复习课教学设计一般有哪些策略?

4. 请简要分析元素及其化合物与有机化学基础内容在复习课的教学策略上有什么区别。

第九章

化学习题课的教学设计

习题课教学在内容上是以讲解习题为主,通过对习题的解剖、分析和点评,帮助学生更好地掌握相关课程的重点和难点,帮助学生巩固基础知识完善知识结构。化学习题课在化学教学中占据很大的比重,它在学生对新知识的探索求知的路上扮演十分重要的角色,中国自古以来就有"纸上得来终觉浅""书到用时方恨少"的良训,告诫我们知识只有应用于实践才能发现不足,所以在学习新知识时,非常有必要进行适当的习题训练,以巩固、加深对知识的理解。

一、化学习题课概述

化学习题课主要是指化学教学中通过讲评作业和习题为主的一种课型。化学习题包括化学教材例题、课后作业和练习题等。通过习题课,教师能引导学生巩固新知、澄清概念、拓展思维、培养解题能力等。目前化学习题中还增加了大量的开放性试题、探究性试题,更是对学生思维能力的一种强化训练,也在一定程度上培养了学生的创新能力。习题教学在一定程度上可检测某部分知识的学习情况,在学生习题解答过程中,教师能够捕捉到其在知识掌握上可能存在的缺陷,以便及时调整教学计划并改善教学方法,借助各种手段修补学生的知识漏洞,完善其知识体系。同时,学生通过做题也能够查找自己在知识网络上的不足,及时查缺补漏。教学活动是一种教与学的双边活动,通过习题教学,从"教"与"学"两方面同时反馈信息,改善"教"与"学"的质量,实现课堂质量的最优化。

二、化学习题课教学设计

一堂丰富的、经过精心设计的化学习题课对学生双基的巩固、思维能力的训练、情感态度价值观的培养具有不可忽视的作用,同时习题课还可以直接反馈关于学生的理论知识掌握的具体情况。有了好的习题,如果没有好好利用,也就失去了意义,化学习题课的设计就是从整体上把控课堂的方向。

优秀的化学习题课教学设计:第一,可以让学生更精确、更加深层次地把握化学概念、原理等理论知识,纠正学生在知识认识上的偏差,帮助其学会习题处理的基本技巧,增加学生学习化学的自信心;第二,可以增强学生自主学习的能力,语言表达能力和培养学生在表述问题时的逻辑性、条理性、准确性以及分析归纳问题的能力;第三,可以增强学生独立剖析问题、处理问题的能力,体验勇于探索、成功解答问题的喜悦,进一步进发学习化学的热情;第四,可以在某种角度上帮助学生学会与人相处、学会与人协作的能力和思维的训练。因此,教师要精心设计化学习题课,以充分发挥习题课的固有价值,提升中学化学习题课的教学效果。

化学习题课教学设计,主要从分析明确教学目标、明确教学的重难点、选择设计化学习题、选择化学习题课教学设计策略 4 个环节进行,其中在前面章节中已经学习了如何明确教学目标和确定教学重难点,这里不再复述。

1. 选择设计化学习题

化学习题教学是以习题为主线的教学形式,习题的选择和设计是习题课设计的核心和关键。在选择习题时,需要根据教学内容,选择化学习题,或者以化学事实为基础,改编化学试题,筛选出适合不同学生的习题,只有合适的才是最好的。习题选择的首要依据是符合目标的要求,同时还要注意以下 4 个方面。

(1)选择考查教学重难点的习题 习题的内容要包含重、难点的知识,让学生通过做习题加深重点知识、难点内容的理解和掌握。教师在上习题课时:一是要注意引导学生在解题的过程中不断运用知识的迁移,将难点逐渐化解;二是要引导学生探索知识的内在联系,逐步形成化学观念。只有这样,学生才能形成正确解题思路。另外,包含重难点的习题还能引发学生的求知欲,促使学生积极主动的参与到课堂中,提高教学效率。

案例 9-1 金属钠放置在空气中会有哪些变化?

这道题涵盖了金属钠的主要化学性质和多种化学反应。高一学生在学习这部分内容时,往往只能答出其中几种变化,不能全面思考问题。大部分学生只能答出银白色金属钠 $\xrightarrow{O_2}$ 表面变暗生成 Na_2O 这一变化,但是后续变化却没有想到。Na_2O 与空气中的水生成白色固体 $NaOH$,$NaOH$ 潮解得到 $NaOH$ 溶液,$NaOH$ 溶液又与空气中的 CO_2 反应生成白色晶体为 $Na_2CO_3 \cdot 10H_2O$。最后风化得到白色粉末状物质 Na_2CO_3。

答案:银白色金属钠 $\xrightarrow{O_2}$ 表面变暗,生成 Na_2O $\xrightarrow{H_2O}$ 生成白色固体 $NaOH$ $\xrightarrow{H_2O}$ 表面变潮湿得到 $NaOH$ 溶液 $\xrightarrow{CO_2}$ 生成白色晶体 $Na_2CO_3 \cdot 10H_2O$ $\xrightarrow{风化}$ 得到白色粉末状物质,化学式为 Na_2CO_3。

(2) 选择具有代表性的、典型性的习题 化学习题种类繁多,五花八门,学生要把这么多的习题都完成一遍,既浪费时间也很难完成。教师在习题课教学设计时应该精心挑选习题,多选择这种具有典型性的习题,量少而精,有助于减轻学生的作业负担。

案例9−2 将不含杂质的锌片和铜片按图方式插入等浓度的稀硫酸中一段时间,下列说法正确的是( )。

A. 两烧杯中铜片表面均无气泡放出

B. 甲中铜片是正极,乙中铜片是负极

C. 两烧杯中溶液的 pH 均增大

D. 产生气泡的速度甲比乙慢

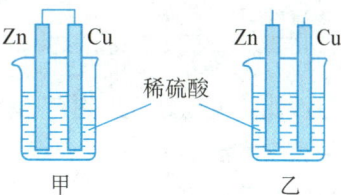

解析:这是一道难度适中、非常典型的原电池题目。学生要综合分析原电池的构成条件、工作原理、应用等知识,才能把握该道题,此题对学生系统全面学习掌握原电池的原理很有意义。

案例9−3 下列有关钠的叙述中,错误的是( )。

A. 钠可以用来冶炼金属钛、锆、铌等

B. 钠的化学性质非常活泼,钠元素只能以化合态存在于自然界

C. 钠是一种灰黑色的固体

D. 钠的质地软,可用小刀切割

本题就是典型的基础题,综合考查钠的物理性质、化学性质、存在和用途,考查点比较全面。可用于上完钠的性质后让学生练习。通过此题的练习,得到启示:掌握钠等元素化合物的知识一方面要全面、准确,另一方面要注意方法:我们可以用观察法和实验法研究其物理性质和化学性质,而性质决定其存在和用途,例如,A、B选项所述钠的用途和存在都是由钠的化学性质非常活泼决定的。

（3）选择与生活生产有联系的习题　选择与生活生产有联系的习题,通过对化学习题素材的挖掘,拓展学生对化学在生活生产中应用的认识,不仅有助于学生理解知识,也有助于学生贴近生活热爱生活,唤起学习的热情与积极性,感受化学知识的魅力。

案例 9—4　电视剧或舞台表演上经常会制造如仙境般烟雾缭绕的美景。这些神话仙境中所需的烟幕是用 NH_4NO_3 和 Zn 粉按质量比 8∶6.5 混合放于湿热的石棉网上,使用时滴水数滴即产生大量的白烟,又知发生反应后有 N_2 和水生成。有关的说法中正确的是(　　)。

A. 水起着溶解 NH_4NO_3、发生吸热现象启动反应的作用

B. 每还原 1 mol NO_3^- 需氧化 1 mol Zn 和 1 mol NH_4^+

C. 成烟物质是两性氧化物小颗粒

D. 成烟物质是小颗粒,它由 NH_4NO_3 反应放热而蒸出

解析:这道题目的反应方程式为 $NH_4NO_3 + Zn \xlongequal{} N_2\uparrow + 2H_2O + ZnO$,将化学反应融入在学生感兴趣的烟幕制造中,既扩展了学生的知识面,也考查了学生根据题目中的条件书写氧化还原反应的能力。此类题可用于上完氧化还原反应后练习。

（4）选择学生易错的习题　习题课教学设计要选择学生容易出错的习题,一方面让学生充分认识到自己的问题,另一方面加深学生对知识的掌握。运用多种教学方法解剖、分析和点评习题,充分暴露学生的误区,在此基础上帮助学生更好地掌握知识。

案例 9—5

① 写出钠与盐酸的化学反应方程式:_____

② 写出钠在 $CuSO_4$ 溶液中的化学反应方程式:_____

关于第①题,在实践教学中发现不少学生的答案为

$2Na + 2H_2O \xlongequal{} 2NaOH + H_2\uparrow$　　$NaOH + HCl \xlongequal{} NaCl + H_2O$

这道题学生容易出错,问题出在学生只是机械地将钠与水的反应现象及产物牢记在心,并不理解其反应的本质,当看到"盐酸"二字时立刻认为钠先与水反应,生成的氢氧化钠溶液再与盐酸反应。在教学中发现第②题不少学生的答案为 $2Na + CuSO_4 \xlongequal{} Cu + Na_2SO_4$。问题出在学生根据金属活动性顺序,认为金属钠比金属铜活泼,所以能置换出铜单质,新知识与学生头脑中的已有知识经验产生认知冲突。这时学生迫切想弄清楚为什么会这样,教师再讲解钠与水反应的本质时,会起到事半功倍的效果。

正确答案为：与盐酸反应 $2Na + 2HCl == 2NaCl + H_2\uparrow$

与硫酸铜溶液反应 $2Na + 2H_2O == 2NaOH + H_2\uparrow$

$Na_2SO_4 + 2NaOH == Cu(OH)_2\downarrow + Na_2SO_4$

2. 化学习题课教学设计策略

（1）通过习题纠正典型错误的策略　在习题课教学中，纠错是常用的教学策略。一方面针对学生容易出错的地方，设计一定的专题练习，让学生学会思考为什么会出错，错在了什么地方；另一方面采用剖析习题的方法，把学生经常做错的题目打在电子屏幕上，共同探讨避免类似错误出现的方法；再进行类似习题的练习加以巩固。如离子的检验是高中化学实验的一项重要的内容，同学们不仅仅要掌握常见的离子的检验方法，更应该弄清楚离子检验容易出错的地方，理解常见离子检验的原理。

案例 9 - 6　Cl^- 的检验

几乎所有的同学都知道可以用 Ag^+ 检验，即向该溶液中加入 $AgNO_3$ 溶液生成白色沉淀，就证明该溶液中存在着 Cl^-。然而，CO_3^{2-} 与 Ag^+ 也会生成白色沉淀 Ag_2CO_3，会影响 Cl^- 的检验。所以，在检验之前要对溶液酸化，排除 CO_3^{2-} 的干扰，而选择的酸应为稀硝酸。然后，让学生分析在检验 Cl^- 时为什么不能选用稀盐酸和稀硫酸对溶液酸化；再让学生试着分析 SO_4^{2-} 和 CO_3^{2-} 的检验方法。

（2）趣味性策略　兴趣是最好的老师，营造良好的化学课堂教学情境，有利于激发学生学习化学的兴趣，活跃课堂气氛。创设一个寓教于乐的学习情境，将习题编排在有趣味的内容之中，可以激发学生内在的学习动力，帮助学生积极主动地投入到学习探索之中，培养学生勤于思考、独立思考习惯，提高化学习题课的教学质量。创设趣味性习题的途径有多种：可以利用故事或媒体新闻编辑习题；借助实验创设习题；联系生活、社会问题编写习题；通过游戏或竞赛创设问题，等等，如化学联系比较紧密的热点和焦点新闻有毒气泄漏、瓦斯爆炸、一氧化碳中毒等。通过多种途径来激发学生的兴趣，激活学生的思维。

案例 9 - 7　写化学反应方程式的习题课（厦门双十中学　肖培林）

① 一氧化氮对空气说：我一看到你就脸红。

② 水对二氧化氮说：我对你全心全意，你对我却三心二意。

③ 水对小钠（Na）的黄色化合物说：我遇到你，我的血压（pH）就会升高。

④ 小钠（Na）的黄色化合物对干冰的气体说：只有你才能知我清白。

⑤ 小铝（Al）对铁红说：我们在一起，可以融化整个世界。

⑥ 二氧化硫对硫化氢说：我们一见面，事情就绝对黄。

⑦ 黑炭对水晶说：虽然我矮黑小，你高大上。不过我们家族也有高大上的成员，你猜它是谁？（　　）

A．C_{60}　　　　B．石墨　　　　C．金刚石　　　　D．木炭

E．碳酸钙

如果我们合作，产物可以推动计算机革命。它应该是（　　）。

A．SiC　　　　B．SiO_2　　　　C．Si　　　　D．Si_3N_4

E．碳酸钙

水晶说：其实，我对人类的作用也很大，你能猜到几个？（　　）

A．制玻璃　　　　　　B．光导纤维　　　　　　C．玛瑙装饰品

D．光学仪器　　　　　　E．计算机芯片

⑧ 在实验室里，铜黑（CuO）私下对铁红（Fe_2O_3）说：我们这个系列，对酸是专心致志，可是你看铝白（Al_2O_3）却三心二意，不但对酸假惺惺，而且对小苛（NaOH）也迷恋有加。氧化铁说：从出生看，我们都是一个系列，但是从另一方面看，它跟咱们不是一伙的。

那么，一个系列指的是（　　）。

A．都是酸　　　B．都是碱　　　C．都是盐　　　D．都是金属氧化物

不是一伙指的是（　　）。

A．酸性氧化物　　　　　　B．碱性氧化物

C．两性氧化物　　　　　　D．不成盐氧化物

学习化学有时是比较枯燥的，教师将习题设计成趣味性的试题，就可以大大提高学生学习化学的兴趣，学生兴趣被调动起来了就能积极思考，当思考成为一种习惯，学生的学习就能取得好的效果。

案例9-8　关注生活、社会的习题

① 近年来，牙齿漂白正逐渐成为一种时尚。漂白的过程操作简单，每天晚上只需把牙齿漂白剂放在定做好的托盘内漂白牙齿1个小时，1个月之后，牙齿就会变得非常洁白。下列物质溶于水后所得溶液可以作为牙齿漂白剂的是（　　）。

A．Na_2O_2　　　　B．Cl_2　　　　C．H_2O_2　　　　D．SO_2

② 汞合金是当前使用较多的一种补牙材料。英国《新科学》杂志发表过的一篇文章，对汞合金补牙材料的安全性提出了质疑。汞合金补牙材料中除了水银之外，还含有锡、铜、锌等金属。下列有关汞合金的说法不正确的是（　　）。

A．汞合金的熔点比汞的熔点高

B. 汞合金的硬度和强度比锡的大

C. 汞合金的毒性远远低于汞的毒性

D. 汞合金是一种具有金属特性的化合物,易导电导热

评析:以上两题设计的目的分别是考查学生对"漂白概念"和"汞合金概念"的理解,但题目并不是抽象的给予,而是放在一定的生活情景中让学生在"活学活用"的同时,感受到化学知识能够服务于提高人们生活质量的实用性。此类习题能够培养学生用化学的眼光观察世界,用化学知识解决实际问题,对于倡导理论联系实际、学以致用的优良学风,起了积极的导向作用。

③ 很多消费者担心具有美白功能的化妆品中含有铅、汞等有害物质,销售人员会介绍说只要将银制品在涂有化妆品的手上一擦,如果变黑就说明其中含铅,颜色越深含铅量也就越多,添加剂也越多。请你根据所学化学知识,指出这种说法违反科学之处。

④ 揭露和批判伪科学是科学工作者及全民的义务和权利,下列内容属于伪科学的是(   )。

A. 高温高压下石墨变为金刚石

B. 为了提高生活质量,人人都需服用补碘剂

C. 用催化剂将水变成燃料

D. 在一定条件下,将空气中的氮气转变成含氮化合物

评析:上述③④两题采用"伪科学"的案例,启发学生养成要用科学的眼光来看待周围的事物,引导学生利用科学知识、科学方法和科学思想掌握科学应用的本质,形成认识物质世界的基本观念及基本方法。

⑤ 为了预防 H1N1 流感,常用的消毒剂除了酒精还有次氯酸钠(84 消毒液)等,请指出次氯酸钠具有消毒作用的原理,并写出相关的化学方程式。

评析:⑤题从选材角度看,涉及甲型流感这个社会热点问题,以不改变"化学味"为命题的落脚点,引导学生关注社会、热爱生活、珍爱生命,树立为社会进步而学好化学的志向。

⑥ 中央电视台《科技博览》报道,2004 年 3 月中国科学院首创用 CO_2 合成了可降解塑料聚二氧化碳。下列相关说法合理的是(   )。

A. 聚二氧化碳塑料与干冰都属于纯净物

B. 聚二氧化碳塑料是通过加聚反应制得的

C. 聚二氧化碳塑料的使用会产生白色污染

D. 聚二氧化碳塑料与干冰互为同素异形体

评析：⑥题结合了关于 CO_2 新的发现和科技成果，一方面弥补了由于静态形式呈现的教科书不可能及时呈现出本学科最新研究动态的不足，另一方面使教学充满时代感，同时也拓宽学生的视野。再如，在晶体结构的教学中，以前总认为 CO_2 只能形成分子晶体，但是美国科学家已经成功地在高压下把 CO_2 转化为具有类似 SiO_2 的原子晶体。以前人们对 NO 的认识只是停留在它会污染空气、有害人体健康的层面，但是近几年的研究表明，NO 在人体的生理方面具有独特的功能，它是一种很重要的信使分子。

（3）合作探究策略　新课程理念倡导课堂教学以合作探究的方式。所谓合作探究就是多个学习个体联合起来，组建一个学习团队，齐心协力，共同探讨某项学习问题或者攻克学习难关的学习形式。在学习小组的合作探究中，学习者是真正意义上靠自己的智慧领会知识的本源，通过与小组成员的相互学习、交流、协作，摸清事物的本质从而习得知识。学习团体的协作需要学习者不断查找资料丰富自我、提升自我。分析处理习题的过程实质上就是一场别具风格的探究过程，学习者只有自己提取信息并加入团队研究，主动思考问题的解决策略，才能逐渐使抽象的理论知识鲜活起来，提高自我的思维能力。在习题教学设计过程中，要安排学习小组，分配小组学习任务，创设探讨情境，让学生围绕问题进行小组的合作探究，同时还能够培养学生的合作意识和探究精神。

案例 9-9　根据①氧化铜和硫酸反应　$CuO + 2H^+ \xlongequal{} H_2O + Cu^{2+}$，4人一组探究②下列各组中两种物质在溶液中的反应可用同一离子方程式表示的是（　　）。

A．$Cu(OH)_2 + HCl$　　　　　　$Cu(OH)_2 + CH_3COOH$

B．$CaCO_3 + H_2SO_4$　　　　　　$Na_2CO_3 + HCl$

C．$NaOH + H_2SO_4$　　　　　　$Ba(OH)_2 + H_2SO_4$

D．$BaCl_2 + H_2SO_4$　　　　　　$Ba(OH)_2 + Na_2SO_4$

安排4人一组探究4组反应的离子方程式，在探究的过程中，不同的学生对同一组反应可能会写出不一样的离子方程式，这促使学生分析、讨论相关的离子方程式的书写，从而发现自己写错离子方程式的原因，巩固了知识，同时也培养了学生之间的合作意识和探究精神。

（4）归纳总结策略　化学知识相对其他学科而言是比较散乱的，分散很广，有化学概念原理、元素化学和化学实验等知识，而在每一部分知识里面又很难系统的、完整地建构一条线的知识脉络。这么多的化学知识也就造成化学习题的考查方式千变万化。但是，万变不离其宗，注意习题的一题多变、举一反三，尽量搜罗一系列相似的化学习题,引导学生在这类习题解决过程中积极思考,分析问题的主干知识并尝试用多种方法处理一类问题,有益于学生思维空间的延伸并打下良好的知识基础。由此可见,非常有必要在解决化学习题的过程中及时归纳总结,寻找合适的解决问题的共同点或者解题的技巧,总结出一套适合自己的问题解决策略。

案例 9-10 离子反应的习题课教学

在离子反应习题课教学时,可以针对其中溶液中离子是否能够共存这一知识点,引导学生将这一知识点归纳总结为如下 6 个方面:

①有气体产生;②有沉淀生成;③有弱电解质生成;④在酸性或碱性的介质中由于发生氧化还原反应而不能大量共存;⑤溶液中能发生络合反应的离子不能大量共存;⑥多元弱酸的酸式酸根离子不能与 H^+、OH^- 大量共存。

通过教师的归纳总结,学生对离子反应有了进一步的理解,达到了巩固知识的目的,同时也引导学生掌握有关离子反应的技巧。

三、化学习题课教学设计案例

案例 9-11 高中化学必修1"物质的量浓度计算"的教学设计案例

1. 教学目标

(1)知识与技能 掌握物质的量浓度的概念;能够进行物质的量浓度的相关计算;了解血糖浓度正常的标准。

(2)过程与方法 通过习题解决过程的体验,学会捕捉信息、解决问题和与人合作交流。

(3)情感态度与价值观 通过查阅资料、小组讨论,养成自主解决问题的意识;能积极参加小组的发言、讨论,学会分享与合作;通过对糖尿病、血糖内容信息的讨论,形成健康意识。

2. 化学习题的设计

(1)问题的表述 人体血液中所含的葡萄糖被称为血糖。正常水平的血液对于人体组织器官的生理功能非常重要。如果血液的密度约为 $1\ g/cm^3$,假设某人血液中血糖的质量分数约为 0.1%,请通过计算回答下面的问题:

① 如果此人在空腹的状态下,则初步判断此人血糖浓度是否正常,偏高?偏低?

② 如果此人是在饭后两小时内判定血糖浓度,情况又如何?

（2）巩固练习

（习题设计的意图）

① 习题以计算人体血糖浓度为背景内容,目的是为了体现物质的量浓度在实际生活科研中的应用及其重要性。

② 习题中通过血糖浓度的判断,使生命科学与化学有机结合起来,让学生意识到养成健康生活习惯的重要性。

③ 通过解决问题加深了学生对密度、物质的量、物质的量浓度等相关概念的理解,完善学生的认知结构;通过巩固练习促进知识技能的迁移运用,锻炼学生的思维,提高学生解决问题的能力。

④ 题目中设下葡萄糖的分子式、血糖浓度正常标准值等隐性条件,目的是为了让学生学会找出题目隐含的信息点,提高学生的审题能力,并给学生主动寻找并分析资料提供的条件,提高学生自主学习能力。

3. 前期分析

（1）化学习题分析

① 习题类型分析:这个习题中只告知了血糖的质量分数和血液的密度值,但血糖浓度正常标准值、葡萄糖的分子式都具有特定的值,是这个题目的隐性条件。题目答案无法通过简单回忆得到,需要分析、计算、推理判断,最终使问题得到解决。因此,这是一个知识运用型习题。

② 习题领域知识分析:本题涉及的概念有密度、质量分数、物质的量浓度及其关系,其中物质的量浓度又涉及体积和物质的量等;根据葡萄糖的分子式确定相对分子量。

③ 习题情境特征分析:血糖浓度正常标准值的判断、葡萄糖的分子式。

④ 解题策略分析:运用数学公式,采用逻辑推理法。

（2）学习者分析

① 学习者起点知识和能力分析:学生已经学习过密度、体积、质量分数、物质的量和物质的量浓度等概念,应该能理解这些概念。不过,概念之间的相互联系却未必能够非常清楚,即这些知识间的联系可能掌握的还不牢固,知识的结构化程度不高。其次,学生应该能够根据分子式确定其相对分子量,而且具备一定的数学逻辑推理技能。

② 学习者习题解决障碍分析:学生未必能找出习题的隐含条件,不能全面的审题,对题目中涉及的概念缺乏完善的知识结构;在运用数学推理计算上可能会出错。

4. 教学重难点

物质的量浓度概念的掌握和灵活运用。

5. 教学用具

多媒体课件

6. 教学过程

教学过程		
教师活动	学生活动	设计意图
(设疑)同学们,你们知道糖尿病是一种怎么样的病吗?知道引起糖尿病的主要原因是什么吗?什么是血糖和血糖浓度?	联系相关知识、经验,独立思考与小组讨论相结合。	(创设情境)以糖尿病为话题创设教学情境引起学生注意。
选多名学生代表简要回答上述问题,教师暂且不作任何评论,鼓励学生讲出自己的认识。	学生回答:糖尿病是由于摄入糖类过多引起的;肥胖会引起糖尿病;身体代谢不正常会引起糖尿病;遗传会引起糖尿病;血液中的糖称为血糖;血液中糖类浓度的大小叫血糖浓度。	让学生大胆发表自己的见解,教师不作相关评价,让学生带着疑问进入教学下一环节。
投影幻灯片文字资料,回答以上问题(文字信息言简意赅)。	观看,并了解关于糖尿病的相关知识,感受健康生活的重要性。	让学生在科学认识与错误观念的认知冲突中更新观念,获取新知识。
讲述:了解了糖尿病和血糖浓度的一些内容,下面我们就运用刚学习过的物质的量浓度的概念来解决一个有关血糖浓度的习题,请看题:		(提出问题,明确表述)让学生在感受生活的情境中接受问题挑战,拉近学生与科学的心理距离,引起学生对探究问题的兴趣。
(通过幻灯片,呈现问题)人体血液中所含的葡萄糖被称为血糖。正常水平的血液对于人体组织器官的生理功能非常重要。如果血液的密度约为 $0.1g/cm^3$,糖的质量分数约为 0.1%,请大家通过计算回答下面的问题:	明确问题,接受问题挑战	

教学过程		
教师活动	学生活动	设计意图
(1) 如果此人在空腹的状态下,则初步判断此人血糖浓度是否正常,偏高? 偏低? (2) 如果此人是在饭后两小时内判定血糖浓度,情况又是怎样? (讲述)请同学们把这个题目中的关键信息用符号或文字表示出来。 任选一个小组代表把他捕捉到的关键信息用口头表述表示出来。	学生先独立思考,观察问题。 独立思考题目中的关键信息。	在一个习题中安排"空腹"和"饭后"两种状态的求解,让学生多方面去思考问题。 (指导分析问题) 由于问题的信息量较大,凭单纯记忆,学生的记忆负荷较重,所以提示学生用符号或文字表示等方法来审题,让学生学会审题的方法。 请小组代表回答,让教师了解学生的审题水平,锻炼学生语言表达能力。
用正面鼓励的方式评价学生的回答,再根据学生回答的内容,提问:请大家仔细审题,还可以找出什么有用信息? (讲述)对! 题目中隐含的葡萄糖的相对分子量同样是个有用的信息点。 引导回顾、复习题目中包含的相关概念(密度、体积、质量分数、相对分子质量、物质的量及物质的量浓度)。 (讲述)接下来我们把问题中的隐含条件转变为已知条件,包括人体血糖浓度的标准值和葡萄糖的相对分子量。(教师适时提供相关资料) 任选一个小组代表把人体血糖浓度标准在黑板上写下来。	小组代表回答:已知信息有血液的密度和血糖的质量分数,未知信息有血糖的浓度和血糖浓度高低的判断标准。 学生代表回答:葡萄糖的相对分子质量。 倾听,理解。 跟随教师的引导,回忆并联想相关的知识内容,加深对先前知识的理解。 查阅资料,找出人体血液浓度的标准值。	(评价) 用适当的言语评价来鼓励学生进一步深入分析问题。 肯定学生的答案,让学生体验到教师正面评价的愉悦体验。 回顾旧的知识内容,为进一步解决问题提供认知条件。 引导学生查阅资料的方法,提高获取信息的能力。

续　表

教学过程		
教师活动	学生活动	设计意图
(提问)人体血糖浓度的标准是用什么物理量来表示的？ (讲述)是的！物质的量浓度。为了要判断此人血糖是否正常,我们必须知道什么？ (设问)那我们怎么样来求物质的量浓度呢？	学生板演:空腹条件下血糖正常值为 3.89～6.11 mmol/L,在餐后 2 h 为 3.9～7.8 mmol/L。葡萄糖的相对分子质量为 180。 在教师引导下,积极回答:物质的量浓度。 回答:根据此人血糖物质的量浓度的大小,再通过与血糖浓度标准值来判断是否偏高或者偏低。	规范书写是化学用语的基本要求,可培养学生认真、严谨的学习态度,及时发现学生的亮点和不足。 (启发解决问题)利用问题链启发学生进一步深入探究问题。 启发学生思考,寻找解决问题的切入点。
(讲述)是的！利用已知的条件密度、体积、质量分数、物质的量以及相对分子质量来求物质的量浓度。 (设问)怎么求？它们之间有什么联系呢？ (讲述)是的！利用已知的条件密度、体积、质量分数、物质的量以及相对分子质量来求物质的量浓度。 (设问)怎么求？它们之间有什么联系呢？ 教师引导学生建立并弄清各个量之间的关系,并画出概念图(如下图)	积极联想旧知识,思考,回答:利用已知条件,如密度、体积、质量分数、物质的量以及相对分子质量来求物质的量浓度。 倾听,理解。 积极思考,相互讨论。 积极联想旧知识,思考,回答:利用已知条件,如密度、体积、质量分数、物质的量以及相对分子质量来求物质的量浓度。 倾听,理解。 积极思考,相互讨论。 形成新的知识结构。	肯定学生的回答,激发学生继续探究问题的动力。 让学生顺着教师提出的问题步步深入,拓展思维。 肯定学生的回答,激发学生继续探究问题的动力。 让学生顺着教师提出的问题步步深入,拓展思维。 利用概念图帮助学生形成新的知识结构、构建问题解决的空间。

教学过程		
教师活动	学生活动	设计意图

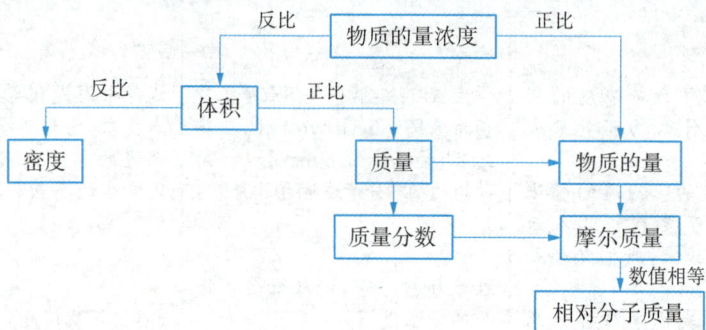

(提示)通过这些已知条件与物质的量浓度的关系,我们是否可以通过数学知识和数学逻辑推理得到血糖浓度? 知道了血糖浓度能否对题目的最终答案做出判断?	学生独立思考并计算问题	在学生独立思考后,发挥学生学习的主体性,教师适当启发解题策略:运用数学公式推理,并形成解决问题的方案
请两位不同学习水平的学生代表甲和乙板演,并巡视班级学生解题,必要时给予指导、启发。	学生甲和乙板演,其余学生继续解题。解题过程:设人体血液的质量为 m(血液),则血糖的质量为 m(血糖) $= 0.001m$(血液),由 $\rho = 0.1\,\mathrm{g/cm^3}$, M(血糖) $= 180$ $\mathrm{g/mol}$,根据 $c = n/v$, $n = m/M$, $\rho = m/v$ 的关系式得出 $c = 5.56\,\mathrm{mmol/L}$,所以判断出此人血糖浓度正常。 师生之间,学生之间互评,评价内容包括解题积极性、学习态度、解题过程和正确率等方面。	让不同学习水平的学生板演,能及时发现学生解题中在书写、计算等方面存在的差异和问题,并及时进行教学纠正。
评价学生的解题情况,并指导学生互评、指正,同时教师针对学生解题中的不足提出建议。		(评价)通过多主体评价的方式和多方面的评价内容,使学生从多角度来全面地认识自己,完善自我,从而在解题能力等方面得到发展。让学生在教师和同伴的鼓励与肯定中增强学好化学的自信心。

教学过程		
教师活动	学生活动	设计意图
引导学生归纳解决关于物质的量浓度之类问题的思路以及与物质的量相关的概念知识。	（总结、归纳）首先认真审题明确问题的条件，找出题目中与物质的量浓度相关的信息。例如，溶液是什么，溶质是什么，并把握它们量的关系，正确运用公式计算，其中要注意单位的换算和解题的规范性。 学生自我反思，表达交流。	掌握正确的题的解题思路，（指导总结）引导学生总结这道习题的解题方法。
讲述：请同学们谈谈解决这个问题的体会。在解决这个问题的过程中有什么收获，还存在哪些问题？ 投影提供相关练习： （1）在标准状况下，用一个充满 HCl 气体的烧瓶做喷泉实验，当水充满整个烧瓶后，烧瓶内盐酸的物质的量浓度为多少？ （2）在标准状况下，用一个未充满 HCl 气体的烧瓶做喷泉实验，当水不再进入烧瓶后，烧瓶内盐酸的物质的量浓度为多少？ （3）在标准状况下，用 CO_2 与 $0.1\ mol/L$ NaOH 做喷泉实验，当 NaOH 充满烧瓶后，则烧瓶中 Na_2CO_3 的物质的量浓度为多少？	学生练习，独立思考与小组讨论相结合。	（指导反思）让学生学会反思自己的解题活动，体验知识的理论价值和应用价值，这是对达成知识迁移的关键。 （巩固练习）通过相关练习组，对物质的量浓度的理解加以巩固，促进学生对知识方法的迁移运用，提升解题技能。
（设问）我们通过解决问题不仅了解掌握了解题方法，在这节课中还对糖尿病有了进一步的认识，请大家课后通过查阅资料写一篇关于我们应该怎样保持良好的生活健康的小短文。	学生记录作业。	（布置作业）让学生在课后上网或到图书馆查阅资料，写一篇小短文的方式，丰富了学生作业的形式，提高学生查阅资料的能力，同时也让学生加强健康意识，促进学生情感态度方面的发展。

实践训练

1. 自选中学化学课本(人教版)必修 1 或必修 2 中某一章某一节课,设计一份完整的课时习题课教学方案。

2. 请自选内容,选择具有代表性的、典型性的习题进行课堂讲解实践训练,并分析习题的代表性和典型性。

3. 请自选内容,选择学生易错的习题进行课堂讲解实践训练,并分析学生容易出错的地方及其原因。

4. 请设计一道具有合作探究意义的习题,并分析如何通过习题培养学生的合作探究意识。

思考题

1. 设计化学习题课时,一般有哪些策略?

2. 化学习题课教学设计通常要注意哪些问题?

第十章
说　课

　　说课是随着教育教学改革不断深化而产生的新的教研活动。作为一种教学教研手段,它最早是由河南省新乡市红旗区教研室于 1987 年提出来的,在 30 来年的发展历程中,已逐步走向科学、规范,成熟。实践证明,说课活动能有效地调动教师投身教学改革、学习教育理论、钻研课堂教学的积极性;是提高教师素质,培养造就研究型、学者型青年教师的最好途径之一。说课也是教师资格证考试和教师招聘考试中必需的环节。

一、说课概述

1. 说课的含义

　　说课是教师以教育理论为指导,在精心备课的基础上,面对同行、领导或教学研究人员,口头表述具体课题的教学设想及其理论依据。也就是说,授课教师在备课的基础上,讲述自己的教学设计及设计意图,然后由听者评说,达到互相交流,共同提高的一种教学研究的活动。通俗地说,说课说的是"怎样教""为什么这样教",即说"理",也就是告诉听者,自己是秉承怎样的教学理念、怎样的教学思路和怎样的设计意图来设计本节课的。而上课,只讲授教学内容,"怎样教"是直接体现在教学过程里的,同行和研究者要"知其然,知其所以然",不仅要听课,也要听相关课的说课,才能对一节课和一位教师作出评价。从以上对说课的认识,可以看出,明确"说课"这一概念,必须界定以下 8 个问题:①说课的人员是教师;②说课是在备课的基础上进行的;③听课的人员是同行教师、研究人员或领导等;④说课的时间一般在 10 min 左右;⑤说课的题材是某一课题或某一课时具体内容,不是泛泛的经验交流或是抽象地阐述教育理论;⑥说课的方式是"说",即口头表述,它不是备课,教师不能照教案说,它也不是讲课,教师不能视听众为学生;⑦说课内容包括说教材、教法、学情、学法、教学程序、教学设计的理论依据等;⑧说课属于教学研究活动,不是课堂教学过程。

2. 说课的类型

说课作为教学研究活动的一个有机组成部分,因其活动的内容、目的、要求等方面的不同,常有不同的类型。

(1) 从服务于课堂教学的先后顺序来分,说课可分为课前说课与课后说课

① 课前说课:教师在上课前阐述某节课教材的理解以及教学方案设计,说明构想及理论依据,具有预期性。主要用于选拔教师或进行优质课比赛等。

② 课后说课:教师在上课后向同行或专家阐述自己备课时的思考(设计及理论依据),是对课堂教学中存在的问题进行透彻的分析和反思,具有总结性,主要用于同行之间交流。一般情况下,说课通常采用课前说课。

(2) 从性质上划分,说课可分为研究型说课、示范型说课、评比型说课

① 研究型说课:教师集体以课堂教学工作中遇到的重点、难点或热点问题为主题,在一段时间的实践和探索的基础上,各自用说课的方式向其他教师包括专家和领导汇报其研究成果的教育教学研究活动。

② 示范性说课:由教育主管部门或学校组织具有一定经验的教学能手、学科带头人或特级教师等进行的说课。其目的是向广大教师提供范例,传授先进经验,扩大受益面,帮助更多的教师提高业务素质和教学水平,是提高教师队伍素质的一条有效途径。示范性说课,要强调它的"示范"功能。

③ 评比性说课:也叫评价性说课、竞赛性说课。顾名思义,是对说课的评价,主要目的是评价教师的说课水平、比较说课的优劣,提出发扬优点、克服缺点的有效措施。这类说课要求教师按照指定的教材、规定的课题在限定的时间内写出说课稿,然后演说,有时还要求说课教师将说课内容付之课堂实践。通过上课实效来评价说课质量,最后由评委决定比赛名次。

二、说课的内容

说课是一个创造性的活动过程,说课的内容和侧重点随着说课的类型不同而有所差别,一般来说,说课主要围绕"教什么""怎样教""为什么这样教"3个方面的内容,说课的内容包括说教材、说学情、说教法、说学法、说教学程序和说板书设计等。

1. 说教材

说教材,就是说课者在认真研读课程标准和教材的基础上,系统地阐述选定课题的教学内容在教学单元乃至整个教材中的地位和作用、教学目标、教学重点、教学难点等。说课者在说教材时,应尽量说得准确又具有特色,力求阐明自己对教材的感悟和理解,以此展示对教材的把握能力和驾驭能力。

(1)教材的地位和作用 简析本节教材在本单元甚至本册教材中的地位和作用,即弄清楚教材的编排意图或知识结构体系。在通常情况下,要开门见山地报出课题,并板书,交待清楚本节课选自哪个版本的教材,适用于哪个年级,所在的单元或章节,主要介绍这一教学内容与前学知识的联系,对后学知识的影响,它在整个知识系统中所处的地位,对学生的知识、能力方面有哪些重要作用,对社会的影响等。

案例 10-1 人教版九年级化学上册 第六单元 课题 2"二氧化碳制取的研究"教材地位和作用分析

一、教材的地位和作用

本单元是初中化学最为完整的学习元素化合物知识体系的一个单元,而二氧化碳又是本单元的一个非常重要的内容,"二氧化碳制取的研究"这节课则在整个初中化学学习过程中都占据十分重要的地位。学生在前面学习了氧气的实验室制法,具备了一些气体制备的实践经验,各项实验技术也初步具备。此时,正是在课堂教学中体现学生为主体,真正让学生参与到教学过程中的良好时机。

它是培养学生在实验室制取某种气体时,对药品的选择、装置的设计、实验的方法等思路形成最好的范例;通过本节课的学习可以使学生掌握实验室制取气体的设计思路,也可以丰富学生的文化知识,拓宽学生的视野,提高学生的实验探究及实验基本操作能力,形成完整的知识体系。

(2)说教学目标 依据 3 个维度的教学目标说出教学目标中不同层次的要求(如识记、理解、掌握、运用等),说出体现这些教学目标的知识点、能力训练点和思想教育点。说课者要着重阐述教学目标的依据,说明如何根据课程标准和教材内容、学生的知识基础和认知能力来确定教学目标。

案例 10-2 人教版九年级化学上册 第六单元 课题 2"二氧化碳制取的研究"教学目标的确定

二、教学目标

结合新《课程标准》中"初中阶段以提高学生的科学素养为主旨,激发学生学习兴趣为主导"的具体要求,以及学生的认知水平和心理特征,配合教学大纲,制定本节课的教学目标如下。

1. 知识与技能

了解实验室制取二氧化碳的反应原理,探究实验室制取二氧化碳的装置,并利用设计的装置制取二氧化碳;了解实验室制取气体的设计思路和方法。

2. 过程与方法

通过实验室制取二氧化碳的反应原理、实验装置、收集方法和验满方法的探究,提高学生实验操作技能,培养学生观察能力、探究能力、分析和归纳能力以及交流协作能力。

3. 情感态度与价值观

教学中注重培养学生严谨、细致的科学态度和探索精神,增强学生的团结协作、勇于创新精神,激发学生学习化学的兴趣和热情。

(3) 说重点、难点　教师依据教学内容和学生实际说明本节课的教学重点和教学难点。说课者要说明重点、难点是什么,为什么成为重点、难点。

案例 10 - 3　人教版九年级化学上册　第六单元　课题 2“二氧化碳制取的研究”重点、难点确定

三、教学重点、难点

根据教学目标及学生的知识储备、智力发展程度,确定了如下教学重点、难点,以发展学生的能力,提高学生素质:

重点:采用活动与探究的方式研究实验室制取二氧化碳的药品、反应原理、仪器装置,并利用设计的装置制取二氧化碳。

难点:实验室制取并收集二氧化碳气体。

可见,说教材可以实现以下 3 个目的:一是依据学习内容确定教学的重点、难点,使教学活动能做到重点突出、难点分散,解决“教什么”的问题;二是依据课程标准对学习内容的要求,将三维目标化解到具体内容的教学过程中,有利于解决“怎样教”的问题;三是整体把握教材,根据学生已有的学习体验和认知特点,循序渐进地设计教学活动,为解决“为什么这样教”的问题提供教学参考。

2. 说学情

学情包括学生已有的知识和经验、认知规律、兴趣点、学习方式、个性心理特征等。说学情,说课者要说清楚学生已有的化学知识和经验,以及打算如何利用这些知识经验,如何帮助学生实现由“旧知”向“新知”的迁移,解决“怎样教”的问题;认真分析并把握学生的化学学习的认知过程的规律和特点,了解学生的兴趣点,有针对性提出与之相适应的学习方法,促使学生积极主动的学习化学;说课

者还要根据说课内容以及学生的认知特点认真分析学生在化学学习中可能出现的困惑,以便采取恰当的教学方式和策略帮助学生解决困难。

案例 10-4　人教版九年级化学上册　第六单元　课题 2"二氧化碳制取的研究"学情分析

四、学情分析

在第二单元的教学中,学生已经学习了氧气的实验室制法。对于实验室气体的制备有了一定的认识,了解了实验室制取气体的设计思路。因此,学生探究实验室制取二氧化碳的方法并不困难。本节课的教学,旨在使学生掌握科学的学习方法,培养学生分析问题、解决问题及实验操作能力,培养学生学习化学的理念,引导学生循着科学的发展过程去体验化学的奥妙,激发学生的求知欲,培养学生终身学习的能力。

3. 说教法

说教法,就是根据本课题内容的特点、教学目标和学生学业情况,说出选用的教学方法和教学手段,以及采用这些教学方法和教学手段的理论依据。

在化学说课中,说课者要把采用的方法及相关理论依据,准备在教学过程中如何侧重指导学生"学会"和"会学",如何根据学生的认知规律让学生动脑、动手和动口,以及准备使用的教学手段及其目的说出来。说教法可以理解为说教学方法,或教学方法中某个教学方式和手段的选择和应用。

案例 10-5　人教版九年级化学上册　第六单元　课题 2"二氧化碳制取的研究"教法分析

五、教法分析

"授之以鱼,不如授之以渔。"在注重知识传授的同时,更要注重学生获取知识的过程。为此采用以教师为主导,学生自主探究,小组合作交流,分析、讨论、归纳的教学法,让学生积极、主动地参与教学过程,体会自主学习的乐趣,养成持续学习的习惯,掌握获取知识的途径。并利用多媒体辅助教学,将抽象思维直观化,节约教学时间,丰富教学内容。

4. 说学法

说学法,即要说出学生学习新知识所采用的主要学习方法,解决"怎样学"的问题。在说课过程中,要选择并综合使用与教学内容相切合的学法。确定学法的出发点是突出学生在学习过程中的主体地位,最大限度地发挥教师的主导作用、调控作用,营造生动活泼、平等、和谐的教学氛围,促进学生全面发展。说教法与学法,实际就是要解决教师如何"教",学生如何"学"的问题。

案例 10－6 人教版九年级化学上册 第六单元 课题 2"二氧化碳制取的研究"学法分析

六、学法分析

在选择学法上,首先要分析、了解学情。由于客观条件所限,学生动手操作机会不多,操作能力不强,而制取气体所涉及的基本实验操作烦琐。为了发展学生的动手实践能力和知识迁移能力,本节课主要是在教师引导下,学生采用实验法、讨论法、比较归纳法等学习方法,调动学生主动参与,提高学习效率。通过小组合作"设计方案—讨论交流—实施方案—总结表达"等环节完成整个探究,让学生体验到解决一个个问题后的愉悦感,增强自信心和学习兴趣。

5. 说教学程序

说教学程序是指说课者说出自己教学的具体思路、课堂教学的安排和优化过程,并讲清这么安排的理论依据。教学思路主要包括各教学环节的时序安排及其内部结构,教学思路设计的依据要联系教法、学法、教学手段、学生的认知规律等方面加以说明。具体说课时要说清以下两个方面。

(1)说教学设计思路 阐明教学过程的总体结构及各个教学环节的时间分配,也就是教学活动的整体安排。具体内容只需概括介绍,说清楚"教什么"和"怎样教"就行了。

(2)说教学流程 说明教学主要环节,特别是导入新课、讲授新课、结束新课、反馈练习、归纳总结、布置练习等环节的设计意图,也就是说清楚"为什么这样教"。

案例 10－7 人教版九年级化学上册 第六单元 课题 2"二氧化碳制取的研究"教学程序

环节一:营造氛围,导入新课

我们探究了空气的组成,知道二氧化碳只占空气体积的 0.03%,但我们不要小看这 0.03% 的二氧化碳,它与我们的生活密切相关,它使地球不太寒冷,它是光合作用的原料,为自然界的生物提供保障,说到这儿,你是否想知道二氧化碳是什么样的呢?你是否想知道如何才能获得二氧化碳呢?

恰当的导入可以形成良好的学习氛围,并暗示本节课的学习内容,从而激发学生的探究欲。

环节二:温故知新,慢慢求索

引领学生回忆实验室制取氧气的过程,并激发学生思考:在实验室制取氧气时,解决了哪些问题才顺利制取出氧气?学生根据已掌握的知识会一一解答出来。此时教师继续引导：实验室制取氧气首先是从药品、反应原理开始探究的，实验室制取二氧化碳也不例外。请同学们回忆所学过的有生成二氧化碳的化学反应有哪些？由已知带动未知的探究，自然过渡，符合学生思维发展，在这一环节中可以检查学生书写化学方程式的能力，为探究新知识做好铺垫。

环节三：启发引导，获取新知

（1）实验室制取二氧化碳反应原理探究。

教师引导学生讨论分析上述方程式是否适合制取二氧化碳。学生自主讨论分析后会得出均不适合的结论。思路中断，教师适时再次引导：既然我们学过的化学反应都不适合制取二氧化碳，那就请同学们自己探究实验室制取二氧化碳的化学反应。学生利用教师所提供的仪器和药品，分组实验探究，教师指导学生阐述各个反应实验现象，由学生讨论分析得出实验室制取二氧化碳的反应原理及恰当的药品。

（2）实验室制取二氧化碳发生装置和收集装置的探究。

学生先回忆制取氧气的发生装置、气体收集方法和验满方法，然后教师利用多媒体分别投影出发生装置和气体收集装置图。由学生分析、讨论适合实验室制取二氧化碳的发生装置、收集装置和验满方法。实验室制取二氧化碳是初中化学第六单元的学习内容，学生已具备了一定的实验基本操作技能。这一环节旨在锻炼学生自主学习能力，提高学生素质，培养学生终身学习理念。

环节四：设计实验，探究交流

学生分组并在教师的指导下组装仪器并制取一瓶二氧化碳气体。

教师指导学生制取并收集一瓶二氧化碳，让学生体会收获的快乐。学生在制取过程中，很快会发现二氧化碳气体是无色、无味的气体。如何判断二氧化碳气体收集满了是个难题，探究欲望再一次被激发。经过讨论、实践学生会顺利解决这一问题。再一次培养了学生发现问题和解决问题能力，达到活学活用的目的。从中学生也领会了实验室制取气体的设计思路，并形成完整的知识体系。与此同时，教学难点随之突破，教学任务圆满完成。

环节五：课堂总结，提升素质

先请学生总结归纳这节课的学习收获，后面教师点评学生的归纳并进行知识点的总结。

6. 说板书设计

说板书设计，就是简明扼要说说板书的内容、编排、个性化设计的特色，说明板书设计是如何突出重点知识，如何有利于知识的条理化、系统化，如何有利于学生的理解与记忆等等。板书的设计要注意科学性、直观性、系统性与简洁性；体现程序性、相关性、条理性；能形成知识体系，让学生能联系上下内容，形成知识网络。

案例 10 - 8 人教版九年级化学上册 第六单元 课题 2"二氧化碳制取的研究"板书设计

> 第六单元课题 2 二氧化碳制取的研究
> 一、药品及反应原理
> 1. 药品：大理石（或石灰石）和稀盐酸
> 2. 原理：$CaCO_3 + 2HCl = CaCl_2 + H_2O + CO_2\uparrow$
> 二、实验装置
> 三、实验步骤
> ① 连接仪器
> ② 检查装置的气密性
> ③ 装入药品（先固体后液体）
> ④ 收集气体（验满）
> ⑤ 检验气体（通入澄清石灰水）
> ⑥ 拆除装置、清洗

这样的板书设计可以使本节知识清晰地展现给学生，在头脑中形成清晰的知识脉络，便于理解和掌握。

根据以上说课内容的内在逻辑联系来撰写说课稿。写好说课稿很关键，要强调理论性，一定要挖掘教学行为所蕴含的教学原理，有针对性地加以阐述。说课稿中各个环节及其理论依据要有直接的内在联系，在语言表达要言简意赅，尽量避免使用抽象、笼统、缺乏可操作性的用语。

三、说课与讲课的不同

1. 要求不同

说课的重点在实施教学过程、完成教学任务、反馈教学信息，从而有效提高教学效果，是一种提高教学效果的措施，只是一种课前预演；而讲课要求必须有效地向学生传授知识,是实施具体教学措施的过程。

2. 对象不同

说课的对象主要是同行的老师、专家、评委或教研人员等,说课者要说出自己的教学设计构思,从而有针对性地表现自己完美的一面,重在表现自己完美的一面;讲课的对象是学生,重在传递知识,学生可能对某一知识不懂,所以要针对学生的表现及时反馈。

3. 内容不同

说课的内容是解说自己对某课题的理解、教学设想、方法策略以及组织教学的理论依据,理论依据包括心理学、教育学、教学大纲、新课标等;讲课的内容是对某课程内容的具体分析,向学生传授知识以及学习的方法,是一个传授知识的过程。

4. 意义不同

说课的意义主要是提高课堂教学的效率以及教研活动的实效;讲课的意义是增加学生的知识以及提高科学素养、帮助学生掌握学习方法。

四、说课的具体要求

在说课实践的时候,要注意以下 6 个方面的要求。

(1) 声音宏亮,有抑扬。

(2) 教态大方,显自然。

(3) 内容正确,讲层次。

(4) 理论简要,不玄乎。

(5) 板书规范,很美观。

(6) 课件呈现,也恰当。

五、答辩

答辩,是指说课结束后的简单问答,由评委直接提问,说课者回答。根据提问内容的不同可以分为两类:一种是课堂追问,即针对说课提问,围绕与本节课相关的化学教学原理、教学目的要求、教学方法、教材地位、重难点及其突破、师生互动、启发式教学、信息反馈、思维能力培养以及教学艺术等内容提问;另一种是结构化面试,即选取特定题目、特定答案、特定时间考核。

评委通常由三四名教师担任答辩监考教师,要求:回答问题判断果断、语言清晰、知识点准确、条理清楚、思辨能力强。

案例 10-9 请谈一谈教师与学生之间的沟通技巧

(解析)首先要在了解学生基本信息的基础上才能良好沟通,这是沟通的必备条件;其次,针对不同学生有不同的沟通策略。根据心理学中不同的性格分类对学生应该采取不同的沟通方式;最后在尊重学生、仔细聆听的基础上体现对学生的关心。

(参考答案)

1. 要进行良好的沟通就要积极主动地了解学生的学习生活情况,表现出真诚的关心,如果学生感受到了教师的爱,信任教师,则肯定会乐于与教师进行沟通。

2. 对于不同的学生采取不同的沟通方式,对于调皮的学生就要经常谈话,督促他改正缺点。对于不善言谈和性格孤僻的学生,还可以书信和谈话相结合的方式,想方设法走进学生的心灵。语言要幽默,委婉,含蓄。

3. 能够设身处地地为学生着想,感受学生的内心世界。

4. 良好的沟通,需要耐心的聆听对方,了解他心中的感受。教师对学生积极聆听的态度,可以使学生觉得受到重视并肯定自己的价值。要避免当学生讲话时,急于表达自己的观点。

六、说课案例

案例 10-10 课题 3"二氧化碳和一氧化碳"(第一课时)说课稿

一、教材分析

(一)教材的地位及其作用

"二氧化碳和一氧化碳"是人教版九年级上册化学第六单元课题 3 第一课时的内容,本单元是初中最完整的学习元素和化合物知识体系的部分,本节课的知识体系既能联系到碳单质,又学习到了碳酸和碳酸钙等化合物知识,同时为以后的学习打下基础,所以本课题内容是本单元内容的核心和纽带。本节教材总体来说难度不大,许多知识学生比较熟悉,也比较感兴趣,因此,教师的主要任务是引导学生将二氧化碳的认识从感性上升到理性,利用学到的化学知识理解和解释相关的化学问题,提高科学素养水平。

(二)教学目标分析

课堂教学目标是教学任务的具体化,是学生要达到的学习结果和标准。根据教学任务、学生的实际以及学生的未来发展要求确定以下三维目标。

1. 知识与技能

（1）认识二氧化碳，知道其重要的化学性质，物理性质和主要用途。

（2）懂得设计实验来验证物质性质的方法。

（3）学会对实验中出现的现象进行分析并得出结论的方法。

2. 过程与方法

（1）通过观察演示实验的现象，培养学生分析和解决问题的能力。

（2）通过学生设计实验验证二氧化碳的性质，培养学生的实验设计能力。

（3）学生经过亲自动手实验，懂得二氧化碳可以与水反应生成碳酸。

3. 情感、态度与价值观

（1）通过对二氧化碳的密度以及水溶性实验设计，培养学生的问题意识以及思维的严密性。

（2）通过用紫色石蕊试纸来进行实验探究，学生参与到知识的形成过程中，从而获得成功的喜悦和对化学学习的持续兴趣。

（3）通过二氧化碳的用途和对生活环境的影响，学生感受到化学就在他们身边，增强学生对社会问题的关注。

（三）教学重点、难点

根据上述对教学目标和学生情况的分析，确定教学重点、难点如下。

教学重点：从二氧化碳的探究实验认识二氧化碳的化学性质，并对探究的结果进行总结，落实知识，学会应用。

教学难点：二氧化碳与水、石灰水的化学反应原理及科学探究能力的培养。

二、教法分析

由于初三学生的思维方式正在从形象思维向抽象思维转移，他们习惯于依靠感性来认识事物，因此本节课以引导探究为主，多媒体为辅的教学方法，通过实验体现学科特点，发挥实验的作用。在学习过程中突出学生的主体地位，强化学生的参与意识和主动探索精神，让学生在愉快的氛围中感知和探索知识，激发学生主动学习的热情，发展学生的思维，培养学生的合作意识和合作精神。

三、学法指导

建构主义的学习理论认为：学习过程是学生自己进行知识建构的过程。初三年级学生大多数处在 14～15 岁的年龄段，正处在身心迅速成长的时期，大脑机能显著发展并趋于成熟，他们对化学的兴趣逐步由"直觉兴趣→操作兴趣→具有因果关系的兴趣向具有概括性的认知兴趣迁移"。往往通过自主探究来了解一类物质的规律知识,喜欢一些创造性的实验和观察活动。因此,本节课让学生通过实验、观察、总结得出结论,在原有的知识基础上发展新知识,让学生通过实验探究、合作学习,达到发展思维能力的目的。

四、设计思路分析

本节课堂实验较多,联系生活和生产实际也较多,因此,在设计时以探究可乐饮料为活动线,以获得二氧化碳性质用途为知识线。将二氧化碳的性质等知识搭上了趣味、愉悦、竞争的载体,发挥学生的主观能动性,让他们体验获得知识的过程。充分体现新课标"从生活走进化学,从化学走向社会"这一教学宗旨。

五、说教学程序

	教师活动	学生活动	设计意图
设置情景	(引入)趣味实验"跳动的硬币"。	学生观看,思考。	利用有趣的实验激发学生兴趣。
探究活动一	(展示)同学们熟悉的可乐。 (创设问题)可乐中产生的气泡是什么气体？怎么验证？ (总结板书)与石灰水反应：$CO_2 + Ca(OH)_2 \xrightarrow{\quad} CaCO_3\downarrow + H_2O$ (多媒体展示)反应方程式。 (介绍)有关的用途。 (引入)可乐中产生二氧化碳,如何用实验验证二氧化碳是否溶于水？	观看,联想,跃跃欲试。 (猜想假设)气体是二氧化碳。 (讨论交流)检验二氧化碳的方法。 (实验验证)根据器材和实验方案。 (归纳小结)总结出二氧化碳具有的性质。 (设计方案) (交流展示)各小组之间相互交流,展示自己的设计思路,讲述自己的设计和如何实施实验。 (评价反思)师生共同相互交流,学生讨论方案。 (实验验证)根据给出的器材,确定实验方案。 (解释与结论)分析实验后矿泉水瓶子变瘪的原因。	从学生熟悉的事物入手,激发学生对探究实验的兴趣。培养学生从身边事物发现化学问题并探究的意识。 培养学生的实验设计、实验评价能力,通过小组合作,互相启迪、互相补充、完善自己的设计方案;让学生讲述自己的设计,提高表述能力,感受成功的喜悦探究的快乐,激发探究热情。

续 表

教师活动	学生活动	设计意图
(设疑)二氧化碳溶于水的过程中是否发生化学反应? (引导)判断化学反应的主要依据是什么? (演示)把盐酸溶液滴加到石蕊试纸上。	聆听、思考、讨论、交流。 (讨论)依据是有新物质生成。 (猜想)二氧化碳与水反应可能是碳酸。 (观察)学生将刚才变瘪矿泉水瓶子中的液体滴到紫色石蕊试纸上观察变色情况。 (分析推测)刚才得到的液体中有二氧化碳、水、碳酸,是哪种物质使石蕊变色? (讨论设计)讨论交流,确定实验方案。	培养学生分析问题和解决问题的能力。 通过学生亲自动手进行实验探究,让学生亲自参与到知识的形成过程中,并学会根据实验现象分析、得出结论,从而获得成功的喜悦。
(启发设疑)碳酸也是一种酸,也能使紫色的石蕊试液变红。那么碳酸饮料中有没有碳酸,它又是怎么形成的呢?	(实验探究) 1. 将水滴在干燥的石蕊试纸上。 2. 将干燥的石蕊试纸放入装有二氧化碳的试管中。 3. 将润湿的石蕊试纸放入装有二氧化碳的试管中。 4. 将变红的石蕊试纸烘干。	
探究活动二 (板书总结)$CO_2 + H_2O == H_2CO_3$ (讲解)二氧化碳溶于水的时候一部分发生反应了。 (演示)二氧化碳使烧杯中一高一矮的两支点燃的蜡烛先后熄灭。 (板书)二氧化碳密度大于空气;不可燃,不助燃。 (展示图片)深井救人。 (设疑)救人时为什么先通氧气? (板书)不供给呼吸。 (播放视频)干冰的汽化,介绍干冰的性质。 (播放视频)温室效应的危害,让同学们建立环境观念。	观察,讨论总结二氧化碳的性质。 (总结归纳)碳酸容易分解。 小组讨论。师生交流、解决疑惑。 了解二氧化碳的用途。知道二氧化碳是一把"双刃剑",它既可以造福于人类,又会因"温室效应"的加剧而给人类带来灾难,所以利用好、控制好二氧化碳是人类永恒的话题。	培养学生的观察能力和表达能力。 联系实际,感受生活中的化学。培养分析问题、解决问题的能力。 使学生能把学到的知识与实际生活联系在一起,懂得运用有关的化学知识去解决生活中的一些简单的实际问题。

续　表

	教师活动	学生活动	设计意图
反思与小结	请同学们展开想象的翅膀,把有关我们学习二氧化碳的知识用自己的语言描述一下。	(反思与小结)聆听、思考、跃跃欲试、展示交流。 我是二氧化碳分子,我也有个很长的英文名 Carbon dioxide,可是我就没能像水姐姐那样,还有个 water 的英文名字,好记又好听,羡慕死了,5555555……你们暂时就记住我的中文名字吧——干冰。	在有趣的故事中学到了知识,加深了对本节课内容的掌握。
课后实践		查阅有关资料,通过有关媒体,多了解二氧化碳的知识。然后以"二氧化碳分子流浪记"为题写一篇科普小文章,将其有关知识尽量多的展示出来。	让学生多动手、多思考,他们就会有更多的心得和体会,对化学的学习也就更有兴趣。

六、说板书设计

从整体上看这个板书,很快就能可以看出 CO_2 这个分子式,给人清新的感觉。左边 C 里面展现 CO_2 的物理性质,右边 O 里面展现 CO_2 的化学性质,右下边的"2"展现了过量的 CO_2 会产生的危害。这样的板书设计能使学生在头脑中形成能清晰的知识脉络,便于对知识的掌握。

案例 10-11　第三节

氧化还原反应(第一课时)

说课稿

一、教材分析

(一)教材地位和作用

教材把"氧化还原反应"安排在高中化学必修 1 教材第一册第二章化学物质及其变化中的第三节,有

二氧化碳的性质

无色气体
密度比空气大
能溶于水
干冰

不可燃,不助燃
$CO_2+Ca(OH)_2=CaCO_3+H_2O$
$CO_2+H_2O=H_2CO_3$

不供给呼吸

温室效应

其重要的意义。因为在中学阶段的基本概念、基础理论知识中,"氧化还原反应"

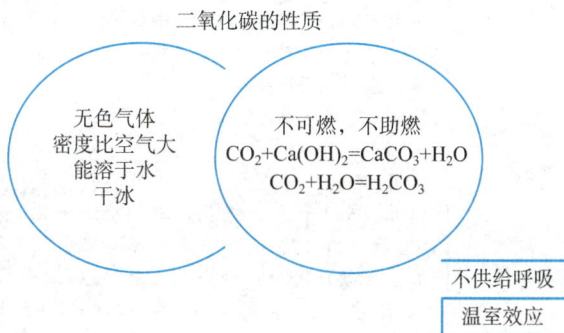

占有极其重要的地位,贯穿于中学化学教材的始终,是中学化学教学的重点和难点之一。在中学化学中要学习许多重要元素及其化合物的知识,凡涉及元素价态变化的反应都是氧还原反应。只有让学生掌握氧化还原反应的基本概念,才能使他们理解这些反应的实质。学生对本节教材掌握的好坏直接影响着其以后对化学的学习。

本节教材安排在这里是承前启后、合乎情理(符合学生学习情况、符合由表及里的学习规律)。它既复习了初中的基本反应类型及氧化反应、还原反应的重要知识,并以此为铺垫展开对氧化还原反应的较深层次的学习,还将是今后联系元素化合物知识的重要纽带。所以,这样的编排充分体现了教学大纲"螺旋式上升"的基本思想。

氧化还原反应像原子结构、元素周期律等内容一样,历来是辩证唯物主义教育的好教材。氧化和还原是一对典型的矛盾,它们既对立,又统一,既是相反的,又是相互依存的,有氧化反应发生必然有还原反应发生,它们绝对不可能孤立存在,而是统一在氧化还原反应中。化学中的对立统一现象到处可见,通过认真引导,就可以使学生逐步理解对立统一规律在自然现象里的体现。反过来,这又会帮助学生用正确的观点和方法学习化学知识,对学生形成科学的世界观有着举足轻重的作用和意义。

(二)教学目标

根据课程标准、教学大纲的要求以及氧化还原反应在整个中学化学中的重要地位确定了以下的教学目标。

1. 知识与技能

(1)使学生了解化学反应有多种不同的分类方法,各分类方法由于划分的依据不同而有不同的使用范围。

(2)使学生学会用化合价升降的观点及电子转移的观点来理解氧化还原反应。

(3)使学生了解氧化剂、还原剂,氧化产物与还原产物,理清5对概念的关系(氧化剂和还原剂、氧化产物和还原产物、氧化反应和还原反应、被氧化和被还原、氧化性和还原性)及它们与化合价、电子得失的对应关系。

2. 过程与方法

(1)思维能力的培养:由表及里培养思维的深刻性;由此及彼培养思维的逻辑性。

(2)表达能力的培养:通过小组讨论、代表汇报的形式锻炼学生的表达能力。

3. 情感态度与价值观

(1)通过氧化还原反应概念的演变,培养学生用发展的眼光、科学的态度、勇于探索的品质学习化学;通过创设问题情景,营造宽松和谐的学习气氛,诱导学生积极思维,激发学生的学习兴趣和求知欲望。

(2)进行"透过现象看本质"和"对立统一"的辩证唯物主义观点教育。

(三)教学重点、难点

根据新课程标准、教学目标、学生的知识基础和认知特点,确定了以下的教学重点、难点。

教学重点:用化合价升降和电子转移的观点理解氧化还原反应。

教学难点:用化合价升降和电子转移的观点分析氧化还原反应,掌握氧化还原反应的概念及其中的对立统一的关系。

二、说教法

古希腊生物学家普罗塔戈说过这样一句话:"头脑不是一个要被填满的容器,而是一把需被点燃的火把。"我觉得,我们在教学时必须特别注意这一点,即不能将学生当作容器来对待,在确定教学方法时,必须遵守叶圣陶先生"教是为了不教"的训令,结合教材及学生的实际准备采取以下教学方法:

1. 以激发学生的学习动机为主线,通过提问、讨论等形式,调动学生学习的积极性。

2. 以知识的层次结构为基础,通过分析、讲解,让教师的认识转化为学生的认识。

3. 以思维训练为核心,通过提问、讨论,使学生多种感官同时合作,多项信息综合反馈,充分发挥学生的主动作用。

4. 设计多层次、具有代表性的习题,巩固提高;按照上面思路突破难点,掌握重点,完成教学目标,并适时指导学生有关的学习方法,并采用讲述、讲解等具有启发性的综合教学方法,把教师的认识结构转化为学生认识体系,训练学生的思维。

三、说学法

1. 学情分析

初三化学教材对氧化还原反应的知识介绍较简单,即"物质跟氧发生的反应属于氧化反应,氧气是一种常见的氧化剂"和"含氧化合物里的氧被夺去的反应叫做还原反应"。因此,在教师的引导下学生可以通过从得氧、失氧的角度去分析氧化还原反应,然后从化合价的角度去分析氧化还原反应,最后从本质上理解氧化还原反应。

2. 学法指导

我采用的主要是探索引申、分析讨论的教法,不断给学生提出问题,创设情境,诱导思维,激发兴趣,层层推进。所以,学生就沿着由简到繁、由低到高、由表及里的认识规律,来思考、推理、判断和概括总结的程序学习,这有利于学生对氧化还原反应概念、特征及其本质的理解与掌握。学生在学习过程中,首先发现一个问题,就是在 H_2 还原 CuO 的这个典型的氧化还原反应中,氢、铜元素的化合价均发生了变化。针对此问题,紧接着提出 Na 在 Cl_2 中燃烧是不是氧化还原反应的问题,顺势引导学生用化合价升降的观点来分析,得出氧化还原反应的特征是反应前后元素的化合价发生变化。然后,提出元素化合价有升降变化的根本原因是什么的问题。通过分析,学生不难得出氧化还原反应的实质是电子发生转移,而且学生在学习过程中会深刻理解,氧化与还原这两个相反的过程总是同时存在于一个氧化还原反应中的原因是,一种物质失去电子,必定有另一种物质得到电子,它们是相反的,又是互相依存的。这样一来,学生靠发挥主观能动性去积极思考分析,突破了重点,揭示了氧化还原反应的本质与特征。另外,通过练习掌握了表示电子转移情况的方法后,其内心自然会产生一种成功的喜悦,对学习产生浓厚的兴趣,有利于增强记忆力,有利于培养学生的逻辑思维,有利于学生形成科学的世界观、科学的学习方法。

四、说教学程序

1. 教材处理

(1) 分散重点、难点,2 课时。第一课时导出氧化还原反应的概念及其与初中 4 种基本反应类型的关系。第二课时突出氧化还原反应的本质和氧化剂、还原剂等 5 组概念。

(2) 以氧化还原反应这一系统概念的建立为主线,从得氧失氧的原始特征到化合价升降的表面现象再到电子转移的本质原因层层推进,逐步深入;并以基本类型反应与氧化还原反应的关系、氧化剂与还原剂、氧化产物与还原产物等为辅线来充实基本概念;同时加以一定量的应用、练习来巩固、深化和发展概念。通过氧化还原反应概念的演变,培养学生用发展的眼光、科学的态度、勇于探索的品质学习化学。

(3) 用电子转移观点来分析氧化还原反应,由于知识本身较为抽象复杂,且高一学生缺乏对物质结构的认识,分析能力和抽象思维能力都较弱,所以学习此内容时会感到困难,而且氧化剂、还原剂等 5 组概念易混淆,为了方便记忆,由简入深的方法记忆。比如,通过简单的反应($Zn + 2HCl \Longrightarrow ZnCl_2 + H_2\uparrow$)来记忆各个概念。这样就可以进行"透过现象看本质"和"对立统一"的辩证唯物主义观点教育。

2. 教学环节的解决办法

(1) 重、难点的解决方法

① 复习化合价概念,抓住化合价的变化跟电子得失的关系,通过分析氢气跟氧化铜的反应,钠在氯气中燃烧等例子,从得氧失氧、化合价的升降、电子转移,一环扣一环地、由表及里地揭示反应的实质,从而形成氧化还原反应的概念。

② 正确理解概念间的相互关系,例如,讲氧化剂和还原剂时,应着重说明在氧化还原反应中,氧化剂夺得电子而发生还原反应,还原后的生成物叫做还原产物;还原剂失去电子而发生氧化反应,氧化后的生成物叫氧化产物。让学生认识到氧化剂和还原剂既相互对立,又相互依存,二者缺一不可。

③ 课堂上要有计划地留出充分的时间给学生进行练习巩固,并在此过程中注意培养学生运用概念分析问题和解决问题的能力。

(2) 疑点的解决办法

① 氧化还原反应与化学反应基本类型的关系:置换反应都是氧化还原反应;复分解反应都是非氧化还原反应;对于化合反应、分解反应,看具体的而定。

② 氧化性、还原性强弱只取决于得失电子的难易,而不取决于得失电子的多少。得失电子的难易往往可以通过反应的条件和反应的程度加以判断,一般说来,反应条件越容易,反应的程度越剧烈,则得失电子越容易。例如,Na 和盐酸反应比 Al 和盐酸反应剧烈。

③ 元素价态与氧化性、还原性的关系:一般常见的处于最低价态的元素具有还原性;处于最高价的元素具有氧化性;而处于中间价态的元素既有氧化性,又有还原性,但通常以一种性质为主。如 S、Cl_2 以氧化性为主。

说明:以上所述解决办法将在教学中灵活运用,故下面教学程序将不再重述。

3. 教学程序

依照教材的安排和特点,结合学生的实际水平,在教学中应以让学生掌握有关氧化还原反应的基本概念和常见反应为主,不宜把问题向纵深引申。我对本节课的安排如下。

第一课时

(引课)(以激发学生的学习动机为主线,通过提问、讨论等形式,调动学生学习的积极性)

(实验)镁条在空气中燃烧,请学生写出反应方程式。

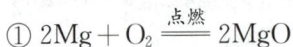

① $2Mg + O_2 \xrightarrow{\text{点燃}} 2MgO$

(提问)此反应属于什么反应类型?(学生随意发挥:化合反应、氧化反应)
Mg得到氧发生氧化反应。

② $H_2 + CuO \xrightarrow{\triangle} Cu + H_2O$

(提问)此反应属于什么反应类型?(置换反应、还原反应)
CuO失去氧发生还原反应。

我们早已从得氧失氧的角度认识了氧化、还原反应,这是最原始最基础的氧化、还原反应概念。问题②中的反应只属于还原反应吗?否。还属于氧化反应即为氧化还原反应。由此可知氧化反应和还原反应同时存在,同时发生,它们是对立统一,不能分开的。知识是有阶段性的,许多概念是在不断完善和发展的。(进行"对立统一"的辩证唯物主义观点教育)

(提问)③ $2Na + Cl_2 \xrightarrow{点燃} 2NaCl$ 是否为氧化还原反应?(学生:不是)
事实上是氧化还原反应。(学生愕然)
(激发学生思维中的矛盾点,引出氧化还原反应进一步的认识)
(讨论)①②③3个反应的新的共同点,可提示从化合价角度分析。
学生讨论、分析、寻找规律,得出结论:元素化合价有升降。
(新课)氧化还原反应的概念:凡是有化合价升降的反应就是氧化还原反应。
　　　　氧化还原反应的特征:元素化合价有升降。
(探究)各写出一个符合下列条件的有关化学方程式,并判断是否氧化还原反应:
① 两种单质化合;两种化合物化合;单质与化合物化合。
② 一种物质分解成两种物质;一种物质分解成3种物质。
③ 非金属单质置换非金属单质;金属单质置换金属单质。
④ 复分解反应:氧化物与酸、氧化物与碱、酸与碱、酸与盐、盐与盐。
(联系旧知、巩固新知展开思考、打下伏笔)
(讨论)氧化还原反应与4种基本反应类型的关系。
(营造宽松和谐的学习气氛,诱导学生积极思维,激发学生的学习兴趣和求知欲望)

使学生了解化学反应有多种不同的分类方法。由于划分的依据不同,各分类方法有不同的使用范围。

(复习)反应 $H_2 + CuO \xrightarrow{\triangle} Cu + H_2O$ 中 H_2 因得氧发生氧化反应,最终H的化合价从0价升高到+1价;CuO因失氧发生还原反应,最终Cu的化合价从+2价降低到0价,得出氧化还原反应与化合价升降的关系。

（设问）为什么氧化还原反应前后元素化合价会发生变化？其本质原因是什么？（培养学生由表及里的逻辑性思维）以 NaCl、HCl 的形成加以分析。

（结论）氧化还原反应的本质：有电子转移（得失电子或共用电子对偏移）。

（小结）氧化还原反应中电子得失与化合价升降的关系。

为了方便记忆，给出口诀：高失氧，低得还，中间看情况。

（讲述）氧化剂、还原剂概念。

要求：理清 5 对概念：氧化剂、还原剂；氧化性、还原性；被氧化、被还原；氧化反应、还原反应；氧化产物、还原产物。

为了方便记忆，结合简单的方程式（ $Zn + 2HCl = ZnCl_2 + H_2\uparrow$ ）。

编制口诀：氧化剂（具有氧化性），被还原，发生还原反应，得到还原产物，还原剂（具有还原性），被氧化，发生氧化反应，得到氧化产物。

充实概念：常见的氧化剂、还原剂；比较氧化性、还原性强弱的一般方法。

联系实际：氧化还原反应对生产、生活的意义。

（总结）氧化还原反应概念间的相互关系（由学生提出观点，相互补充后整理得出）。

（目的是构建知识网络，培养学生科学的学习方法）

五、板书设计

第一章　化学反应及其能量变化

第一节　氧化还原反应

一、氧化还原反应

1. 概念：从得失氧分析。

2. 特征：从化合价的变化分析。

3. 本质：从电子转移分析。

$$C + CuO \stackrel{\triangle}{=\!=\!=} Cu + CO\uparrow$$

得氧：C　氧化反应化合价升高失电子。

失氧：CuO 还原反应化合价降低得电子。

二、氧化还原反应与 4 大基本反应类型的关系

三、氧化还原反应中各种关系分析与应用

分解反应

化合反应　氧化还原反应

置换反应

复分解反应

四种基本类型反应与氧化还原反应的关系

这样的板书设计,突出了重点。从氧化还原反应的概念→特征→本质,条理清晰,同时将氧化反应和还原反应进行了板书对比,有利于学生对知识的把握。用彩色的色调渲染氧化还原反应与 4 大基本反应类型的关系图,有利于学生记忆。

实践训练

1. 根据自己前面已经写好的新授课教学设计,撰写一份说课稿,并进行说课实践训练。

2. 请查阅相关资料,准备一份说课的答辩题目,并在课堂上进行实践训练。

思考题

1. 说课的内容有哪些? 说课与上课有什么异同点?

2. 请查阅相关资料,统计最近 3 年自己家乡教师编制考试的面试方式。

第十一章

评　课

在新课程改革蓬勃发展的今天,评课已日益成为教师改进课堂教学、促进专业成长的重要手段。《基础教育改革纲要(试行)》中明确指出:"建立促进教师不断提高的评价体系。强调教师对自己教学行为的分析与反思,建立以教师自评为主,校长、教师、学生、家长共同参与的评价制度,使教师能够从多种渠道获得信息,不断提高教学水平。"因此,评课不仅仅是对授课者课堂教学的简单评价,它能促进教师深入分析与反思课堂教学,能帮助和指导教师不断总结教学经验,集思广益取长补短,不断提高教育教学水平,在教学过程中逐渐形成自己独特的教学风格。评课既是衡量教师教学水平的一个重要的方式,也是教师必须具备的一项教学技能。

一、评课的概述

评课是一项常规的教学研究活动,一般指评课者在随堂听课后对授课教师这节课的教学行为和结果进行的一系列评价活动。顾明远主编的《教育大辞典》中对于"评课"是这样定义的:"评课是对教师上的课进行分析评论。检查教学质量,总结经验的一种方式。大体分两种:一种是教师上课后的自我分析,称自我评课;另一种是由教学小组、教研室(组)以教学评议会形式进行的分析、评论。后者研讨教学经验,指出存在问题,分析产生问题的原因,提出改进教学的措施。一般以上课的基本要求作为评课准则,如要求上课目的明确、内容正确、方法恰当、结构紧凑、教学效果好等。对探索、研究性的教学改革实验课可依据教学实验要求做普遍的或专项的评论。"而朱作仁主编的《教育词典》中则将评课定义为"对教师课堂教学进行分析评定、检查教学质量、总结经验的一种方式。"科学化的评课可以客观地评判教师课堂教学水平及不同的教学方法和内容所产生的教学效果，并以此为教师提供反馈信息，利于教师改进教学。

评课的主体通常为授课教师自身、上课学生、同校其他教师、专业教研员、学校领导、高校教育专家等其他参与听课的人员。

评课的评价对象通常为授课教师某一节具体课中的教育教学活动。

评课的方式是授课教师与听课人员多元主体针对授课教师所授课的一元内容开展评价，主要有自我评课（自我反思）、相互评课、学生评课、专家评课、领导评课等。

评课的评价流程通常围绕课前准备、课堂观察和课后研讨3个主要环节有序展开。在现实中，普通的评课活动普遍着力于课后研讨这一阶段，集中开展教师自评、同行互评、领导点评这3个主要形式。

二、评课的内容

评课的评价内容通常为授课教师的教学理念、教学目标、教材处理、教学内容、教学方法、教学手段、教学结构、教师教学基本功、教学效果等方面的内容是否科学合理。

1. 评教学理念

依据课堂教学活动的实例，评议课堂教学中体现了哪些现代教育思想与理念。

一看教学观。教师是否具有先进的教学观：首先，看教师的教学设计是否以学生的学为中心，能否从学生的实际出发确定教学起点，展开的教学过程能否了解学生的特点；能否善于发现并解决学生存在的问题；能否引导学生自主学习、探究学习和合作学习，帮助学生形成终身学习的意识和能力。其次，看教学内容是否以能力培养为中心，看教师能否让学生在课堂上真正地充分动起来，传授学生自主学习的方法，提升学生获取和处理有效信息的能力。

二看学生观。教师是否具有先进的学生观：首先，看以学生为主体的思想在教学过程中是否充分体现；是否充分激发学生的学习主动性、积极性，在与学生共同完成学习任务时是否理解学生考虑问题的角度，在尊重学生不同的见解时是否善于发现学生的闪光点，并不断予以激励和肯定；是否注重培养学生的求异思维和创新精神。其次，看教师是否平等对待每一个学生，是否能与学生进行平等的对话与交流，课堂气氛是否民主、宽松和友好。

2. 评教学目标

教学目标是否明确,着重看是否体现三维性(即知识与技能、过程与方法、情感态度与价值观);教学目标是否准确,主要看能否体现学情,把握教学重点;另外,还要注意教学目标的描述是否有操作性。

3. 评教材处理

教材处理主要看能否正确地把握教材,灵活地对教材内容进行取舍及拓展。

教师处理教材是否恰当,主要看教师教材把握是否准确,教学重点是否突出,教学难点是否突破,内容确定是否妥当;是否全面规划教学任务、培养学生思维能力;是否在关注学科知识基础性的同时,强调与现实生活、学生经验的联系;在强调实际应用时是否重视学生自主探究、合作交流、动手操作、应用知识等方面的内容;以及学科间的整合是否善于创设问题情境,激发学生学习兴趣。

4. 评教学内容

教学内容没有科学知识错误,知识讲解的逻辑性严密,条理清楚,层次分明,深入浅出;知识重、难点讲解恰当,重点突出;理论联系实际的事例材料准确、科学、典型,贴近社会和学生现实生活,有说服力。教学内容适当拓展,具有开放性,教学容量安排适当。

5. 评教学方法

教师的教学方法是否符合新课程理念,看教师在课堂教学中所运用的教法是否符合学生心理特点,是否激发了学生的学习兴趣;是否创设了问题情境、引导学生积极思考;是否充分培养了学生的能力;是否调动了学生的学习积极性,是否灵活运用多种教学方法。一方面要根据不同的教学内容因材施教,如果一节课的教学任务是培养学生的基本技能,那么引导学生观察、练习和实验就是主要的教学方法;如果一节课的教学任务是传授基础理论,解释基本规律,那么引导学生比较、归纳、分析、综合就是主要的教学方法。另一方面也要根据不同的教学对象因"才"施教,对于基础较差的学生,教师要善于设置阶梯,由易到难、由浅入深、循序渐进地进行教学;而对于基础较好的学生,可以大胆地将问题抛给学生,充分激发学生的学习潜力,在学生充分讨论的基础上自主得出结论。

6. 评教学手段

教学手段主要看所用手段是否符合本节课的教学目标,是否符合学生的心理特点;媒体的应用能否做到操纵自如,应尽可能减少因媒体操作而分散学生的学习注意力。

7. 评教学结构

教学结构是否科学,着重看重点是否突出;组织教学、新课引入、新课讲授、结课、布置作业等教学环节设计是否环环相扣、完整、合理,还要看教师是否留有足够的时间让学生去独立思考和合作交流。

8. 评教师教学基本功

教师教学基本功主要包括教学态度、教学语言、教学板书及媒体运用等。教师教态自然,态度端正,语言准确、简明、富有感染力,过渡自然,没有废话和口误,善于利用肢体语言,亲和力强;教学语言的语调要高低适宜、快慢适度、抑扬顿挫、富于变化、声音洪亮;板书设计合理,条理清晰,重点内容都有所呈现,字迹工整美观,板画娴熟;教师具有驾驭课堂的能力、课堂组织和应变能力。

9. 评教学效果

教学效果主要看通过课堂教学是否达到预定教学目标,学生在原有基础上是否得到了提高;教学过程中学生的主体地位是否确立,教学中能否调动学生学习的主动性、积极性和创造性。有效利用 45 分钟,学生学得轻松愉快、积极性高,当堂问题当堂解决,学生负担合理。

三、评课的原则

评课教师参与评课时要有认真负责的态度、实事求是的精神、客观公正的评价,用发展的眼光看待授课教师,用学习的心态看待自己,要坦诚地面对不同的声音。评课时通常要把握以下 4 个原则。

1. 实事求是的原则

评课只是一种学术范围内的评价、讨论和交流活动,不涉及人情世故等其他外在因素,评课教师要有责任意识,不能因为顾及面子、情绪等其他因素而该说的不说、该点的不点,要实事求是,公正评价。

2. 平等交流的原则

评课教师不能以居高临下的姿态去说教,评课时要虚心,用商量与建议的口吻与授课教师共同分析研究。双方只有在平等交流的基础上,畅所欲言,才能实现沟通和交流,达到相互学习、共同提高的目的。

3. 激励为主的原则

没有教学自信的教学是难以想象的,评课教师在评课过程中不仅要时刻维护授课教师的教学自信,还要通过评课来帮助授课教师寻找自信、培养自信、树立自信、强化自信。评课时要"优点谈足,缺点抓准",要评出特色,点出创新,即使对优点很少的课,也不要轻易下"失败课"的评语,要以激励为主,多表扬,少批评,更要考虑教师的心理压力。讲话要留有余地,点到为止,不要在大庭广众之下使教师难堪,对不宜在公开场合提出的意见,可以和授课教师私下进行交流。

4. 指导性原则

评价是为了改进和提高,评课教师在指出问题的同时还要帮助授课教师找出造成这些问题的原因以及改进的方法,要通过评课帮助授课教师更新教育观念,转变教育思想,改进教学方法,优化教学手段,促进教师教学水平的提升。

四、评课实录

案例 11-1 人教版高中化学必修 1 第二章 第三节 化学反应的速率和限度(第一课时)评课实录

背景:安徽省教育学会中学化学教育专业委员会 2007 年学术年会,主题是关于"化学反应的速率和限度"的公开课。由安徽省示范性高中芜湖市一中的某老师为高一学生上课,听课学生则由芜湖市田家炳中学的高一某班学生组成,在安徽师范大学的一个多媒体教室。重点是关于这堂公开课的评课情况方面的,所以只重点介绍一下这堂课的几个教学环节(这堂课采用多媒体课件、学生实验及老师讲解为主的教学方式)。

1. 这堂公开课的授课过程

(教学环节 1)开始上课,老师同学相互问候,老师作了简短的自我介绍后就开始本节课的学习(因为师生原本不熟悉),老师首先用 PPT 展示了授课题目——化学反应速率及影响因素。

刚开始老师让学生们联系生活实际,自由讨论在体育活动中同学们跑步快慢的情况,思考与速率是否有关联,如果有关联,表现在什么方面。最后老师听取学生的讨论,和学生共同总结了速率的作用,然后导入本节课内容,即化学反应速率。

(教学环节 2)教师用 PPT 展示了一个例题,给同学 2 min 思考时间。接下来,授课老师让一位学生在黑板上做该题。然后在老师引导下,大家对该题进行讨论。随即老师重点强调了反应速率的单位,引导学生对该单位给予足够的重视。

(教学环节 3)讨论反应速率的影响因素时,分别从浓度、温度和催化剂方面来做实验并讨论总结。老师先让学生看书思考,然后根据课本内容及他们自己对实验的理解,两两合作,选取预先放在课桌边的实验药品及实验用品,开始实验。最后学生实验,全班讨论实验结果及得出的实验结论,最后老师用 PPT 呈现了事先做好的一些实验结论,让学生思考和交流。

在整个课堂实验中,授课老师给予学生充分的时间进行实验的自主探究、合作学习。

(教学环节 4)老师总结这次课所学习的内容,并用 PPT 展示了一些事先准备好的有关化学反应速率的习题,让学生集体回答,最后老师在结束本次课的同时给学生留下一个问题进行课后思考。随即老师在学生热情洋溢的欢笑声中结束了本次课的学习。

(本次课大约用时 50 min)

2. 专家和一线的高中优秀化学教师对本次课的评课情况

① 安徽省教科院化学教研员、特级教师夏建华老师上台评课

首先,我认为本次课很好地体现了三维目标,即知识与技能、过程与方法、情感态度与价值观的目标。学生既很好地掌握了有关化学反应速率的知识,又在实验过程中得到了过程与方法方面的收获,而且在老师的热情关心和谆谆教导下获得了良好的情感体验。授课老师在学生做以温度为反应条件的实验时,给学生倒热水进行加热反应时,是面带微笑的,让学生感受到了老师的关怀之情。

第二,我认为授课老师是在用教科书教,而不是机械地教教科书,体现了新课程的新观念。

第三,授课老师对教材进行了较大的创新,让生活走进课堂。而不是单纯地按书本上的来讲课,给我们的教学创造了更大的空间,带来了新的视野。

第四,授课老师很好地以科学探究作为突破口。让学生多做实验,从实验中学习更多的东西,让科学探究的精神融入学生的学习中来。

第五,我提个建议,教师要看到师生互动、生生互动的重要性。教师要根据知识的重点和内在联系精心设计有机联系的问题组,安排好设疑的层次与梯度,不断提出问题,造成悬念,引起学生探索知识的愿望。

第六,本次上课不足的是,学生在上课时没有问题。这一点是我们不容忽视的。爱因斯坦说过:"提出一个问题,往往比解决一个问题更重要。"我们在以后的教学中要多鼓励学生提出问题,思考问题。

② 一位来自合肥市的特级教师谈了自己的观点

第一,老师上过这一次课之后,如果回去再上一次,怎样使课上得更好? 如

何更好地达到教学效果？在做反应速率与浓度之间的关系的实验时，可以自行设计一个实验方案，自己找两种反应物来实验，激发学生的兴趣，开拓学生的视野。

第二，就是老师在讲化学反应速率计算题时语言要严谨，化学用语要用得正确和恰当。正确地使用化学用语，这也是化学教师必备的科学素养之一。

③ 一位一线的高中化学老师评课

第一点，我们在教学设计时，既要设计教学内容，又要设计学生。比如，在培养学生动手能力时，要从实验等多角度来考虑，同时要考虑心理学上提出的"三序"问题，即学生的认知顺序、心理发展顺序及知识的逻辑顺序，争取在培养学生动手能力这一块提供更多的方法，开拓出新的思路。

第二点，我觉得在课堂学习中，可以更好地利用书本上的图片，以及从网上、各类杂志中搜索到的相关有用的图片来帮助学生理解课本内容。比如，在刚才的讲课中，在讲解化学反应速率快慢时，老师可以指导学生看爆炸、金属腐蚀、溶洞的形成等，让学生对化学反应快慢有一个直观的认识。而这位老师上课时可能就忽略了这一点。可能在我们的课堂教学中，大多数老师在讲课时只是叫学生自己看图，并没有给学生讲明从图片中能认识到什么问题，或者对图片不重视，上课根本就没有提及课本上的图片，导致有些学生并不知道书本的图片和上课内容有什么联系，这样会让老师和学生忽视图片的重要作用。我这样讲是抛砖引玉，希望老师在以后的教学中都能很好地重视图片的作用。授课老师举有关跑步的例子，讨论和速率的关系，这样不是很贴切。

第三点，就是老师在授课过程中，举恰当而有用的例子可以帮助学生更好地学习及理解课本内容。同一个化学反应，各物质反应的快慢是由它们的化学特性决定的，但整个化学反应是保持一致的。有很多学生并不能很好地理解这一知识点。可以打一个比喻，一辆汽车，它有大小不一的车轮，大小车轮转动速度不一样，这就好比同一个反应中各物质的反应速率有快慢。但汽车是整体运行的，各个车轮总的运行路程是一样的，因此同一个反应整体是一致的，学生就可以很好地理解课本内容了。建议在座的老师在教学中要常用一些恰当的例子来帮助学生学习，这样不仅能够启迪学生的思维，使他们茅塞顿开，而且还使他们记忆深刻，比反复讲解有效。

这位老师的发言博得了在场的老师、同学的鼓掌和赞扬。

④ 本次年会的特邀嘉宾宋心琦教授评课

第一，建议老师要让学生体会化学是一门什么科学，考虑怎样激发学生的学习兴趣。

第二,做定性实验时,一定要有参比性。如果没有参照物对比实验,那么这个实验就可能没有很强的说服力。在实验这一块,建议老师尝试改变实验的观察方法,不仅仅是用眼睛观察,还可以发挥其他的感官器官,从多方面、多角度来观察实验,以便更好地观察到实验结果。这样也符合科学探究的精神,让科学探究的精神融入到学生的学习中来。

最后,我提出一个问题,那就是这一堂课设计是希望发现哪些方面有特质的学生。比如在刚才的课中,授课老师在观察学生做实验过程中,是否发现了一些学生在实验中表现出了以前并没有发现的优点,进而鼓励学生发挥他们在学习中的特长。

实践训练

1. 听一节课,可以听网上的名师视频课,并评课。
2. 自选内容,设计一份微格教学设计,在课堂上模拟课堂教学 3 min,并相互听评课。

思考题

1. 评课的内容有哪些?
2. 在实际评课时,需要注意哪些方面的问题?

参考文献

［1］王后雄.新理念化学教学论(第二版)［M］.北京.北京大学出版社,2015.

［2］国平,周卫平编著.评价辉映化学课堂［M］.北京:科学普及出版社,2016.

［3］姜冰娟.《物质的量》教学设计［J］.教育实践与研究.2014(15),70—71.

［4］全芙君.《氧化剂和还原剂》教学设计［J］.化学教育增刊.2010,155—158.

［5］毕华林,亓英丽.化学教学设计——任务、策略与实践［M］.北京.北京师范大学出版集团,2013.

［6］汪澜.化学教学论案例教程［M］.武汉.华中师范大学出版社,2014.

［7］王后雄.新概念化学教学技能训练［M］.北京:北京大学出版社,2014.

［8］杨承印.化学教学设计与技能实践［M］.北京:科学家出版社,2007.

［9］胡志刚.化学微格训练［M］.厦门:厦门大学出版社,2007.

［10］张孝凤,张新宇.化学课堂教学技能训练［M］.上海:华东师范大学出版社,2008.

［11］王祖浩.化学课堂教学行为研究及案例［M］.南昌:江西教育出版社,2009.

［12］相佃国.到底该怎样进行化学概念课教学［J］.化学教育,2011(11):13—15

［13］刘秋梅.浅议元素化合物的教学设计［J］.教材教法,2009,(15).160—162.

［14］王海燕.化学用语学习中的"宏观—微观—符号"三重表征研究［D］.华东师范大学,2009.

［15］赖传森.《铝和铝的化合物》教学设计［J］.考试周刊,2017,(23):76.

［16］谢泽琛,钱扬义.国内"化学概念教学"研究新进展［J］.化学教育,2014,(10):58—61.

［17］张淑新.化学概念的教学策略研究［D］.山东师范大学,2003.

［18］张利英.高中化学概念的教学策略研究［D］.浙江师范大学,2008.

［19］鄢蒙.基于化学概念教学的微课设计与开发——以人教版必修2为例［D］.西华师范大学,2016.

［20］刘知新.化学教学论［M］.北京:高等教育出版社,2004.

［21］闻永冰.化学概念的形成策略［J］.化学教学,2001,(6):15—16.

［22］汪红梅.用"科学程法法"教《盐的水解》［J］.化学教学,2002,(4):29—31.

［23］康凌宇.《强电解质和弱电解质》一节的教学［J］.中学化学教学参考,2001,(4):25.

［24］田存现.中学氧化还原反应的四大规律及其应用［J］.化学教育,2007,(2):57.

[25] 王品双,陈彩霞.《物质的量》教学设计[J].郧阳师范高等专科学校学报,2011,31(3):137—138.

[26] 郑琳匀,袁明华.人教版化学选修四化学反应原理第四章电化学基础第二节《化学电源》教学设计[J].广东化工,2016,(13):292—293.

[27] 吕海昌.浅谈高中化学实验教学的设计[J].延边教育学院学报,2010,24(5):55—56.

[28] 张国琴.新课程化学实验教学的探索与实践[D].杭州师范大学,2012.

[29] 王宪德.《质量守恒定律》教学设计[J].中小学教学研究,2007,(1):50—51.

[30] 李林.计算机辅助高中有机化学教学的研究[D].四川师范大学,2016.

[31] 李敏,赵建宁.高中有机化学"直观教学策略"的应用研究[J].教学研究,2013,(2):23—24.

[32] 张颖.中新课程义修段有机化学教学策略案例研究[D].东北师范大学,2009.

[33] 周传昌.高中有机化学知识的教学策略研究[D].山东师范大学,2004.

[33] 王飞,赵华.复习课应回归教学原点[J].化学教育,2014(1):44—47.

[34] 王恭伟.高三化学元素化合物的复习策略[J].理化生教学与研究,2015,62:135.

[35] 郭瑞春.曲径通幽—元素化合物知识复习策略[J].高中数理化,2015,9:72—74.

[36] 张潇.高三化学复习课学案的编制与应用研究[D].山东师范大学,2016.

[37] 张艳萍.高考化学"基本理论"复习策略谈[J].试题与研究(教学论坛),2011,(23):66

[38] 赵欣欣.高考化学实验试题分析与复习策略复习策略研究[D].东北师范大学,2013.

[39] 汪兴东.有机化学选考题复习课教学设计[J].凯里学院学报,2016,34(3):177—182.

[40] 陆建源.有机化学复习策略的探究[J].教学月刊,2012,93):59—61.

[41] 赵瑞玲.中学化学习题课教学设计研究[D].山东师范大学,2016.

[42] 谷芬.高中化学习题课探究式教学设计的研究[D].南京师范大学,2014.

[43] 黄双滢.高中化学习题课教学设计的实践研究[D].福建师范大学,2015.

[44] 张宫开.提高高中化学习题教学质量的策略研究[D].河南师范大学,2012.

[45] 孟庆延.增强化学教学趣味性的策略[J].河北理科教学研,2014.(4):47—48.

[46] 陈忠兵.试论高中化学习题课有效教学的设计策略[J].理科考试研究·综合,2013,(12):73

[46] 周检.不同课堂类型中的合作探究法——以高中化学课堂教学为个案[D].湖南师范大学,2017.

[47] 陈素余.高中化学习题课教学设计的研究[D].浙江师范大学,2015.

[48] 樊力敏."二氧化碳制取的研究"说课[J].黑龙江教育中学版,2012,(7):27—28.

[49] 汪陈羽."二氧化碳制取的研"说课[J].科学教育.2010,16(1):25—27.

[50] 熊言林,黄萍.一堂化学公开课的评课实录及其思考[J].化学教育,2008,(5)24—26.

[51] 付钰.论评"评课"[D].山西师范大学,2015.

[52] 顾志跃.《怎样评课》[M].上海:华东师范大学出版社,2009.

[53] 张荣.新课程背景下中学教师评课方法研究[D].苏州大学,2011.

[54] 仵必媛.高中化学教师听评课活动存在的问题及对策研究[D].西北师范大学,2016.

图书在版编目(CIP)数据

中学化学教学设计——方法与实践/高兆芬,张小兰,计从斌编著.—上海:
复旦大学出版社,2018.1(2025.7重印)
弘教系列教材
ISBN 978-7-309-13444-5

Ⅰ.中…　Ⅱ.①高…②张…③计…　Ⅲ.中学化学课-教学设计-高等师范院校-教材
Ⅳ.G633.82

中国版本图书馆 CIP 数据核字(2017)第 317269 号

中学化学教学设计——方法与实践
高兆芬　张小兰　计从斌　编著
责任编辑/张志军

复旦大学出版社有限公司出版发行
上海市国权路 579 号　邮编:200433
网址:fupnet@fudanpress.com　http://www.fudanpress.com
门市零售:86-21-65102580　团体订购:86-21-65104505
出版部电话:86-21-65642845
上海新艺印刷有限公司

开本 787 毫米×960 毫米　1/16　印张 15　字数 248 千字
2025 年 7 月第 1 版第 2 次印刷

ISBN 978-7-309-13444-5/G·1798
定价:32.00 元